L'autre combat

Vers une reconstruction humaine des militaires blessés, des sans-abri, des prisonniers

Les droits d'auteur de ce livre seront reversés à la CABAT, Cellule d'aide aux blessés de l'Armée de Terre, via l'association « Terre Fraternité »

ISBN 978-2-84024-452-3

Société des Œuvres Communautaires, Nouan-le-Fuzelier, mars 2013
Conception de la couverture : mc-design – Martin Casteres
Photo de couverture : © Jean-Raphaël DRAHI/armée de Terre

Jean-Yves Ducourneau, cm

L'autre combat

Vers une reconstruction humaine
des militaires blessés,
des sans-abri, des prisonniers

Préface de Monseigneur Luc Ravel
Évêque aux Armées françaises

EdB

Ouvrages du même auteur :

Aux Éditions des Béatitudes :
– *Les cloches sonnent aussi à Kaboul,* 2011.
– *Jésus, l'Église et les pauvres,* 2010.

Aux éditions Médiaspaul :
– *Saint Vincent de Paul, l'amour est un feu,* 2010.
– *Saint Vincent de Paul, une pensée par jour,* 2007.
– *Saint Vincent de Paul par ses écrits,* 2003.
– *Saint Jean-Gabriel Perboyre, une semence d'éternité,* 1996.

Ce livre est dédié

À Thibaut, Hervé, Nicolas, Guillaume, Patrice et tous mes frères d'armes tombés comme eux au combat.

À Laurent, Jérôme, Géraud, Frédéric, Kévin, Alexandre, Vincent, Émilie, Geoffrey et tous mes frères d'armes blessés dans l'esprit et le corps comme eux au combat.

À Pierre, Lahsen, Momo, Sylvain, Mathilde, Delphine et tous mes frères et sœurs de misère tombés comme eux dans le combat de la vie, sur les trottoirs ou dans nos prisons.

Aux plus beaux combats que l'homme sait mener et gagner : ceux de l'amour, du partage de la charité, de la vérité et de l'Espérance…

À nos anges gardiens qui ne sont jamais loin et qui, pour nous, participent vaille que vaille à cet autre combat *qu'est la foi en Christ, le* médecin total *des corps et des cœurs…*

À Marie, notre maman du Ciel…

L'auteur remercie le colonel (er) Jean-Pierre Brethes pour la correction de cet ouvrage et ses précieux conseils.

« Revêtons la cuirasse de la foi et de la charité,
avec le casque de l'espérance du salut. »

Saint Paul, 1 Thessaloniciens 5, 8

Préface

L'espace d'une vie…

Dans la complexe, pragmatique et oscillante laïcité à la française, impossible à comprendre par nos amis d'autres nations, l'aumônerie militaire fait figure d'étrangeté, d'incongruité. Sa présence en quatre cultes distincts paraît s'opposer à une conception négative des liens entre l'Église et la République, qui conçoit la laïcité comme séparation absolue entre le religieux et l'État. S'il y a provocation, elle est de la part de ceux qui ignorent l'histoire et l'action des aumôniers tout au long des guerres menées par la France au cours des siècles. Car l'aumônerie militaire française est un cas extrêmement intéressant d'une nécessité humaine résistante à toute revendication laïciste. Quelle que soit l'idéologie qui ait traversé le paysage français, le *bon sens* a prévalu. Cette forme de sagesse « paysanne » renâcle à se laisser embarquer sur des voies peu assurées, même si elles sont promues par le monde, parce qu'elle s'accroche d'abord aux expériences fondamentales avant de se laisser séduire par une mode. C'est bien d'expériences dont il s'agit dans cet ouvrage.

Le bon sens résiste toujours à la séduction des idées neuves, idées nouvelles, mais réductrices. Certes, par moment, le bon sens semble être parti en vacances, loin des yeux et donc loin du cœur. Une sorte d'ivresse s'empare alors de l'homme ou des masses humaines et leur fait croire à une sorte de toute-puissance qui correspond exactement à un déni d'une des dimensions humaines. Que dit, par exemple, la belle jeunesse, du haut de ses vingt ans, alors que tout lui sourit et que l'envie de mordre dans la vie enflamme l'esprit et le corps ? Elle crie la joie des muscles vigoureux, de l'énergie à revendre, des avenirs chantants, des projets ambitieux. Le sage qui l'accompagne se réjouit avec elle tout en lui parlant à voix basse, dans cette complicité que crée la différence d'âge. Et il lui dit : « Tu n'es pas seulement un corps, une ambition, une dissipation d'énergie vitale. Ton bonheur est bien plus large que le plaisir d'un instant. Si l'instant fugace tient entre ses mains toute ta joie, il va gaspiller ton âme ; il va t'user très vite car il passe en se moquant de ceux qui se fiaient à lui. Vis au présent, mais va aussi sur cette lente route où l'esprit grandit au rythme de l'intériorité et, dans les silences que tu laisseras à ton existence, deviens ce que tu es par un libre et personnel regard sur ton mystère. »

Traduisons ce langage du sage et disons autrement ce qu'est cette sagesse promise à un long avenir. Elle vise l'homme puisqu'elle part de lui pour y revenir sans cesse. En dehors de toute philosophie élaborée dans des livres, elle lit dans l'homme une complexité réelle, une impossibilité à l'enfermer dans une vue simpliste, matérialiste par exemple. Elle exprime le corps, sa beauté et sa tendresse, mais aussi ses limites et sa capacité à subir. Elle énonce ensuite le psychisme, sa capacité à amplifier, à s'émouvoir, à pâtir de l'intérieur avec ses redondantes ambiguïtés et aussi ses dérives déroutantes, ses contrefaçons, ses torsions extrêmes, ses blessures tragiques. Elle balbutie enfin l'esprit, en se retournant sur elle-même pour deviner ce qui la pousse à parler, à réfléchir, à transcender l'enfermement pour échapper, par le haut, à tout déterminisme.

Cette sagesse sur l'homme, accessible à tous, nous pourrions la définir comme une conscience d'appartenir à des successions d'espaces à trois dimensions. Car plusieurs espaces humains se superposent et se conjuguent autour de nous et en nous, nous laissant libres ou piégés, radieux ou meurtris.

L'espace matériel nous est le plus évident et nous connaissons ce passage de la 2D à la 3D lorsque nos écrans intègrent la troisième dimension, celle du relief. La droite comporte une dimension, le plan se construit par deux dimensions et l'espace, tel un cube, nous enveloppe dans les trois dimensions où existent réellement toutes les réalités matérielles. Nul effort pour percevoir cet *espace matériel* avec le long, le large, le haut et nous, au milieu. Voici l'homme dans le ciel translucide des côtes méditerranéennes ou dans l'atmosphère légère des airs sculptés par la montagne immaculée. L'homme dans une terre de places bruissant d'enfants et de jeux, de nobles maisons où flambent les amours et le feu. L'homme dans une cité traversée de métiers et de passions, d'art et de complicité. Mais aussi un espace matériel pétri de drames : l'homme dans la pesanteur des trottoirs et des ruelles glissantes de pauvretés, c'est la rue. L'homme dans l'obscurité des couloirs et des cellules grouillantes de mépris, de vanités et de regrets, c'est la prison. L'homme dans la brûlure des ravins désertiques et des villes détruites gluantes de peur et de haine, c'est la guerre.

La rue, la prison, la guerre s'offrent sans retenue comme des milieux tendus de pièges, tous plus dangereux les uns que les autres pour mordre le corps, l'user, le déformer, le détruire d'un coup brutal ou d'une vie bâclée. Chacun de ces espaces retient ses proies venues à lui, inconscientes de son âpreté. Il leur est difficile d'en sortir car, très vite, le corps s'y conforme, malgré ses efforts pour rester intact. Il prend sur lui les drames et les destructions du lieu où il gît. Il pompe les tragédies extérieures qui s'inscrivent en lui ou l'un de ses membres. Nul n'en sort indemne, quand il en sort.

L'espace psychique se révèle vite à nous, dès la toute petite enfance, alors que les sensations intérieures explosent et font frissonner tout notre être. Les pleurs ou les rires du nourrisson trahissent ce « quelque chose de l'intérieur » qu'il apprend et qui le comble. Le petit enfant joue à se faire peur, il se cache et se laisse surprendre : « Fais-moi peur », dira-t-il, car il devine que le vide psychique l'appauvrit. En première vision, nous pensons que ce monde est à l'intérieur, qu'il est en nous plus que nous en lui et pourtant, rapidement, nous nous sentons pris dans un espace qui nous dépasse. Ainsi, la joie nous traverse, la peur nous enveloppe… il est psychologiquement plus juste de parler d'un nouvel espace, vite découvert, dans lequel nous nous intégrons jusqu'à y perdre parfois notre liberté.

Comme tous les espaces successifs que nous allons examiner, il comporte trois dimensions évidemment inséparables et sans que l'une soit prioritaire sur les deux autres. Une première dimension sera constituée par notre rapport au temps qui se construit par le jeu de la mémoire, et qui se traduit par nos souvenirs, nos attentes, mais aussi par nos impatiences, nos espoirs, nos déceptions, etc. Revenons à nous, et voyons ces mouvements intérieurs qui nous subjuguent souvent, par exemple nos difficultés à assumer notre âge, à accepter le présent qui ralentit ou qui accélère, nous laissant tout penaud au bord d'un quai de gare. Une deuxième dimension de cet espace naît du rapport à ce qui est réalité autre que nous (personne humaine, réalité physique ou animale...) par le jeu subtil des passions. Ainsi, selon que cet objet nous attire ou nous révulse, la haine, l'amour, mais aussi le désir et la peur nous gagnent, nous donnant une nouvelle largeur intérieure, mais en se faisant payer le prix fort, celui d'un attachement puissant. Cette dimension est de l'ordre du « lien ». Quand l'homme regarde le monde et qu'il le voit laid, il le prend en grippe, mais s'il perçoit la beauté d'un être, il s'en éprend. La peur elle-même, qui semble juste bonne à combattre, comporte de bons côtés, elle nous élargit : ce que nous nommons le stress joue un rôle important dans le combat comme le trac dans la comédie. Certaines choses ne se font bien qu'avec une certaine dose de peur. Quant à la troisième dimension psychique, elle relève du rapport à soi par le jeu des sentiments qui ne se libèrent en nous qu'à la condition de les regarder et d'en « profiter » lucidement : la joie, la tristesse, mais aussi la colère, tout ce que nous nommerons ici « émotions » et sur lesquelles chacun peut s'examiner lui-même en s'étonnant de leur complexité et admirant la manière dont il les garde en lui-même, s'y complaisant. Combien goûtent leur propre colère alors qu'ils en sentent la puissance de destruction ? Cette troisième dimension se constitue dans le rapport à soi, aussi simple soit-il. Ainsi, nul n'est joyeux qu'il ne le sache et la tristesse vient de ce que nous regardons pauvre, ennuyé, blessé. Celui qui ne retourne jamais sur lui-même ne connaît ni la joie ni la tristesse.

Ainsi se construit, à partir de nous, mais tout autour de nous, cet *espace psychique* avec le temps, le lien, l'émotion et nous, au milieu. Voici l'homme dans une tendresse réelle envoûtée de rêves éclectiques et fusionnels. L'homme dans les vibrations créatrices d'une imagination soucieuse de mémoires heureuses. Mais aussi se dresse autour de lui un espace psychique tissé de douleurs vives : l'homme dans un tourbillon d'angoisses immaîtrisées, dans la spirale déréglée de souvenirs atroces, dans l'enfermement solide et étanche d'une pathologie reconnue avec peine. C'est le traumatisme, les plis malsains de l'âme que nulle vitalité nouvelle ne semble pouvoir gommer, c'est la maladie invalidante, mais invisible qui vous rend différent et incompris.

Le traumatisme, la psychose, le handicap s'imposent parfois avec des mois ou des années de retard, effets retardés ou conséquences d'une expérience trop lourde pour un psychisme limité, comme l'est celui de tout homme. Ils se cachent en nous pour produire peu à peu des secousses au motif incertain et indélicat, mais aux effets repérables et terribles. De tremblement de l'être en tremblement de l'âme, ils délitent le psychisme, l'écrasent, le figent en autant de masques que de comédiens sur le théâtre humain.

L'espace spirituel apparaît moins immédiatement car on le confond souvent avec l'espace psychique tant nous peinons à les distinguer en notre intérieur. Il est ainsi nommé parce qu'il est produit par l'esprit humain. Entre l'esprit et le souffle, il n'y a qu'un pas que franchit le mot grec (*pneuma*) qui désigne aussi bien la respiration physique (pneumatique) que l'activité intellectuelle. Il se déplie avec ses trois dimensions, inséparables elles aussi. D'abord, il y a l'inspiration. Celle de l'écrivain ou du peintre, mais celle surtout de tout homme quand il aspire à l'intérieur la réalité qui l'entoure par la force de l'intelligence. Cette inspiration de l'esprit qui rapporte de l'extérieur vers l'intérieur grâce à l'intelligence, nous la nommons « connaissance ». Ensuite, l'homme vit l'expiration, le mouvement inverse du précédent, où il se projette depuis l'intérieur par la force de sa volonté aimante. Cette expiration de l'esprit est appelée « amour ». L'amour dans sa taille spirituelle est une sortie de soi dans le don. Enfin, à côté de l'intelligence qui inspire et de l'amour qui expire, il y a la force, la puissance, ce qui permet au poumon du cerveau, l'esprit, de fonctionner. L'énergie vitale se tient à ce niveau, c'est au fond le mystère de la vie. Sans la vie, aucune activité n'est possible, et ni le corps, ni le psychisme, ni l'intelligence et l'amour ne sont actifs sans la vie, infiniment subtile, immatérielle, se glissant de partout, partout présente.

Revenons à notre expérience de nous-mêmes : nous sentons nos capacités lorsqu'elles sont atteintes. Nous pouvons être des blessés de l'amour ou avoir l'intelligence tordue par le mensonge et l'erreur, mais nous pouvons aussi manquer de cette force vitale, avoir cette impression de vivre au ralenti, d'être en mode pause ou veille.

L'espace spirituel se révèle ainsi à nous avec la connaissance, l'amour, la vie et nous, au milieu. Voici l'homme dans une relation simple et profonde avec un autre, son *alter ego*. Dans la joie de la vérité, l'homme qui connaît et contemple la création, ses secrets et son harmonie. L'homme dans l'élan immense qui déchire le temps et l'espace, dans la richesse où il sonde la température de sa vie et la célèbre par ces regards intérieurs si rapides, mais si essentiels, par ces moments où, sans rien faire, les fibres de son être pensent et sentent la vie. Mais c'est aussi un espace spirituel où le chant de la source s'est tu : voici l'homme dans une chute en lui-même, terrassé de sa vigueur. L'homme dans une obscurité totale sans lumière, fermé au monde devenu pour lui une énorme et épuisante énigme. L'homme dans une solitude abyssale, marchant en titubant sur des routes endeuillées d'amours jamais abouties.

On peut nier le soleil quand il brille. On peut nier la cloche quand elle sonne. On peut nier la douceur quand elle s'offre.

On peut nier le parfum quand il s'épanche. On peut nier le sel quand il assaisonne. Mais on ne peut nier toujours l'esprit en l'homme. Tôt ou tard, l'homme se tourne vers lui-même et en particulier au moment où une douleur trop forte le jette sur ce chaos que la pensée installe dans l'esprit lorsqu'elle ne sait pas répondre à la suprême question : qu'est-ce que je fais sur cette terre ? Pourquoi je souffre et pourquoi je vis ?

Les espaces matériel et psychique incarnent ou enferment l'homme concret. Qu'ils correspondent au meilleur et voici l'homme amplifié, rayonnant sur le monde, marquant l'univers qu'il valide et qu'il élargit de sa propre humanité. Qu'est-ce que, pour l'homme, un amour purement spirituel, sans corps et sans psychisme, sinon un amour abstrait sans poids et donc sans saveur ? Mais que ces deux premiers espaces dénient ou contredisent l'homme et voilà l'homme enfermé en lui-même, isolé, dérivant sur la mer de la désolation. L'esprit, lui seul, peut rompre le charme démoniaque ; il intervient à ce point de rupture intérieure, que nous pourrions nommer « blessure », à condition de ne pas la confondre avec une égratignure sans lendemain, mais que nous pourrions aussi appeler par son nom propre, de « mort intérieure ». Par l'esprit, branché sur une source qu'il ne sait contrôler, mais qui l'irrigue tout entier, l'homme se redresse, se reprend à respirer et à vivre, bien que modifié définitivement en son corps ou son âme. Saint Paul écrit dans une de ses lettres : *« L'homme spirituel juge de tout et n'est lui-même jugé par personne. »* (1 Co 1, 15) Il veut dire que l'esprit rend l'homme libre quand celui-ci lui obéit sans se laisser arrêter par l'activité dictatoriale du psychisme.

Et c'est ici, à ce constat de la présence active de l'esprit en nous, que se situe la place exacte et nécessaire de l'aumônier, cette place que personne ne doit lui prendre, sauf à sortir de son rôle propre de médecin, de commandant ou de psychologue.

Cette place impose d'être *habitée* plus que d'être simplement *occupée.* L'aumônier doit la remplir d'une présence singulière et tout le livre qui suit transpire cette singularité en des multiples situations.

Mais peut-être, d'un mot encore, pourrions-nous désigner un quatrième espace dans lequel l'homme, corps, âme, esprit, trouve une plénitude sans comparaison avec les joies du monde. Cette plénitude, Jésus Christ la nomme « béatitude ».

Cet espace, si humain, mais tellement surnaturel que certains n'y accéderont jamais, la tradition catholique le présente accolé d'un adjectif difficile à comprendre car il n'appartient plus au vocabulaire quotidien. C'est *l'espace théologal* avec la foi, l'espérance et la charité et nous, au milieu. Voici l'homme, doté de la Foi, dans une lumière hors norme qui lui permet de sentir la présence et la personnalité de Dieu, de goûter sa voix et son action. L'homme doté de l'Espérance, dans un élan qui tient du désir et de la soif, mais un désir et une soif qui transpercent les choses de la terre sans les mépriser, pour tendre à une autre Terre où se vit une intimité visuelle avec Dieu. L'homme, doté de la Charité, dans un Amour étonnant puisqu'il ne dépend ni de ses humeurs ni de son courage ni d'aucune de ces modifications épisodiques de son cœur.

L'*autre combat* conduit à vivre droit, en homme vrai, au sein de ces quatre espaces, sans renoncer à y pénétrer, pas à pas, alors que tombent les ruines de nos rêves avec la charge des blessures. Personne ne peut en parler autrement qu'en termes de combat. Les priants le savent : le combat continue jusque dans la prière. Mais la prière ouvre l'esprit à des forces immenses. Tout homme peut se glisser dans la prière d'un monastère ou s'essayer lui-même à prier avec ces mots ou ces élans qu'il trouve dans son cœur dès qu'il y revient. Mais encore faut-il qu'il y revienne…

Un souvenir vieux de vingt siècles persiste dans la mémoire de l'Église. L'apôtre saint Paul se prépare à partir vers sa mort, son corps est déjà brisé par des supplices subis tout au long de ses voyages, des naufrages, des lapidations, des flagellations ; son âme est transpercée par des angoisses et de son esprit, il crie vers Celui qui le rend fort alors qu'Il l'a choisi faible. Il s'adresse une dernière fois aux anciens d'Éphèse avec toute la tendresse de son cœur par ces mots que je fais miens aujourd'hui :

> « *Et maintenant, je vous confie à Dieu et à la parole de sa grâce... En toutes choses, je vous ai montré qu'en se donnant ainsi de la peine, il faut secourir les faibles et se souvenir des paroles du Seigneur Jésus, car lui-même a dit: il y a plus de bonheur à donner qu'à recevoir.* » (Ac 20, 32.35)

Puisse le lecteur ouvrir ce livre d'une main tremblante, le cœur en peine, et le refermer d'une main ferme, le cœur en paix.

+ Luc Ravel,
Évêque aux Armées françaises,
Novembre 2012.

Introduction

Le combat invisible

« La souffrance humaine constitue en soi comme un monde spécifique qui existe en même temps que l'homme, qui apparaît en lui et qui passe, et qui parfois au contraire ne passe pas mais s'établit et s'approfondit en lui… Les hommes qui souffrent se rendent semblables les uns aux autres à cause de l'analogie de leur situation, de l'épreuve de leur destinée,ou à cause du besoin de compréhension et d'attention, et peut-être surtout à cause du problème persistant du sens de la souffrance. »

JEAN-PAUL II,
Le sens chrétien de la souffrance humaine

Cela fait près de vingt ans qu'au fil des missions pastorales qui jalonnent ma vie de prêtre de la Mission de saint Vincent de Paul, je croise sur ma route, ou plutôt sur la leur, des enfants, des femmes et des hommes blessés par les soubresauts de leur vie. Ces blessures, aussi diverses que variées, parfois aussi invisibles que profondes, ont, d'une certaine manière, rejoint les miennes, enfouies dans une histoire jalonnée de faiblesses et ponctuée de méandres…

Frères de la rue, prostituées, détenus, tous ces blessés de la vie ont balisé de leurs souffrances physiques et psychiques le début de ma vie sacerdotale qui, d'emblée, fut ainsi projetée sur les trottoirs de l'indifférence d'un monde aveuglé par sa propre lumière égocentrique et virtuelle.

Frères d'armes aux vies cassées, défaites par les déplacements plus ou moins longs, blessés dans leur chair et dans leur cœur, familles douloureusement amputées du « papa » ou du « fils » mort sur un champ de bataille lointain, ont pu, à leur manière, renforcer en mon âme imparfaite mon désir de servir humainement et spirituellement ces serviteurs dévoués de l'État au sein d'une Église toujours plus accueillante, miséricordieuse, relevante et « soignante ».

Parler de leurs souffrances à tous serait inutile et resterait de l'ordre du morbide et du voyeurisme s'il n'y avait pas de projection positive entraînant une prise de conscience capable de saisir leurs mains pour faire un bout de chemin *ensemble*.

Certes, il faut savoir *« pleurer avec ceux qui pleurent* [1] », mais la lamentation ne sert à rien si elle n'est pas le fruit de la compassion, entendue dans son sens premier qui est la vertu par laquelle un individu est porté à percevoir et ressentir la souffrance d'un frère en agissant à son profit. En ce sens, la « vertu est quelque chose de grand, d'élevé, de royal, d'invincible et d'infatigable [2] ». Elle est donc une force particulière [3] qui doit devenir une qualité acquise. De plus, la lamentation est tristement stérile si elle n'est qu'une contagion émotionnelle et non pas le fruit de l'amour d'amitié gratuit que d'aucuns appellent « charité » et qui ne se confond jamais avec l'amour utilitaire ou l'amour de jouissance. Nous verrons, tout au long du livre comme un fil conducteur, l'apport du christianisme en ce sens. Isolée, la lamentation est irrémédiablement le fruit vénéneux de la désespérance qui habite le cœur de ceux qui ont toujours les bras baissés face au défi de la douleur.

Ainsi, *« pleurer avec ceux qui pleurent »* est certes nécessaire, mais uniquement si l'on veut *communier* vraiment à la souffrance, souvent explosive, de celui qui pleure bien plus fort que nous dans son corps et son cœur. Cette communion, nourrie du support fraternel, sera concrète et bénéfique si elle est conduite par une empathie féconde qui débouche sur une consolation du frère blessé et qui, pour ce faire, ne tombe pas dans le piège de la fusion émotionnelle. Il s'agit, pour notre frère en désolation, par la grâce que nous mettons à le servir en toute humilité fraternelle, de lui permettre d'apprendre à ne plus refuser le réel dans lequel il se trouve, de manière à ce

1. Cf. saint Paul aux Romains 12, 15.
2. Sénèque : *De la vie heureuse*, Librio, 2005, p. 20.
3. Le mot « vertu » vient du mot latin *virtus*, qui signifie : « qualité qui fait de vous un homme (*vir*) » et, par suite, entre autres, force et courage.

qu'il puisse affronter le présent *hic et nunc* en s'accueillant lui-même, tel qu'il est et non pas tel qu'il se rêve. Mais cela reste et demeure toujours en vue d'autre chose de bien plus grand que les simples, mais néanmoins indispensables consolations physiques et psychiques. C'est cette autre chose, mystérieuse et invisible, que je nomme ici « l'autre combat », que nous découvrirons au fil des pages et qui permettra *in fine* de *« nous réjouir avec ceux qui sont dans la joie*[4] ».

Le combat suppose un adversaire. Cela implique donc un bon choix des armes, un choix réfléchi et opportun, car chaque adversaire – celui qui est « en face » et contre lequel on lutte – est armé d'une manière particulière qu'il juge efficace et pertinente pour vaincre. On ne combat pas une troupe mécanisée, organisée et vrombissante comme on combat un terroriste isolé, invisible et détaché de toute structure. L'*autre combat* – véritable reconstruction humaine *totale* – suppose d'autres armes que des armes de fer et de feu car il est *d'abord* intérieur, même si le combat « physique » en fait partie, comme une espèce de préambule indispensable pour celui qui connaît une blessure somatique entraînant des lésions importantes. Mais comme il y a dans l'homme plus que l'homme et que c'est cela qui fait l'homme, il est nécessaire au « guerrier de l'âme » qu'est justement l'homme de prendre l'arc de la vérité et les flèches de la charité pour atteindre le cœur de l'adversaire destructeur, toujours à l'affût d'une chute. Ainsi armé, le frère qui connaît une certaine désolation interne sera revêtu pour combattre en lui les forces noires qui, à coups de bélier, veulent entrer par effraction dans le cœur blessé pour l'empêcher de voir la lumière, ce qui est fondamentalement la vocation de tout homme et de tout l'homme.

---

4. Cf. saint Paul aux Romains 12, 15.

C'est donc au nom de tous les « miens », au nom de tous mes frères d'infortune que je voudrais dire, prioritairement à eux, mais aussi à tous ceux qui n'ont pas d'espérance, que rien n'est jamais perdu, que le corps blessé, même bardé de prothèses, ne signifie pas une perte de la dignité [5] et que le cœur blessé, même voilé d'alcool, de drogue ou d'anxiolytiques, ne renvoie pas, non plus, à une perte ni même une altération de la dignité. De fait, et nous le verrons au fil des pages qui suivent, la dignité ne se perd jamais car elle est le sang commun de tous les hommes, nonobstant leurs histoires de chutes, d'erreurs, de douleurs et de misères. Elle ne s'altère pas non plus. Le regard des autres, même le plus terrible et le plus moqueur, ne peut ôter cette noble qualité de l'homme, intrinsèquement liée à son état d'être humain, qu'est la dignité. Le vrai regard compatissant des autres ne peut être regard de vérité que si, dans la profondeur des yeux, on sent jaillir la voix du cœur qui crie à celui qui souffre : « Je t'aime comme tu es et même si tu crois que ta vie ne vaut rien, je t'affirme que rien ne vaut ta vie ! »

Ainsi, parce qu'une chute appelle un relèvement, parce qu'une blessure appelle des soins, parce qu'une douleur appelle une compassion, parce qu'une pauvreté appelle une charité,

---

5. Le concile Vatican II rappelle que « la liberté et la dignité de la personne secourue doivent être respectées avec la plus grande délicatesse » (*Apostolicam actuositatem* 8), sans oublier le fait qu'il « insiste sur le respect de l'homme : que chacun considère son prochain, sans aucune exception, comme un "autre lui-même", tienne compte avant tout de son existence et des moyens qui lui sont nécessaires pour vivre dignement. » (*Gaudium et spes*, 27) Le mot « dignité » vient du mot latin *dignitas* signifiant « la conscience de ce qui se doit, ce qui caractérise la noblesse » et qui nécessite l'*obsequium* c'est-à-dire le service que l'on doit à cette noblesse. Compris ainsi, il devient évident de dire à la suite de l'Ordre de Malte, de saint Philippe de Néri et de saint Vincent de Paul : « Les pauvres sont nos seigneurs et nos maîtres ».

parce qu'une désolation appelle une consolation, parce qu'un frère souffrant « exige » la solidarité fraternelle, toute vie brisée appelle une reconstruction possible et nécessaire, au-delà de toute désespérance mortifère.

Cependant, il n'y a pas de reconstruction possible – et c'est un des messages de ce livre – sans prise en compte de cette double dimension de l'être humain : sa dimension horizontale et sa dimension verticale. Ainsi, l'*autre combat*, ce combat invisible que je préconise, doit tendre, d'une part, à approfondir l'horizontalité de l'essence humaine en mettant en œuvre une solidarité fraternelle, qui relèvera l'être blessé et qui fortifiera le frère qui accompagne ; et, d'autre part, à développer sa verticalité par une recherche et une approche de la transcendance divine qui, seule, peut faire que le cœur blessé accède à la « joie parfaite » que nul ne pourra ravir [6], parce qu'elle est un don de Dieu.

C'est cet *autre combat* qui s'ouvre à chacun de ceux qui portent les stigmates de la souffrance humaine, quelle qu'elle soit. Et nous qui nous pensons *debout*, si nous sommes des êtres de l'Espérance, si nous laissons par elle *dilater notre cœur*, si nous laissons son élan nous « préserver de l'égoïsme et nous conduire au bonheur de la charité [7] », sortons victorieux de nos émotions stériles au profit de la volonté objective d'aimer et de participer nous-mêmes, corps et âme, à ce combat salutaire.

Cet *autre combat*, celui de la vie, nous pouvons et devons le mener, non pas seulement *pour* nos frères en désolation, mais *avec* eux parce que…

Amor omnia vincit (saint Augustin) [8].

---

6. Cf. évangile selon saint Matthieu 25, 21.
7. Cf. *Catéchisme de l'Église catholique* § 1818.
8. « L'amour vainc tout », saint Augustin, *La cité de Dieu.*

1

Les bases de « l'autre combat »

« La vie humaine est semblable à un chemin dont l'issue est un précipice affreux. On nous en avertit dès le premier pas ; mais la loi est portée, il faut avancer toujours. Je voudrais retourner en arrière. Marche ! marche ! Un poids invincible, une force irrésistible nous entraîne. Il faut sans cesse avancer vers le précipice. Mille traverses, mille peines nous fatiguent et nous inquiètent dans la route. »

BOSSUET,
sermon pour le jour de Pâques

L'homme est un être fragile. Bien qu'il soit capable de réfléchir, de connaître et de discerner le bien, le beau et le vrai, capable aussi d'être créateur d'art, capable enfin de volonté, de prudence, d'amour et même de transcendance, il n'en reste pas moins soumis physiquement aux aléas du temps et modelé par de nombreux événements qu'il provoque ou qu'il subit. Il lui est donc nécessaire d'avoir des bases solides sur lesquelles il peut se « fonder » et auprès desquelles il peut se « ressourcer ». Ces bases, faites de « certitudes » éprouvées par le temps et les « anciens », lui donnent un équilibre nécessaire, un enracinement solide et un développement authentique, à l'image de l'olivier qui, même torturé par les assauts du vent et des éléments, reste profondément planté en traversant la légende colorée des siècles.

Ces bases, qui donnent une évidente et utile « stabilité » psychologique, peuvent être de plusieurs ordres. Jadis, sur nos terres judéo-chrétiennes dont il ne nous appartient pas de nier ou de renier l'histoire, une de ces bases était sans contexte l'enracinement géographique. Sur ces racines poussait fièrement un réconfortant ancrage familial irisé d'une rassurante plongée dans une foi chrétienne « traditionnelle ». Cette foi, que l'on qualifiait d'une manière désuète de « foi du charbonnier », permettait de « toucher » du petit doigt la transcendance divine ; beaucoup la qualifiaient de bienfaisance « naturelle » et fédératrice d'une civilisation, mais d'aucuns, enfermés dans leurs serre-joints marxistes ou simplement matérialistes, la dénonçaient comme étant un endoctrinement néfaste, tel le journal anticlérical du début du XXe siècle, abusivement nommé *La Lanterne.*

Aujourd'hui, ce n'est plus pareil car « beaucoup doivent quitter leur pays ou leur région natale pour se former et travailler. Les phénomènes de déracinement, qui conduisent parfois à la solitude, deviennent de plus en plus nombreux [9] ». Les bases se fragilisent, les certitudes chancellent... Derrière le masque hypocrite du progrès social se lève le visage buriné de la misère. Quant à la foi de nos aïeux, il ne sert à rien de « la penser comme un présupposé évident de vivre en commun. En effet, ce présupposé non seulement n'est plus tel, mais souvent il est même nié [10] ».

De nos jours, donc, l'éclatement géographique des familles, dû à la recherche toujours plus ardue et incertaine de ce travail – devenant parfois une nouvelle utopie – devant permettre de vivre décemment dans une société qui ne cesse de prêcher l'efficacité aux dépens du savoir-vivre, peut paraître comme une des sources de ce chancellement. Oui, et c'est tristement vrai, on connaît en ces temps difficiles la cruelle raréfaction de ce trésor qu'est devenu le travail. De plus, tout en se raréfiant, il en devient hyper-sélectif, rejetant les plus fragiles de nos frères d'une manière devenue férocement banale.

À cette dispersion territoriale s'ajoute, comme une verrue, l'éclatement social des familles que l'on dit, comme si cela devenait naturel, « recomposées », monoparentales et

---

9. Jean Cherville, *Être là où ça fait mal*, éd. CLD, 2003, p. 21.

10. Benoît XVI, lettre apostolique *Porta fidei*, 2012, n° 2. On estime à 2 millions (sur 66 millions d'habitants) le nombre de Français catholiques pratiquants en 2012.

même homosexuelles. Une des conséquences notoires de ces constatations, issues de ce que la société républicaine appelle « évolution », consiste en la prolifération de l'individualisme – avec une poussée du sens émotionnel aux dépens du sens objectif – et de ses retombées sur *l'ethos*, par définition collectif[11], activement tiré par la locomotive d'une déstructuration visible à l'œil nu.

Concernant l'individualisme, certains sociologues [12] n'hésitent pas à en travestir la définition classique. Ainsi entend-on dire que leur étrange concept de l'individualisme permettrait davantage, dans notre société moderne, de considérer tout être humain comme un égal et qu'il serait abusif de penser que l'individu se prend pour un « moi d'abord », vu qu'il rejetterait ainsi le collectif et sa solidarité. On peut être surpris de cette conceptualisation tant, justement, dans notre monde, on constate, sans grande difficulté, la perte du sens de l'autre. Pour appuyer cela, il suffit simplement de s'intéresser à la baisse du bénévolat ou au vieillissement des personnes qui œuvrent dans les associations caritatives. N'oublions pas, de plus, la mise en avant de la notion de « l'estime de soi » qui prend des proportions égocentriques, voire hédonistes, en mettant sur un piédestal les notions de « vérité subjective » et de « bien-être personnel ». Ne nous

---

11. *Ethos*: notion anthropologique et philosophique renvoyant au caractère commun – ou collectif – d'un groupe de personnes d'une même société. En ce qui nous concerne, il s'agit bien des fondements éprouvés de notre civilisation judéo-chrétienne. Aujourd'hui, cet *ethos* subit de plein fouet la crise morale qui tend à relativiser le bien commun et objectif au profit de la vérité subjective et donc de l'individualisme qui prône, en conséquence, un bien sans enracinement historique ou social.
12. Comme Alain Ehrenberg, auteur de *L'individu incertain*, éd. Pluriel, 1999.

voilons pas la face, l'individualisme – qui nous *re*centre sur nous-mêmes – est un mauvais conducteur d'amour pour notre société, car il s'oppose nettement à la *bienveillance* [13] qui est la faculté de vouloir faire du bien, « gratuitement » et sans arrière-pensée, à l'autre.

À cet individualisme que, pour ma part, je trouve dommageable s'ajoutent quelques lourds wagons, tel celui de la mise en « concurrence » des religions au nom d'un égalitarisme laïcisant à outrance; celui-ci nie sournoisement toute équité née de notre histoire pluriséculaire, la soumettant à une pensée syncrétique attisée là encore par l'émotion individuelle, par définition subjective. Cette mise en concurrence est d'abord la suite du combat laïque contre la négation pure et simple du courant religieux, principalement chrétien, perçu davantage par la société individualiste naissante comme « moralisateur » que comme « libérateur ».

Ajoutons la prise en compte du monde par la télévision ou Internet, par exemple, qui le font devenir un « village », et bien d'autres choses encore, qui font que les bases, autrefois si précieuses et bénéfiques, patiemment érigées, ont volé en éclats. Tout cela réuni a pu déstructurer les plus fragiles des hommes nés de notre société, devenue *hyper*mondialiste par soumission servile à une finance internationale désormais *super*puissante, source de forte et sauvage exclusion sociale. Il suffit, à ce propos, de noter le taux catastrophique du chômage qui atteint 25 % de la population active en Espagne et en Grèce, les pays européens les plus touchés à ce jour par cette crise désastreuse qui devient structurelle. Je n'ose imaginer le choc traumatique et l'état de désolation intérieure vécus par

---

13. Bénévolat et bienveillance ont la même racine latine : *bene volens* (« vouloir du bien »).

ces milliers de familles qui se retrouvent à la rue, sans aucune ressource financière, et qui sont laissées ainsi à l'abandon au nom d'une politique aveugle ne prenant que peu en compte le fondement même de ce pourquoi elle existe : l'homme.

Encore une fois, malgré un cri qui semble résonner dans un désert sauvage où hurlent les vils coyotes, l'Église, entre autres par la bouche de Benoît XVI, met en garde chacun d'entre nous – croyants ou non – devant ces nouvelles fragilités humaines qui semblent s'agrandir d'année en année :

> « Quand l'incertitude sur les conditions de travail, en raison des processus de mobilité et de déréglementation, devient endémique, surgissent alors des formes d'instabilité psychologique, des difficultés à construire un parcours personnel cohérent dans l'existence, y compris à l'égard du mariage [14]. »

Que l'on se rassure, il ne s'agit nullement de vivre dans le regret ni de tirer ici à boulets rouges sur le monde occidental d'aujourd'hui. La nostalgie ne mène à rien, sinon à la tristesse et à la désespérance. Ce monde, tel qu'il est, a été *voulu* et construit par l'homme, même s'il en subit certaines conséquences fâcheuses, notamment lorsqu'il est pauvre. Ce monde a, malgré ses lourdes tares contre lesquelles il nous reste à lutter, ses indéniables avantages, car « nul ne fera jamais revivre ce qui a été désenchanté [15] », mais chacun doit pouvoir, quel que soit sa place, bénéficier des progrès réalisés. Il ne sert à rien d'être fataliste face à ce que l'on appelle la mondialisation qui semble, désormais, gérer les relations humaines internationales. Comme le rappelait Benoît XVI, « les processus de mondialisation, convenablement conçus et gérés, offrent la

---

14. Benoît xvi, encyclique *Caritas in veritate*, n° 25.
15. Jean-Claude Guillebaud, *La refondation du monde*, Seuil, 1999, réédition « Points », p. 13.

possibilité d'une grande redistribution de la richesse au niveau planétaire comme cela ne s'est jamais présenté auparavant [16] ». Il s'agit donc pour nous, et bien évidemment sans rejeter quiconque, de chercher, en cet espace terrestre qui est le nôtre et que nous devons partager en respectant les mondes animal, végétal et minéral, les moyens de vivre pleinement notre vie d'homme dans toutes ses composantes, en tenant compte de cette quasi disparition des bases de jadis qui faisaient le socle de nos sociétés familiales d'antan.

Dans ce monde en ébullition où tout va très vite, le défi majeur consiste, pour chacun de nous, à ne laisser aucun de nos frères pauvres, blessés ou simplement fragiles sur le bord du chemin, pour la seule raison qu'ils ne peuvent s'adapter à cette vie actuelle qui les déstructure, faisant voler en éclats les certitudes et les repères « historiques » que l'on croyait résistants aux assauts des modes. Il s'agit bien d'affirmer, surtout envers ceux dont les certitudes déraisonnables refroidissent le cœur, que ce n'est pas à l'homme de s'adapter au monde dans lequel il se meut, mais que l'acte premier et fondamentalement sensé est d'adapter le monde à lui.

La référence de cette construction universelle devrait être, non pas l'homme riche, mais l'homme pauvre, le « dernier », le laissé-pour-compte, celui que nos mains ne rejoignent plus, celui que nos pieds n'accompagnent plus et celui, enfin, que nos yeux ne voient plus [17]. L'homme, surtout le plus faible, ne doit jamais être considéré comme une « chose » ou, pire, un « néant » dont la vie ne compte plus. Le monde n'est que le lieu de vie de l'homme, il est un « objet », il ne sera jamais le « sujet » car il n'est pas le « vivant ». Le seul et unique sujet reste

---

16. Benoît xvi, *op. cit.*, n° 42.
17. Cf. évangile selon saint Marc 9, 43 à 47.

l'homme, tout l'homme et tout homme, même blessé, malade ou handicapé, car aucun homme n'est bon à jeter. L'homme doit rester le *sujet.* C'est un défi majeur, une des batailles de l'*autre combat*, car la misère, qui n'est pas humaine et qui déstructure le cœur et le corps, voudrait changer la définition même de l'homme ; or, on ne peut le réduire à ses aptitudes, ses capacités utilitaires ni à sa place dans la vie économique...

La blessure, la maladie et le handicap, justement, font aussi partie d'un mouvement de déstructuration humaine que personne ne doit négliger et qu'il ne faut pas faire porter à ceux qui souffrent, comme un fardeau supplémentaire accroché à celui de la misère, de l'abandon ou de la solitude.

Cette déstructuration, qui agit sournoisement et peut s'ajouter à la pauvreté consécutive d'un monde aveuglé par lui-même, peut avoir maintes sources. Elle peut partir d'un traumatisme physique, passager ou irréversible, obligeant à repenser de nombreuses valeurs établies comme ces petits gestes banals et quotidiens qui forgent nos journées. Le handicap physique peut entraîner, par ses effets somatiques tel l'amenuisement de la motricité, voire sa disparition pure et simple, une perte d'autonomie et un changement total de la manière de vivre, avec parfois même un « désir » criant de mourir [18], souvent attisé par la manière dont les « bien-portants » regardent le « souffrant » : regard de pitié qui détruit plus qu'il ne relève et dont le blessé se souviendra toujours.

---

18. Des spécialistes des soins palliatifs le font remarquer : « L'expérience montre que très peu de personnes souhaitent une euthanasie : lorsque s'installent l'angoisse, le désespoir, l'impression de n'être plus reconnu comme une personne, que l'avenir semble fermé, la demande d'euthanasie est l'ultime moyen d'obliger l'entourage à reprendre une vraie relation. » *Simples questions sur la vie*, Conférence des Évêques de France, p. 87.

« La pitié est ce sentiment – si mal vécu par les personnes qui l'inspirent – réduisant la personne handicapée à la souffrance, aux difficultés qui apparaissent immédiatement au regard que l'autre pose sur celle-ci. Cette commisération est parfois empreinte de mépris : "Le pauvre, vous avez vu dans quel état il est..." Nous sommes ici dans un jugement de valeur : cet état ne doit pas exister, cette existence, cette vie, ne vaut pas la peine d'être vécue [19]. »

À propos de la manière dont on regarde un frère handicapé, permettez, en toute simplicité et humilité, que je mentionne cette anecdote en forme de petit conseil « pastoral ». Lorsque j'eus l'opportunité, durant une année, de dispenser à quelques classes de collège et lycée un enseignement dit « religieux », on m'avait enseigné la « règle des vingt » que je continue d'appliquer dans les contacts divers et variés que je peux avoir, surtout avec les personnes en difficulté. L'esprit humain, qu'il le veuille ou non, juge celui qui s'adresse à lui dans les vingt premières secondes de contact, sur la façon dont les vingt premiers pas sont effectués (avec assurance, hésitation, crainte...), les vingt premiers centimètres (entendez l'expression du visage : heureux, moqueur, apeuré...) et les vingt premiers mots (hésitation, assurance, amour, franchise, ironie, désolation, pitié...). Ce « jugement » souvent à l'emporte-pièce est celui qui *restera* tout le temps, et vaille que vaille, dans la relation entretenue. Cela me semble bien entendu valable pour la façon dont nous abordons la personne handicapée. Notre façon d'être avec elle, de la regarder, de l'approcher, de lui parler participe-t-elle de son « relèvement » ou de son « abaissement » ? Chacun peut y réfléchir en son âme et conscience.

---

19. Marie-Hélène Boucand, « Le regard sur la personne handicapée », revue *Christus*, 195, juillet 2002, p. 321.

Un regard de compassion charitable, vrai et sans faux-fuyant, est nettement plus positif et doit être privilégié, parce qu'il est *toujours* porteur d'espérance constructive.

N'omettons pas, de plus, le fait que le handicap, notamment lorsqu'il est considéré comme très lourd et irréversible, peut faire peur à l'entourage qui va, consciemment ou non, se déclarer incompétent pour l'assumer, laissant la personne souffrante vivre une « double peine » : le handicap lui-même et l'abandon entraînant fatalement la solitude – nous y reviendrons – avec sa cohorte d'indéniables conséquences fâcheuses. Cela induit, pour le personnel soignant, de ne jamais laisser de côté la famille du frère blessé, car elle aussi subit un traumatisme qu'elle devra surmonter avec du temps et de l'aide.

Puis, et c'est malheureusement souvent le cas, la déstructuration devient, en plus d'être somatique, une désolation psychologique, c'est-à-dire qu'elle peut rejaillir sur le for interne et tous les aspects relationnels de la personne blessée, lui faisant penser qu'elle ne compte plus pour personne, *a fortiori* lorsqu'elle est déjà « abandonnée » par les siens. L'émotionnel, le sentimental et le ressenti étant dramatiquement atteints, on assiste, impuissant dans un premier temps, à une déstructuration de l'esprit – de la nature même de ce qui fait l'homme raisonnable ; le signe principal et ultime de cette déstructuration est une farouche perte de l'*espérance* – qui renvoie bien plus loin que le simple *espoir*[20] – et donc

20. Faire une différence entre *espérance* et *espoir* est nécessaire. L'espérance, qui est en premier lieu une vertu *religieuse*, renvoie à l'attente active de la grâce de Dieu, qui va au-delà de cette simple vie terrestre. Il s'agit donc du sentiment, voire d'une certitude, qu'uni à Dieu, tout ce qui est relatif au bonheur *durable* de l'homme est réalisable ; c'est la vertu de « l'épanouissement chrétien » (Bernard Sesboüé). Lorsque

un enfermement sur soi, dans le désespoir et l'ombre, triste *anti*-lumière devenue « stade ultime de la détresse, y ajoutant la référence à un futur sans solution [21] ».

Ce petit livre sans prétention [22], qui n'est pas écrit par un spécialiste de quoi que ce soit, veut affirmer que *rien* n'est jamais perdu, mais que *tout* est possible. Le message est limpide. Il n'y a pas de fatalité dans le désespoir car il existe un autre chemin ; certes, il est sinueux et long, mais il existe, la vertu d'espérance ne permettant pas d'en douter. La finalité épistolaire de ces quelques chapitres est d'ouvrir la perspective d'un chemin de lumière, qui peut sembler étroit et difficile à atteindre, mais qui se trouve à l'opposé de celui, très ombreux, de la désespérance et de l'abattement. Affirmons d'emblée que ce chemin est éclairé, peut-être faiblement pour certains, mais éclairé quand même, par une lumière qui ne cesse jamais de briller et qui attend que l'on s'en approche. Plus que la lumière naturelle qui est nécessaire et qui allume déjà le flash d'une certaine « résurrection », elle est la lumière « divine » qui permet à l'*Un* de rejoindre, *nu* de toute nuit, l'amour du *Tout-Autre*. Nous le verrons dans un autre chapitre.

---

l'âme, entraînée dans la douleur, connaît ce que l'on nomme l'« acédie » (état spirituel d'atonie), elle perd cette capacité d'espérance. L'espoir, quant à lui, est davantage un état d'attente immédiate, sans aucune notion de transcendance, une attitude qui appartient à la condition humaine. Pour autant, peut-être que les petits espoirs font la grande espérance…

21. Louis Crocq, *Les traumatismes psychiques de guerre*, Odile Jacob, 1999, p. 235.

22. *L'autre combat* se lit comme une « suite conclusive » de mes deux essais précédents parus chez le même éditeur : *Jésus, l'Église et les Pauvres* qui évoquait le « monde de la rue » et *Les Cloches sonnent aussi à Kaboul*, évoquant le monde militaire. Ces trois livres doivent être lus comme une « trilogie » pastorale.

Toutefois, admettons dès à présent que cette douce lumière, souvent invisible à nos yeux de chair, mais perceptible aux yeux du cœur, ne brûle pas mais éclaire, ne détruit pas mais purifie, ne repousse pas mais rassemble. J'ai foi en cette lumière essentielle pour la réussite de la vocation de l'homme, car je sais ce qu'elle a déjà fait autour de moi. Cette foi qui est mienne, quoique imparfaite, appelle cette lumière d'un nom qui attire et fait peur, tant il peut être bien ou mal compris : Dieu. Ma certitude est de dire que Dieu, cet être indéfinissable et infini donné à nos limites en la personne de Jésus-Christ, est toujours de l'ordre du *possible*. Le Christ, ce Dieu Incarné, est pour moi le « médecin total » – je l'expliquerai plus loin – bien que son incommensurable mystère lui fasse choisir de compter sur l'homme, créé *très bon*, pour le révéler et l'approcher.

L'homme, simple être définissable et fini offert à l'éternité par grâce, doit sans cesse apprendre et comprendre que l'enjeu suprême de sa vie est sa spiritualité et qu'il ne peut y avoir de véritable accompagnement humain global, ni même de véritable développement humain, s'il fait l'impasse sur cela. Sans la foi, dont nous aborderons plus loin et plus en profondeur le sens, il manque à l'homme une dose d'humanité, celle de la « joie parfaite ». Mais nous entrons là encore dans un *autre combat*... qui est, peut-être, le seul qui vaille vraiment le coup, parce qu'il peut se heurter à une fausse sagesse humaine faisant penser, par une raison dévoyée, qu'il n'a pas lieu d'être. Ainsi, si le raisonnement humain peut faire obstacle à la foi, la foi, quant à elle, sera là pour purifier cette raison et la guider vers ce qu'elle a de meilleur.

Le bienheureux Jean-Paul II affirmait que foi et science, comme foi et raison, ne s'opposent pas, mais se complètent si chacune voit en l'autre une sœur pour grandir : « Foi et raison sont comme les deux ailes qui permettent à l'esprit humain de s'élever vers la contemplation de la vérité[23]. » Voilà pourquoi, aujourd'hui, contrairement à sa création originelle dont l'histoire révèle qu'il fut en premier lieu « une lutte de laïcisation de l'espace interne, autrefois décrit uniquement comme champ des forces spirituelles[24] », le soutien psychologique – voire psychanalytique[25] – n'est plus en opposition avec le domaine de la foi *raisonnée* et plus généralement de la spiritualité, mais le complète, l'éclaire, parfois même le purifie et l'enracine durablement et solidement. En découvrant quotidiennement ce « Christ médecin total » avec la limpidité d'un cœur désencombré, « la spiritualité est interrogée par la découverte du psychisme humain, mais la psychologie est à son tour questionnée par la spiritualité[26] ». Tout cela participe de l'unité de l'homme. L'être humain n'est pas morcelable, il est un individu, certes complexe, mais un et unique, profondément riche. La foi, comme la raison ou la science qui devraient le faire d'une manière plus juste, nous le dit.

Pour illustrer cet *autre combat* qui est, tout simplement et effectivement, le combat de la vie que d'aucuns de mes amis blessés, à qui je rends hommage, ne cessent de mener à hue et à dia, ce livre ouvrira ses pages sur trois mondes que rien, de prime abord, ne semble rapprocher et qui sont des lieux « d'expérience douloureuse » concrète que j'ai eu l'opportunité de connaître : le monde de la rue et le monde

---

23. Jean-Paul II, encyclique *Fides et ratio*, 1998, Prologue.
24. Jacques Arènes, « Accompagner l'*homo viator* », revue *Christus*, n° 210, HS, mai 2006, p. 22.
25. Le psychologue est dans l'écoute de la parole du sujet. Le psychanalyste est dans celui de l'interprétation pour « dénouer les liens inconscients que la parole entretient avec les symptômes » (Denis Vasse).
26. Paul Legavre, « Distinguer pour unir », revue *Christus*, n° 210, HS, p. 6.

de l'armée, au sein desquels viendra s'insérer, comme un cri, l'insoumis monde souterrain des prisons, débordant parfois sur l'un comme sur l'autre…

Ces trois *mondes*, rue, prison et armée, ont chacun leurs règles et leurs lois. Ces trois *mondes* ont chacun leur force et leur faiblesse. Ces trois *mondes* ont chacun leurs joies et leurs peines. Ces trois *mondes* ont chacun leurs espoirs et leurs misères. Ces trois *mondes* sont composés d'hommes et de femmes à la fois solides et fragiles, nourris de projets ou de lassitude, colorés de fraternité et de violence, vecteurs d'amour et de haine, porteurs d'illusions et de désillusions, irisés de guérisons et de blessures. Mais ces trois *mondes* ne sont pas étrangers l'un l'autre car, nous ne le savons que trop, la misère ne connaît pas de limites et son terreau privilégié est la faiblesse humaine, où qu'elle soit.

La misère, qui détruit l'homme en prenant prioritairement sa source dans la pauvreté, ne peut pas nous laisser indifférents. Vaille que vaille, elle nous entraîne, et c'est tant mieux, dans la pensée de croire qu'au-delà de tout ce que nous sommes et construisons, nous faisons partie d'une *même* famille. Finalement, communier à la misère des autres nous rend humbles et vulnérables : qui peut prétendre ne jamais tomber en ses mains agrippantes ? Et si nous ouvrons les yeux sur notre réalité, nous l'entendons murmurer à nos oreilles. D'une certaine manière, elle nous dit alors que « nos existences sont en profonde communion entre elles, elles sont reliées l'une à l'autre au moyen de multiples interactions. Nul ne vit seul… Nul n'est sauvé seul. Continuellement, la vie des autres entre dans ma vie : en ce que je pense, dis, fais, réalise. Et vice versa, ma vie entre dans celle des autres : dans le mal comme dans le bien [27] »…

---

27. Benoît XVI, encyclique *Spe salvi*, n° 48.

1. Le monde de la rue

Ce « premier monde », j'ai pu le toucher du doigt et du cœur d'une manière concrète, en début de ministère pastoral – et même avant –, grâce à mon passage, à mes yeux bien trop bref, de quatre riches années au sein de l'association parisienne catholique fondée par celui qui m'honora de son amitié, le père Patrick Giros [28], et portant le nom de cet appel christique : *« Aux captifs, la libération* [29] ». Par la suite, j'ai eu la grâce de pouvoir compléter cette connaissance du monde des plus pauvres de nos frères de sang, d'une autre manière tout aussi concrète, comme aumônier de la maison d'arrêt de Cahors. Bien évidemment, cela a été pour moi une révélation décapante, me faisant découvrir, apprécier et aimer des sœurs et frères en humanité aux multiples blessures ; j'ai pu vivre ainsi le cœur de la spiritualité chère à cet Apôtre de la Charité inventive qu'est saint Vincent de Paul que je me suis proposé de suivre, répondant ainsi à l'appel du Seigneur, en entrant dans sa congrégation de Missionnaires, fondée il y a bien longtemps déjà, en 1625.

Avec ces frères souffrants, *au milieu* d'eux et *pour* eux, mon humble désir fut de me faufiler discrètement parmi les grains solidaires de cet immense chapelet d'amour et de compassion, déployé par d'autres frères et sœurs en humanité, qui avaient compris que notre sang et le leur étaient de la même veine.

---

28. Patrick Giros (1939-2002), prêtre du diocèse de Paris et auteur du livre *Les enfants dans la ville* (Seuil, 1994), créa l'association « Aux Captifs, la Libération » en 1981, pour aller à la rencontre des gens de la rue, avec des bénévoles qui, deux par deux, vont au-devant des plus pauvres. Il est également l'auteur de la préface de mon livre *Saint Vincent de Paul par ses écrits*, Mediaspaul, 2003.
29. Cf. évangile selon saint Luc 4, 16 à 21.

Tout au long de notre histoire forgée de siècles riches d'une leçon qui reste actuelle, il y a toujours eu des bonnes âmes désirant servir leurs frères pauvres et abattus. Qu'elles fussent d'Église, maison mère de la charité, ou de la société civile, fille aînée de la solidarité, ces âmes ont toujours souligné que l'humanité est une et qu'une communauté humaine n'est fraternelle, viable et sincère que si elle n'abandonne aucun des plus faibles et des plus souffrants de ses enfants.

Ainsi, depuis des siècles et souvent, il faut le reconnaître, davantage sous l'impulsion de l'Église que de la société civile, des organismes d'aide et de soutien aux plus défavorisés ont vu le jour, çà et là, au gré des charismes de leurs divers et géniaux fondateurs.

Sans remonter aux Pères de l'Église – principalement Cappadociens – qui, dans les premiers siècles, ont créé les hôtels-Dieu et autres hospices pour les malades sans ressources, évoquons simplement la mouvance spirituelle des nombreux Ordres Hospitaliers nés, pour la plupart, au moment des grands pèlerinages en Terre Sainte [30], durant le Moyen Âge, pour protéger et héberger les pèlerins pauvres ou, plus près de nous, des organismes caritatifs « confessionnels » tels que le *Secours Catholique*, les *Conférences Saint-Vincent-de-Paul* [31]

30. Citons en particulier l'Ordre de Malte, dénommé ainsi depuis son arrivée sur l'île de Malte en 1530, après les quatre siècles passés en Terre Sainte. Cet Ordre, régi comme un État, et appelé initialement « l'Ordre des Chevaliers Hospitaliers de Saint Jean de Jérusalem », a été fondé par le frère Gérard de Martigues en 1099, pour soigner pèlerins et soldats, et protéger les premiers sur la route du Saint-Sépulcre.

31. Les « Conférences » sont nées de la volonté de Frédéric Ozanam, en 1833, qui, inspiré par la spiritualité de saint Vincent de Paul, écrivait ceci : « Nous ne voyons Dieu que des yeux de la foi et notre foi est si faible. Mais les pauvres, nous les voyons des yeux de la chair… ici, l'incrédulité n'a plus de place possible et nous devrions tomber à leurs

et bien d'autres, ou même, plus tard, des organismes aconfessionnels comme le *Secours Populaire*. Tous, mais chacun selon sa vocation, communautairement nourris d'un sens profond de l'homme, savent, comme aimait à le rappeler François Soulages en 2008 lors de son arrivée à la direction du Secours Catholique, qu'il est important de « travailler sur les causes de la pauvreté et ne pas (se) contenter d'en soigner les conséquences [32] ». Toutefois, ces « conséquences », nous les voyons, nous les côtoyons sans cesse et comme ce sont elles qui dévastent *visiblement* l'homme en le mettant à la rue, il est indispensable de les « soigner ». Ainsi, et chacun le sait, tous ces organismes ont toujours à cœur de proposer des accompagnements dans l'urgence et dans l'assistanat au profit des populations touchées par des événements graves, des catastrophes naturelles, des grandes pauvretés et même des maladies et des handicaps. Je pense, en ce sens, à l'extraordinaire travail des membres de la *Fondation Jérôme Lejeune* qui lutte pour le droit de vivre des personnes trisomiques[33], défendant ainsi la dignité de *toute* vie humaine dès sa conception et qui confirme, s'il en était encore besoin, que toutes les misères *se ressemblent* et que tous les *autres combats* pour les éradiquer sont frères.

Nous le savons par la cruelle expérience de la vie, tous nos frères qui subissent l'une ou l'autre de ces misères peuvent

---

pieds et leur dire : vous êtes nos maîtres et nous serons vos serviteurs, vous êtes les images sacrées de ce Dieu que nous ne voyons pas et, ne sachant pas l'aimer autrement, nous l'aimerons en vos personnes » (lettre de 1836).

32. Cf. magazine *La Vie*, n° 3506 du 8 novembre 2012, p. 11. Rappelons qu'en 2012, le rapport annuel du Secours catholique constate que la grande pauvreté touche aujourd'hui 2 millions de personnes, soit 500 000 de plus qu'en 2002.

33. On estime aujourd'hui en France à 50 000 le nombre d'enfants et d'adultes porteurs d'une trisomie 21.

connaître un jour la *misère extrême* de « la rue ». Pour qui a les oreilles débouchées, leurs cris de larmes entendus jour et nuit, sur les trottoirs sales de nos villes, ne permettent pas d'en douter. D'autres associations ont essayé – et continuent –, certains avec persévérance et ténacité, comme l'association déjà citée « Aux Captifs, la Libération » ou encore les *Compagnons d'Emmaüs* de l'Abbé Pierre, d'accompagner dans la durée et le suivi ceux qu'elles aident à lutter contre la précarité, au nom d'une fraternité spirituelle prenant sa source dans la foi chrétienne qui exige la charité. On en connaît et reconnaît les fruits aujourd'hui, même au niveau de l'État.

Souvent, grâce à la volonté de bénévoles et de dons financiers de particuliers, des lieux d'écoute et de partage ont vu le jour dans nos villes, permettant à nos frères les plus démunis, autour d'un café chaud pris assis sur une chaise ou un fauteuil, et en plus d'une aide matérielle et sociale qui reste nécessaire, de trouver ou de retrouver un appui, une épaule, un secours et une oreille attentive pour entendre et consoler les misères du corps, du cœur et de l'âme. Certains de ces lieux vont même plus loin, et c'est heureux. On y trouve de quoi laver son linge, un petit vestiaire de rechange, une douche et même de quoi prendre un repas chaud les jours d'hiver, sans oublier des tables pour écrire ou faire des démarches sociales, et parfois même un coin pour prier.

Cependant, et on peut le regretter, il y a peu d'endroits où celui qui, trop souvent, cumule toutes formes de pauvreté entraînant une déstructuration psychique, psychologique et spirituelle, peut trouver un accompagnement « professionnel », tel un « cardiologue de l'âme » qui l'aidera à avancer et à lutter contre tous les obstacles intérieurs qui le clouent sur une croix de souffrance sans nom. Certes, l'écoute bienveillante et amicale est utile et nécessaire. Il s'agit déjà d'un bon début, mais l'accompagnement psychologique approfondi, suivi et entrepris par une *même personne*, qui engendrerait un climat de confiance dans la durée, serait sans doute un bénéfice supplémentaire non négligeable, car l'homme, cet individu compliqué, est à la fois corps et cœur, chair et esprit, flamme et âme... Hélas, dans notre société en crise – financière –, investir dans un système de soins au profit des personnes que l'on qualifie de « sans », comme les « sans domicile fixe », les « sans papiers » et tous les autres « sans » que l'on ne nomme même plus, ne va pas dans le sens des choses de ce monde gouverné par les assauts sauvages de la haute finance, qui n'a d'autres dieux que les courbes boursières... Pourtant, ces « sans » sont nos frères en humanité qui sont là, « au milieu » de nous et « avec » nous, malgré le fait inhumain qu'ils soient jetés hors du circuit qui tourne trop vite et les exclut des catégories sociales répertoriées. Si, avec eux, si, *pour* eux, nous voulons gagner l'*autre combat*, nous avons donc beaucoup à faire... Hélas, cet autre combat-là est conditionné par ce mot de deux lettres qui résonne comme un couperet de guillotine : « si »...

2. Le monde des prisons

Le mot « prison » fait peur. Notre société semble vouloir poser une chape de silence sur ce qui peut apparaître comme une verrue au développement fraternel qu'elle prétend mettre en place à coup de lois pas toujours bien fondées éthiquement parlant. Pourtant, ce ne sera pas une ingérence de sa part que de permettre aux 66 126 frères [34] « mutilés de liberté »

---

34. Nombre de détenus recensés en France en 2012. À ce nombre s'ajoutent les 10 000 personnes en liberté « conditionnelle » avec le « bracelet » et les 75 000 en sursis. Le taux de surpopulation global (incluant maisons d'arrêt et centrales) est de 115 %.

qu'elle enferme de percevoir un autre chemin que celui de l'ombre qui dure. Son « rôle » sociétal, parce qu'elle prône haut et fort, et à tout va, la fraternité – au même titre que la liberté et que l'égalité –, est bien de ne jamais désespérer de l'humain et de ne jamais permettre à l'humain de désespérer de lui-même, car punir pour punir ne sert à rien si on n'aide pas le détenu, qui reste *d'abord* un homme, à prendre le chemin de l'intime connaissance de lui-même, première étape de l'apprentissage de « l'autre » qu'il ne faut pas blesser, léser ou tuer, mais aimer. Or, nos prisons sont des endroits qui ne mettent pas à l'honneur la dignité humaine, ce qui est, de plus, dénoncé par la Commission des Droits de l'Homme européenne, surtout si l'on regarde nos maisons d'arrêt qui ont un taux de surpopulation de 137 %, pour des peines considérées comme « mineures » n'excédant pas « normalement » un an (ce qui n'est pas forcément vérifié dans les faits). Notre société n'a donc pas de leçon à donner sur le respect de cette dignité humaine qui commence par le respect de *tout* l'homme, mais plutôt à en recevoir. L'*autre combat* commence aussi par là.

Des hommes et des femmes, au gré de leur histoire souvent habillée de pauvreté et de manque d'amour, « tombent » sur le chemin du fait délictueux, grave ou pas, et payent ainsi, parfois chèrement, l'addition de ce qui peut apparaître inéluctable lorsque le seul horizon que l'on connaisse est une infernale précarité, qu'elle soit intérieure à l'homme ou extérieure. En entrant dans le giron pénitentiaire qui se referme sur eux, ils vont connaître une détresse psychologique certaine, attisée par l'ensemble du système. L'expérience montre que, même si la sanction est une chose à ne pas gommer, les petites peines sont très destructrices car elles font tomber l'homme (ou la femme) dans un système dont il aura du mal à sortir.

On estime en effet à 62 % le taux de récidive lorsqu'on a été condamné à une petite peine [35].

L'incarcération est déstructurante et cela commence dès le premier jour. Elle l'est davantage encore lorsque celui qui se retrouve enfermé entre quatre murs est déjà en situation de profonde désolation, cumulant depuis longtemps les problèmes médicaux et sociaux [36] et nécessitant par conséquent une écoute indispensable pour canaliser sa haine et son étouffement.

Je me souviens que certains détenus me racontaient que le bruit le plus « cruel » qu'ils entendent lorsqu'ils arrivent « pour la première fois » en prison n'est pas le bruit d'une parole froide et inamicale venant de l'administration, mais le cri sec et encore plus inhumain de la clé dans la serrure des portes de métal des cellules. C'est le début de l'ombre…

Je ne nie pas la douleur des victimes, encore moins le traumatisme subi par leurs familles blessées, voire endeuillées, et qu'il est nécessaire d'accompagner dans la durée. Celui qui a commis un délit ou un crime doit réparation, c'est indéniable, mais ce qui m'importe ici, c'est la situation dans laquelle il se retrouve *justement* lorsqu'il pénètre dans l'univers – car c'en est un – carcéral. Puis, une fois qu'il a été extrait du monde du dehors, viennent pour le détenu les affres liées à la suppression de ce qui lui est le plus cher, sa liberté. Cette cassure entraîne aussi la disparition de toute proximité et de toute intimité familiale – et c'est une grande souffrance pour

35. Le taux moyen de récidive (incluant petites et lourdes peines) est de 52 % en France, contre 26 % au Danemark où le système carcéral est totalement différent et beaucoup plus respectueux de la dignité humaine et des familles.

36. Cf. notamment le documentaire de Régis Sauder, *Être là*, tourné au sein du service médico-psychologique régional de la prison des Baumettes à Marseille.

sa famille, quand il en a –, en réglementant à la minute près les horaires et le temps du parloir. On imagine mal, lorsqu'on ne connaît pas le milieu carcéral, la douleur morale liée à cette suppression de la liberté qui, en temps ordinaire, fait le bonheur de la vie quotidienne de l'être humain. La désolation de l'esprit peut être très rapide et devenir fatale, car outre le fait qu'il est enfermé physiquement, le détenu se retrouve souvent « enfermé » dans sa faute et « catalogué » par elle. Or, l'être humain est toujours plus que son acte, si terrible et infâme soit-il…

Le détenu devient complètement dépendant d'une structure broyeuse qui va jusqu'à nier la possibilité qu'il a en lui-même de se relever en accédant à la prise de conscience de la faute. C'est cette structure, « infantilisante » car rendant l'être humain totalement dépendant, qui va jusqu'à gérer les moindres détails de la vie courante, comme par exemple le moment de respirer dehors ou le moment de prendre une douche.

Enfermé dans une cellule – je parle ici de ce que je connais, la vie en maison d'arrêt –, le détenu, sans cesse sous « surveillance », ne connaît plus d'intimité. Je me souviens que même les « toilettes » internes à la cellule avaient un mur coupé au niveau des épaules de manière à ce que les surveillants, depuis le judas de la porte, puissent voir ce qui se passait en tout coin de la misérable geôle dans laquelle pouvaient s'entasser six ou sept personnes, voire plus.

Cette promiscuité avait aussi pour effet déviant de soumettre – corporellement et intellectuellement – les plus faibles aux plus forts, ce qui entraînait une augmentation sensible de la désolation humaine chez les plus vulnérables qui ne *pouvaient* pas se plaindre.

Comment, avec tout cela et bien d'autres choses encore, tenir debout en prison ? Comment vivre – ou plutôt survivre – dans cette épreuve déstructurante inhérente à cet univers où tout peut devenir assez rapidement hostile, surtout pour celui qui, venant d'un milieu défavorisé, n'aura même pas de quoi s'acheter – on dit « cantiner » – un paquet de cigarettes ?

Comment ne pas désespérer lorsque la peine à effectuer est très longue, alors que la lassitude – celle du détenu et celle de la famille restée dehors – et le sentiment de ne compter pour personne grandissent de jour en jour ?

L'aumônier de prison n'est pas là pour juger des faits délictueux commis par les uns et les autres. Je ne me suis jamais permis de le faire et lorsqu'un détenu se permettait de « juger » un autre détenu, car cela arrivait, ma mission était de lui faire prendre conscience que lui aussi était « pécheur », que la fraternité à l'intérieur de la prison devait être plus forte que la haine et que le pardon existe déjà ici. La fréquentation que j'ai de l'homme m'interdit de juger mon frère – si odieux que fût son crime – car je sais que *tout* homme, y compris moi-même, peut un jour connaître une phase destructrice ayant pour effet de poser un acte lourd de conséquences pour tout le reste de la vie. Ce que je sais, c'est que l'emprisonnement est toujours un « échec » humain qui handicape le frère qui le subit – quelle que soit la « force » de son caractère – et que l'ombre de la désolation qu'il entraîne à sa suite peut vite appeler la nuit totale.

Ne pas juger, ne pas condamner de nouveau par un regard humiliant, savoir aimer même les personnes à nos yeux les moins « aimables », être un appui discret, mais sans concession… tout cela aide à aller de l'avant pour affirmer que la vie a encore une possibilité d'avenir et que l'homme n'est *jamais* condamné à *jamais*. Tout le secret du relèvement de l'être ainsi abaissé réside dans ce seul mot qui est le leitmotiv de *tous* les aumôniers de prison : aimer…

Aimer, il suffit d'aimer. Là se situent alors les bases de l'*autre combat* que le détenu, s'il est seul et abandonné, ne pourra pas mener…

3. Le monde de l'armée

Le « troisième monde » que j'ai pu arpenter et que, par grâce, j'arpente encore, est tout autre, mais pas forcément dissemblable. Les hommes se ressemblent plus qu'ils ne le croient…

Depuis plusieurs années, les Armées françaises sont engagées sur des théâtres d'opérations extérieures souvent plus belliqueux que touristiques ; leurs conséquences sur les soldats, souvent bien jeunes en âge et en expérience, entraînent la multiplication de situations de confrontation brutale avec la blessure physique et son corollaire fatal qu'est la mort.

La lecture de l'histoire mouvementée et souvent ensanglantée des siècles nous montre que, hélas, ce n'est pas nouveau. Sans remonter aux très forts traumatismes que connurent nos « poilus » de la Grande Guerre [37] et nos soldats de la Seconde Guerre mondiale [38], sans doute inégalés à ce jour – du moins

---

37. « À dix heures, l'attaque se produisit… à quatorze heures, seconde attaque… La tête bourdonne, on n'en peut plus… Nous nous tassons dans notre trou, nous protégeant des éclats avec notre sac, recroquevillés sur nous-mêmes, abrutis, anéantis, personne ne dit mot, la poitrine serrée, on attend l'obus qui va nous anéantir. C'est fou. Les blessés augmentent autour de nous… Que faire ? Nous sommes dans des nuages de fumée, l'air est irrespirable, c'est la mort partout. » Henri Désagneaux, *Journal de guerre 14-18*, Denoël, 1971.

38. « Des hurlements de rage et de désespoir fusèrent de ma gorge. Aucun cauchemar, je crois, ne peut atteindre en intensité cette réalité. Je compris à ce moment seulement la signification de tous ces cris d'horreur et de désespoir que j'avais perçus lors de divers combats auquel j'avais participé… Maintenant, je sais plus encore que c'est dur

en Europe occidentale –, on peut souligner que nos Anciens d'Indochine et d'Algérie, qui étaient bien souvent des jeunes appelés du contingent sans aucune expérience militaire et à l'idéal bien étranger au fait belliqueux, ont déjà connu des troubles psychiques et psychologiques post-traumatiques – voire psychiatriques pour les cas les plus graves – qui, aujourd'hui encore, sont loin d'avoir totalement disparu. Plus près de nous, ceux qui ont vécu le drame de l'attentat de l'immeuble du Drakkar, en octobre 1983 à Beyrouth, ceux qui ont connu la désespérante guerre civile libanaise dont quelques braises restent incandescentes ça et là, ceux aussi qui ont été envoyés au Rwanda et qui furent les témoins impuissants d'inhumains massacres [39], ceux également qui ont vécu les premiers temps de la guerre en Bosnie, que ce soit durant le siège de Sarajevo ou la bataille du mont Ingman, ceux, enfin, qui ont connu en 1999 et 2000 les premiers soulèvements kosovars, sans oublier ceux qui ont arpenté les moments difficiles de l'opération Licorne en Côte d'Ivoire, tous ceux-là, et bien d'autres que j'oublie involontairement, ont vécu cette sournoise relation de cache-cache avec la mort. Et je ne parle ici que de nos soldats français. Les médias outre-Atlantique ne cachent pas les dégâts importants causés par les conflits difficiles tels que le Vietnam, l'Irak ou même l'Afghanistan chez les « vétérans » américains [40], pour ne citer qu'eux.

---

de voir mourir un camarade. Je sais que c'est presque aussi dur que de mourir soi-même. » Guy Sager, *Le soldat oublié*, Robert Laffont, 1967.

39. Je renvoie ici à l'excellent livre du général Didier Tauzin sur le sujet : *Rwanda, je demande justice pour la France et ses soldats*, éd. Jacob-Duvernet, 2011. Je cite, en annexe, un passage éloquent sur l'espérance du peuple tutsi meurtri, qui a profondément marqué l'auteur.

40. Par exemple, 38 soldats américains de retour d'Irak ou d'Afghanistan se sont donné la mort en juillet 2012. On note aussi parmi ces

Le soldat, préparé au combat armé, sait une chose : « La guerre menée par les plus courtois des hommes, les plus téméraires, les plus avides d'exploits, n'est pas ludique et ne l'a jamais été, elle est toujours faite de sang, de morts, de blessés [41]. » Mais les soldats sont aussi des hommes avec leurs forces et leurs faiblesses. La désolation peut également les atteindre, et cela du simple soldat au général, car aucun ne peut se prétendre invincible.

Face à la sensibilité émotionnelle et aux divers troubles dont d'aucuns assurent qu'ils sont davantage prononcés en ces temps que jadis, des structures d'accompagnement « bienfaisant » ont vu le jour dans nos armées, que ce soit avec la création du corps des « officiers environnement humain » ou de la cellule de soutien psychologique, composée de psychiatres et de spécialistes que l'on nomme « TOP » (technique d'optimisation du potentiel). Le Service de Santé des Armées est à la pointe de cet accompagnement ; j'en ai été moi-même bénéficiaire lorsque je fus en Afghanistan et j'adresse un hommage appuyé à tout son personnel se dévouant à cette noble cause qui n'est pas, on peut l'imaginer, sans difficulté.

Cela ne gêne en rien ni n'interfère avec la mission d'un autre personnage dont l'utilité, la pertinence, la clairvoyance, la compétence et la disponibilité n'ont jamais été mises en doute depuis des lustres, par ceux qui ont su apprécier concrètement sa présence, y compris les « professionnels » de l'accompagnement « psy » qui ont parfois besoin d'écoute. Ce

---

« vétérans » une augmentation sensible des agressions sexuelles, une augmentation tout aussi dramatique des divorces et des problèmes financiers. En outre, des études américaines montrent que plus de 20 % des soldats envoyés en Irak ou en Afghanistan sont victimes de troubles de stress post-traumatique.

41. Claude Nières, *Faire la guerre*, éd. Privat 2001, p. 243.

personnage, hors hiérarchie et sans armes, dont le rôle peut paraître un peu « décalé » pour certains soldats rigoristes, c'est le *Padré*, l'aumônier militaire catholique, principalement le prêtre, l'homme des sacrements, l'homme du Signe de l'amour de Dieu, l'homme que même les musulmans chiites libanais – que j'ai croisés sur ma route lors de deux séjours au Sud-Liban – appellent « homme de Dieu ».

> « L'aumônier des forces armées, homme de spiritualité, de réflexion et d'éthique, est aussi homme d'écoute, d'accueil et de conseil pour celui qui le souhaite, quelle que soit sa conviction religieuse ou philosophique. Ce soutien, comme le service cultuel, s'adresse également aux militaires blessés ou hospitalisés ainsi qu'aux familles, en particulier au cours des engagements ou, cas dramatique, lorsque leur proche est tué en service ou au combat [42]. »

Il est exact, cependant, qu'il existe aussi une aumônerie protestante réalisant également un excellent travail via ses pasteurs (hommes et femmes) zélés et dévoués à la cause militaire. À ceux-là s'ajoute, depuis 2005, l'aumônerie musulmane, avec ses jeunes aumôniers, dont la plupart découvre le milieu militaire. Il existe aussi, mais avec moins d'effectifs et une présence différente, l'aumônerie israélite. Mettant de côté nos *légitimes* divergences – nous ne sommes pas là pour débattre de théologie –, nous œuvrons ensemble pour le « bien » de chaque soldat au moyen de la vertu qui nous unit : la charité [43], dont nous verrons la définition plus loin.

---

42. Xavier DE WOILLEMONT, « L'aumônerie catholique », revue *Inflexions*, n° 10 de janv-mars 2009, « Fait religieux et métier des armes ».
43. Le général IRASTORZA, ancien Chef d'État-Major de l'Armée de Terre, disait : « Pourquoi nos jeunes se sentent-ils bien chez nous ? Parce qu'ils trouvent une famille dans ce monde troublé ; des "frères" et des "pères", tels les aumôniers. » Revue *Inflexions*, n° 10, 2009, p. 84.

Ce qui est un fait acquis pour les quatre aumôneries militaires, c'est qu'« en même temps qu'il faut soigner le corps, il faut aussi s'occuper des âmes [44] », et que, dans ce domaine, elles ont toute leur place, leur raison d'être et leur rôle irremplaçable. Néanmoins, on constate avec regret que parfois, au sein même des armées, le rôle des aumôniers ne semble pas émouvoir plus que ça, jusqu'à être remis en cause, surtout par ceux qui n'ont jamais eu recours à eux. À ceux-là et à tous leurs disciples, il apparaît utile, et cela ne déborde pas de notre sujet, de rappeler que « la présence d'un homme de Dieu rappelle les valeurs fondamentales pour lesquelles nous combattons, nous Armées françaises, notamment le respect de la dignité de la personne humaine, au cœur même de la violence et de l'horreur [45] ».

Le durcissement constaté, assez vite après les débuts de l'Opération « liberté immuable » d'octobre 2001, mise en place par les États-Unis avec l'aval de la communauté internationale et visant à faire tomber le ténébreux gouvernement taliban du Mollah Omar en Afghanistan, en représailles à l'attentat du World Trade Center du 11 septembre 2011 [46], a également contribué à exposer nos soldats, ainsi que tous les soldats de la coalition créée à cet effet, à des risques majeurs, dont le risque extrême est la mort au combat.

Ainsi, il est clair que les militaires qui sont ainsi projetés dans des territoires hostiles, en particulier aujourd'hui en Afghanistan, et cela sera valable partout où ils seront envoyés, sont confrontés à des situations parfois douloureuses, dont

---

44. Claude NIÈRES, *op. cit.*, p. 178.
45. Xavier DE WOILLEMONT, *op. cit.*, p. 88.
46. Cf. Jean-Yves DUCOURNEAU, *Les cloches sonnent aussi à Kaboul*, 2e et 3e partie, EDB, 2011.

certaines, parce que soudaines, développent un stress inconsidéré se rapprochant de l'effroi, que l'on définit par une peur intense qui s'installe subitement. Ces situations, pouvant déboucher sur des blessures physiques irréversibles et bien visibles, entraînent indéniablement d'invisibles blessures psychologiques, liées ou non à une perte de l'intégrité physique, car elles peuvent être simplement attachées à ce que le soldat a vu de dramatique autour de lui.

4. La souffrance, lieu commun

Indéniablement, la souffrance est le sinistre point commun entre ces trois mondes au sein desquels la douleur trace sa route. Venue en cruelle intruse, elle s'impose en faisant peur. Ténébreuse et obstinée, elle ne lâche pas prise tant qu'elle n'est pas vaincue par la lumière. Dominante et déstabilisante, elle fait redouter l'avenir à un point tel qu'elle est capable d'ouvrir les portes de la mort, pour laquelle elle travaille. Elle est source d'une interrogation constante et obsédante sur le sens de la vie, dont elle essaie de masquer la véritable réponse, en remettant en cause la possibilité du bonheur et de la guérison. Ouvrant la route de l'inconnu qu'elle semble peindre de noir, elle est une épreuve sans fin pour la victime qu'elle envahit douloureusement.

Comme si cela ne suffisait pas, elle est aussi contagieuse puisqu'elle essaie d'envahir le cœur et l'âme de l'entourage, déjà fragilisé par l'inhumaine visibilité de la blessure physique de l'être aimé. Par le désespoir qu'intrinsèquement elle véhicule, elle fait naître un sentiment d'impuissance terrible dans l'accompagnant qui peut se sentir démuni et inutile, lorsque ses paroles réconfortantes se heurtent au silence empreint de douleur, lorsque son regard compatissant se brise sur un visage inexpressif, ou même hostile. Et, suprême échec pour l'homme, la souffrance peut donc engloutir dans son océan abyssal le frère blessé comme le frère accompagnant. La blessure physique et/ou psychique de l'un peut rejaillir en blessure psychologique grave chez l'autre, si ce dernier ne sait pas prendre le recul nécessaire pour ne pas faire « fusion » avec celui qu'il veut entraîner dans le réapprentissage de la vie. Il faut le savoir pour mener à bien la première étape reconstructive de l'*autre combat*, qui ne demande pas la confusion, mais la compassion, d'où, parfois, la nécessité, pour celui qui veut *aider* son frère en désolation, d'avoir lui-même un relais qui puisse aussi l'*aider* à « vider son sac ».

Ainsi parée, l'âme de l'accompagnant permettra à l'âme du frère blessé de trouver la force d'être illuminée d'une nouvelle lumière spirituelle qui achèvera cette quête de la vie et qui lui fera *intimement* et *ultimement* comprendre cette vérité :

> « Dieu est toujours dans le camp de ceux qui souffrent. Sa Toute-Puissance se manifeste justement dans sa libre acceptation de la souffrance. Il aurait pu ne pas le faire. Il aurait pu faire éclater sa Toute-Puissance au moment même du crucifiement. On le lui proposait : *"Que le Messie, le roi d'Israël, descende maintenant de la croix ; alors nous verrons et nous croirons."* Mais il n'a pas relevé le défi. Le fait qu'Il soit resté sur la Croix jusqu'à la fin, le fait qu'Il ait pu dire sur la Croix, comme tous ceux qui souffrent : *"Mon Dieu, mon Dieu, pourquoi m'as-tu abandonné ?"*, ce fait demeure donc comme l'événement le plus décisif dans l'histoire de l'homme. Si l'agonie de Dieu sur la Croix n'avait pas eu lieu, la vérité que Dieu est Amour serait restée suspendue dans le vide [47]. »

Dieu, en la personne de son Fils Jésus, mort sur la Croix et ressuscité pour nous, est toujours dans le camp de ceux

47. Jean-Paul II, *Entrer dans l'espérance*, Plon-Mame, 1994, p. 112-113.

qui souffrent, voici peut-être le cœur de la grande espérance qui colore tout cet *autre combat*, lui donnant toute sa force et son éclat.

5. La petite espérance

Quelle que soit l'origine des blessures physiques entraînant un handicap passager ou irréversible, il y a toujours une « suite » cachée qui blesse secrètement le cœur et l'âme de l'homme atteint dans sa chair. C'est pourquoi toutes les blessures, qu'elles soient physiques [48], psychiques, psychologiques ou, dans les cas les plus graves, psychiatriques, doivent être prises en compte, accompagnées et, si possible, soignées ou du moins atténuées, car rien ne demeure impossible pour celui qui a foi en l'homme. C'est le rôle de notre fraternité humaine de porter une telle espérance.

Si les blessures physiques se voient à l'œil nu et explosent à la figure d'une manière violente et soudaine, il n'en va pas de même pour les blessures cachées, blessures du cœur, blessures de l'âme, blessures parfois profondes qui peuvent survenir bien après le séjour d'une personne accidentée à l'hôpital, ou bien après un événement majeur ou un retour d'opération difficile, qui n'ont pas forcément entraîné de traumatismes physiques. Rien n'est à négliger. Les traumatismes psychiques peuvent évoluer vers une souffrance du for interne chronique

---

48. Blessure *physique*: douleur et souffrance purement somatiques. Blessure *psychique*: gestion par le corps de cette douleur qui entraîne nécessairement une « déprime » morale. Blessure *psychologique*: gestion difficile par l'esprit et l'émotion de cette déprime morale, mais surmontable. Blessure *psychiatrique*: impossibilité de guérir de cette douleur et nécessité d'un accompagnement médical (et médicamenteux) sur du long terme (ou à vie).

pouvant avoir des conséquences fatales, l'expérience ne nous permettant pas, hélas, d'en douter.

Je ne suis pas un spécialiste *psy*, malgré mes passions avouées pour l'Analyse Transactionnelle et pour l'étude de l'esprit humain, si complexe. Je me borne à être un accompagnateur *spi*, du mieux que je le peux, avec la grâce de Dieu, parce que je suis un passionné de l'homme que je considère comme fondamentalement *spirituel*. C'est pourquoi ce livre reste de l'ordre du *témoignage* – par définition, subjectif et limité – et non de l'analyse ; ce témoignage reste également celui d'un prêtre, avant tout *infirmier des âmes*, ou même simple auxiliaire sanitaire des âmes, laissant le Christ être le seul Médecin.

L'objet de cet essai est donc, à partir de ce constat, de montrer qu'un *chemin d'espérance* qui passe par la maison de la fraternité humaine est toujours possible. Aucun homme n'étant bon à jeter, il y a toujours à espérer, même pour celui qui semble écrasé par la misère ou la fatalité. La fraternité humaine possède des ressources extraordinaires, parfois insoupçonnées, qu'il ne faut jamais cesser de chercher au fond du cœur des hommes de bonne volonté et qu'il est nécessaire de développer chez ceux auprès desquels elle s'émousse. L'espoir étant toujours à entretenir, des chemins de « rédemption » humaine sont ainsi balisés, çà et là, au gré de la force et du charisme de certains d'entre nous qui n'hésitent pas à abattre des murs d'indifférence et de découragement. Le monde militaire d'aujourd'hui, riche d'une tradition historique de solidarité connue sous le terme de « fraternité d'armes » peut être, à ce titre, un relais et un exemple intéressant pour l'accompagnement des souffrants, d'où qu'ils viennent et où qu'ils aillent, témoignant, s'il en était besoin, de la pertinence de l'espérance fraternelle.

6. La grande espérance

Toutefois, il existe aussi, en plus de ce chemin « humain », un autre chemin. Tout homme qui souffre fait une certaine « expérience » des forces de la mort qui s'attaquent à lui. Parfois même, il touche du bout du doigt la mort elle-même, notamment lors d'un accident grave de la circulation, par exemple, ou de difficiles et périlleux engagements belliqueux. Ceux qui ont vécu, et qui vivent cette lutte avec la mort, font, de fait, une expérience qui décape le cœur et l'âme et qui, on le constate parfois chez certains, peut être qualifiée d'expérience de la « transcendance ». Que l'homme, être complexe par excellence, soit croyant en une force divine, indifférent ou se disant athée, agnostique ou que sais-je encore, il fait, en ces moments-là bien spécifiques, une expérience « nouvelle », « inédite » et, je le répète, souvent « décapante » car elle débouche inexorablement sur la question du « sens » – commune à tous –, devenant ainsi, d'une certaine manière, « refondatrice » de l'existence.

Il s'agira, pour l'être ainsi « touché », d'une expérience particulière qui, c'est vrai, peut prendre au moins deux chemins opposés. Le premier débouchera sur l'accusation du « divin », non encore défini, en tant que cause « première » du mal et de la souffrance : « Pourquoi Dieu m'a-t-il fait ça ? » Celui-là sera donc dans l'*attente* d'un accompagnement spirituel à la hauteur de sa douleur blessée par l'épreuve [49]. Le second conduira à penser que le choc de cette souffrance entraînant douleur et malheur peut être une occasion de s'interroger *objectivement* sur le sens de la vie, permettant parfois une

---

49. Cf. épître de saint Jacques 1, 13 : « *Que nul, s'il est éprouvé, ne dise : "C'est Dieu qui m'éprouve." Dieu en effet n'éprouve pas le mal, il n'éprouve non plus personne* ».

démarche religieuse, nouvelle ou renouvelée, souvent purifiée de toutes les scories encombrantes : « Je ne suis pas seul dans ma souffrance ! » Heureux alors l'accompagnateur qui permettra, la grâce de Dieu aidant, une telle démarche spirituelle digne des témoignages de foi les plus intenses et féconds !

Ainsi, face à la douleur de la souffrance et du handicap que personne ne peut assumer à la place de l'autre, face à la déstructuration extérieure et/ou intérieure, le chemin de chacun, un et sacré, est très personnel et souvent imprévisible, tant chaque homme est unique.

J'entends déjà, ça et là, certains de mes frères humains qui crient à l'imposture lorsque est sous-entendue la notion encore inaudible d'*espérance*. Peut-on espérer lorsqu'on a perdu *beaucoup*… Ne serait-ce pas être dans l'illusion ou le mensonge ? Peut-on vraiment *croire* sans tomber dans l'illusion ? Celui qui nourrit des illusions sur son état s'aime dans le rêve. Celui qui nourrit des illusions sur la personne blessée l'aime aussi dans le rêve.

L'illusion, je le crains, ne mène à rien car elle ne cesse de repousser dans l'utopie ce qui devrait être géré par un *deuil*. L'espérance, au contraire, et c'est là sa force, permet de faire le deuil et d'appréhender la suite, non dans le manque déstructurant, mais comme un possible toujours digne d'être vécu car l'être blessé est aimé dans la vérité.

L'espérance est belle quand elle s'enracine dans la réalité quotidienne du possible. Elle est un cadeau qui permet de grandir lorsqu'on est blessé et de faire grandir son entourage qui, lui aussi, doit faire son deuil de l'être idéal ou parfait, à jamais perdu. C'est pour cela que l'espérance a besoin d'une source solide, bien plus hydratante que l'espoir qui peut s'étioler au premier coup de vent contraire. Et l'illusion n'a pas sa place ici.

Pour moi qui suis prêtre, cette « source » a un nom. Comme je l'ai dit plus haut, je la nomme *Dieu.* J'ose croire qu'il n'y a pas d'autre « transcendance » efficiente que Dieu, ce Dieu qui, en Jésus Christ cloué sur la Croix de l'infamie, fut « Celui qui aima *jusqu'au bout*, jusqu'au bout (voulant) dire jusqu'au dernier souffle [50] ». La dernière partie de ce petit livre développera cette spiritualité de l'espérance prônée par l'Église car expérimentée en Christ, médecin total des âmes et des corps, qui est venu affirmer à l'humanité, parce qu'il l'a aimée jusqu'au bout de lui-même, cet amour divin inventif à l'infini. Oui, je le crois fermement :

> « Sur ce thème, la doctrine sociale de l'Église a une contribution spécifique à apporter, qui se fonde sur la création de l'homme "à l'image de Dieu", principe d'où découle la dignité inviolable de la personne humaine [51]. »

Nous verrons que cette pensée ne cesse de colorer le fil de nos pages. Pour l'instant, je soulignerai seulement et rapidement que oui, de prime abord, je suis persuadé que celui que j'appelle Dieu et que je considère comme tel, en tant que « père de Jésus-Christ » et « créateur de l'humanité », est toujours à la porte du cœur de l'homme, son « enfant », et particulièrement de l'homme souffrant. Je ne peux en douter. Il sera même le premier à entendre le cri de l'homme qui se tourne vers lui, parfois dans un acte d'accusation, dans ce même cri que Jésus lui-même a assumé : *« Mon Dieu, mon Dieu, pourquoi m'as-tu abandonné* [52] ? » Cette « écoute », qui peut paraître si mystérieuse aux yeux des incrédules, montre indubitablement à ceux qui tendent vers lui leurs mains

---

50. Jean-Paul II, *op. cit.*, p. 113.
51. Benoît XVI, encyclique *Caritas in veritate*, n° 45.
52. Psaume 22, 2.

blessées ou amputées, qu'il n'est pas le Dieu de la souffrance, mais de la compassion : « Dieu veut rejoindre le cœur de l'homme. Dieu reconnaît à l'homme le droit, dans un premier temps, de lui crier au visage. Et la manière importe peu, même si elle est violente [53]. » La « foi » ne dit pas autre chose que ceci : Dieu entend à sa manière et ne laisse pas tomber celui qui souffre : *« La femme oublie-t-elle de montrer sa tendresse à l'enfant de sa chair ? Même si celles-là oubliaient, moi je ne t'oublierai pas* [54] ! » dit Dieu dans la Bible. Plus encore, il accepte ce « droit de l'homme » qu'il a lui-même voulu et qui consiste à lui « reprocher » de le *laisser tomber*, même si ses mots sont les fruits acides d'un silence sourd et déchirant de violente solitude du cœur.

Parfois, encouragé par une désarmante fatalité, l'entourage d'un blessé, quelle que soit sa blessure ou même sa maladie, démissionne ou l'abandonne à son « triste sort ». Même si l'on voit, et c'est heureux, des familles qui se soudent davantage en raison du handicap d'un des leurs, on constate aussi que la souffrance de l'autre peut faire peur, peut rebuter, surtout lorsque la perspective de guérison ou de rémission s'avère aléatoire, voire improbable. Des couples se séparent à l'aube de la maladie de l'un des deux, on l'a déjà vu. Des familles éclatent face à la perspective de vivre avec un handicapé… Isolé dans un désert qui l'assèche un peu plus, le malade peut crier et plus personne ne l'entend… Personne ? Pas si sûr ! Dieu, dont *« l'amour ne passera jamais* [55] », amour suprême et infini lui-même, et parce qu'il ne peut pas faire autrement,

53. Adolphe GESCHÉ, « L'affrontement du mal », revue *Christus*, 194, HS, mai 2002, p. 32.

54. Livre d'Isaïe 49, 15.

55. Première lettre de saint Paul aux Corinthiens 13, 8.

écoute ; même s'il ne guérit pas le corps, il est là pour guérir l'âme, lui donnant une force au-delà de toute force. On verra, en ce sens, l'importance de la mise en place d'un « accompagnement spirituel ». Ainsi, même si la confiance en l'homme est rompue, il peut y avoir une confiance en Dieu. Et même si cette confiance peut paraître un cri de désespoir aux yeux de l'entourage familial et médical, et de tous ceux qui voient en la foi une sorte d'opium enivrant, « le cri que l'homme adresse à Dieu manifeste une grande confiance en lui. N'est-ce pas notre Seigneur lui-même qui a crié sur une croix : "Mon Dieu, pourquoi ?" [56] »

Ainsi, nous découvrirons, grâce à l'apport de la Parole de Dieu elle-même, source d'une espérance nouvelle, que le Dieu de la Bible n'est pas un Dieu absent. Celui que l'on présente comme *abscons* se donne à comprendre clairement et concrètement pour qui désire faire un pas, même infime, vers lui. Tout au long des siècles et quels que furent les endroits de cette terre agitée, des hommes et des femmes, souffrant sur leur chemin de galère ou d'infortune, d'injustice et de misère, ont vu sa trace bienveillante et rassurante, compatissante et aimante. Nonobstant leurs inhumaines douleurs, ils ont mis, ainsi, leurs pas dans les siens et, malgré leur infortune, à l'image du vieux Job [57], n'ont jamais cessé d'espérer car « l'espérance, si elle est confiance en l'amour miséricordieux,

---

56. Adolphe Gesché, *op. cit.*, p. 32. En effet, du haut de sa croix de souffrance, Jésus lui-même récapitule et assume cette effroyable douleur de l'homme désespéré née du sentiment d'être « abandonné » dans une solitude mourante. Cf. évangile de saint Matthieu 27, 46.

57. *« Je sais bien, moi, que mon rédempteur est vivant… Et après qu'on aura détruit cette peau qui est mienne, c'est bien dans ma chair que je contemplerai Dieu… Mes yeux le verront, lui, et il ne sera pas étranger. »* Livre de Job 19, 25-27.

est le point de rencontre entre la souffrance de l'homme et la compassion de Dieu [58] ».

Il n'y a pas de plus grande liberté, de libération ni même de guérison que le fait de reconnaître, en Celui qui nous dépasse, la force de l'amour. Cela ne peut se faire sans la confiance, soit en Dieu lui-même, soit en l'homme qui est capable, par sa propre foi, de faire découvrir Dieu à son frère blessé. Nous verrons plus loin l'importance de cela pour la reconstruction humaine. Les saints des siècles passés nous en ont montré bien des exemples, citons simplement celui qui me vient instamment à la mémoire, le bienheureux Charles de Foucauld qui avait gravé, sur son horloge, la phrase qui l'a constamment guidé : « Il est l'heure d'aimer. » Tout est dit et, pour nous, tout reste à faire. Les saints rendent Dieu plus proche de nos douleurs car, grâce à l'amour du pauvre qui les habitait, ils nous rendent plus humains en mettant le frère souffrant à notre portée. C'est cet amour que Benoît XVI appelait l'amour *Agapé*[59], rappelant qu'il est le cœur de l'essence humaine :

> « Ce terme exprime l'expérience de l'amour qui devient véritable découverte de l'autre… soin de l'autre et pour l'autre. Il ne se cherche plus lui-même, il cherche au contraire le bien de l'être aimé : il devient renoncement, il est prêt au sacrifice, il le recherche même [60]. »

---

58. Etienne Richer, *La force de l'espérance*, coll. « Doctrine et foi », n° 3, EDB, 1997, p. 29.
59. Dans *Deus caritas est*, Benoît XVI redéfinit le mot latin *caritas* (comme *agapé* en grec) pour désigner quelque chose de très fort. De ce fait, *caritas* est bien loin de ce que les profanes appellent « charité », notamment celle qui est « bien ordonnée ». La définition chrétienne du mot *caritas* est surtout donnée dans cette encyclique aux paragraphes 2 et 3. Quant à sa traduction (souvent traduite par « amour »), c'est un casse-tête car aucun mot ne peut rendre pleinement compte de son contenu.
60. Benoît XVI, encyclique *Deus caritas est*, n° 6.

La paix de l'âme et du cœur, qui est le fondement pour la paix du corps, suppose et même induit cette proximité de Dieu avec l'homme souffrant. Ainsi, le frère blessé dans son corps, dans son esprit et dans son âme découvre, par la grâce d'un accompagnement humain humble et saint, que Dieu se tient, non pas en face de lui comme un étranger qui l'ignore, voire un *adversaire* prêt à accentuer la douleur, mais à côté de lui, porteur de sa propre souffrance comme celui qui le soutient et l'aide à avancer sur le chemin qu'il est lui-même : la Vie.

Pour autant, avant ce cheminement « spirituel » qui est l'aboutissement éclairé, et parfois à très long terme, de l'*autre combat*, le frère blessé, tombé en désolation, va, en raison du choc traumatique qu'il ne peut éluder, d'abord plonger corps et âme dans le monde de l'ombre, qui est *peut-être* le passage « obligé » pour arriver, un jour, dans le monde de la lumière que chacun est en droit d'attendre et d'espérer de sa vie.

Des mots pour grandir

Je sais des vies intolérables.
Qui peut guérir l'être brisé
Par le mensonge ou la risée,
Et qui se sent toujours visé
Dans sa confiance, et accusé ?

« Jamais plus, jamais plus la guerre ! »
Je l'ai subie et si peu faite,
J'avoue surtout d'avoir souffert qu'elle fût si bête.
On se croisait, même on riait,
Sans trop savoir à qui se fier.
L'un est mon frère, l'autre un ami,
Et la loi veut qu'on s'entretue.
Avec la peur… tout est permis
Jamais plus ça, non, jamais plus !

Ma loi m'ordonne une autre guerre
Contre ce mal au creux de moi,
Pauvre larron qui ne sait faire le bien qu'il voit ;
Faible est la chair, l'esprit non moins,
Qui se croit sûr. Triste témoin,
L'instant d'après, il désespère
Ou il exige qu'on le libère.
Longue souffrance et vraie misère
Que de ne pas être des saints !…
Ce que j'espère, je ne le vois…
C'est mon tourment, tourné vers Dieu.
Toute souffrance y prend son sens,
Caché en Lui comme une naissance,
Ma JOIE déjà, mais c'est de NUIT !

CHRISTIAN DE CHERGÉ, prieur de Tibhirine,
L'invincible espérance

2

L'ombre

« Nous venons de passer une terrible semaine. D'ailleurs, depuis notre départ de la Francheville, il me semble qu'il n'y a plus ni nuit ni jour, c'est la même journée qui se prolonge à travers la lumière et l'ombre, parmi les marches forcées et les combats, parmi les souffrances physiques et morales. La réalité dépasse notre imagination et cela me paralyse d'écrire. Aussi je laisse toute cette histoire que je vous dirai, s'il m'est jamais permis de revenir au monde. »

Etienne Tanty,
lettre du 20 septembre 1914,
Paroles de poilus

On dit souvent, et la chose est bien connue, que les gens qui contractent mariage le font « pour le pire et le meilleur ». On ne croit pas si bien dire. Cependant, même si cet adage universel est dit sous un aspect quelque peu humoristique, il est criant de vérité car enraciné dans l'expérience de la vie quotidienne. Il est vrai que le jour du mariage, on pense toujours au « meilleur », laissant le « pire » aux évanescences fumeuses de l'avenir, espérant ne jamais avoir besoin de les respirer. Hélas, la vie est ainsi faite, qui induit que le « pire » côtoie le « meilleur » et peut parfois le renvoyer au plus profond des oubliettes du cœur, et cela pas uniquement dans le cadre bien structuré et rassurant du mariage. L'un ne va pas sans l'autre, c'est ainsi.

1. Quelques éléments destructeurs

Fondamentalement individu, autrement dit « indivisible », nous avons esquissé le fait que l'être humain possède deux dimensions : l'une, horizontale, qui le met en contact avec la fraternité universelle et l'autre, verticale, le poussant à regarder vers la transcendance divine. C'est un fait. Cependant, à y regarder de plus près, on peut voir aussi que l'être humain possède, non plus deux, mais trois dimensions. Celles-ci sont inséparables les unes des autres : une dimension physique, une autre psychologique et la troisième spirituelle. Nier l'une ou l'autre revient à amputer l'homme de sa propre réalité identitaire. C'est dans ces dimensions que se vit l'essence humaine, faite de joie, de plaisir, de désir et de grâce, mais aussi de douleur, de souffrance, de larmes et de supplication. S'il est appelé *préférentiellement* à la joie, il n'existe pas, malgré tout, en ce monde, un seul être humain qui ne connaisse un jour, dans son existence, des situations que l'on peut qualifier d'échecs et entraînant avec lui une désolation de l'esprit et une sécheresse de l'âme, pouvant également rejaillir d'une manière néfaste sur le corps, en le torturant d'une manière ou d'une autre.

> « La désolation atteint l'homme à partir de ce qui fait le tissu de son existence : les personnes avec lesquelles il est en relation, les événements qui s'enchaînent, les difficultés qui s'imposent et éprouvent sa sensibilité [61]. »

C'est irrémédiable et universel. L'être humain étant une personne dès le moment de sa conception – et il est fondamental de soutenir cela [62] –, l'expérience montre que, hélas, il n'y a pas d'âge particulier pour éviter de connaître désolation et sécheresse, ni aucune situation sociale qui ne soit épargnée ou protégée.

C'est la raison pour laquelle, pour chacun de nous, pour tous et à partir de la petite enfance, construire sur le roc est une chose nécessaire, indispensable et équilibrante. Pour autant, cette vérité élémentaire n'empêche nullement de concevoir que l'être humain, même bien « armé » contre l'adversité, puisse parfois être victime de glissement de terrain. Chacun de nous a, sans aucun doute, déjà rencontré ce genre de catastrophe dans sa vie.

---

61. Anne Stalé, « Sortir de la désolation spirituelle », revue *Christus*, n° 206, 2005, p. 202.
62. Cf. livre de Jérémie 1, 5.

Cependant, le « mal intérieur » résultant de la désolation subie sera sans doute atténué si la construction de la base est solide, à l'opposé de ceux qui érigent leur vie sur du sable. Ces derniers, lors d'une première tempête, même loin d'être qualifiée d'ouragan, risquent, dans les larmes de leurs cœurs broyés d'incompréhension, de voir leur château de cartes s'écrouler trop vite et leurs chimères illusoires partir à vau-l'eau. Quant à ceux dont l'entourage a permis une construction sur le roc, leur « solidité » intérieure pourra servir de force « combattante » à employer pour être libéré des souffrances consécutives à une désolation qu'ils ne manqueront pas de connaître quand même.

Ainsi, tout frère en humanité, enraciné dans ce monde qui semble, pour certains, tourner bien vite, a à affronter, car il s'agit bien d'un *combat*, des événements imprévisibles ou prévisibles, obstacles franchissables ou pas, et pour lesquels il est *plus* ou *moins* bien préparé. De toute manière, quelle que soit la vigueur de ces obstacles, ils deviendront des éléments « fondateurs » ou « refondateurs » d'une histoire en marche, qu'il ne faudra pas refouler, mais assumer, et qui ne cessera qu'au seuil intime et ultime de la mort. C'est ainsi, et pas autrement, que se vit ce que l'on appelle « la vie », qui n'est pas un dû venu d'on ne sait quelle conception de l'humain, mais un *sacré* cadeau reçu que l'on doit apprécier à sa juste valeur et faire fructifier dans le respect du corps, dans la paix du cœur et dans la joie de l'âme.

Des éléments communs

Ces sombres événements « communs » à toute l'humanité, quels que soient la classe sociale, la richesse, le lieu de vie, l'âge ou l'état de santé, existent bel et bien. En mettant des mots sur les maux, il est toujours plus facile de s'y préparer, comme on se prépare au combat en connaissant les forces et les faiblesses de l'adversaire, après les avoir patiemment étudiées. Perte d'un être cher parmi les ascendants, souffrance corporelle et morale due à la maladie, fatigue, déception, difficulté à se faire comprendre, dispute, contrariété, transformation physique due à l'âge, apprentissage de sa liberté et confrontation à la liberté de l'autre, découverte de l'altérité et de la différence, vieillissement : tout cela, et bien plus encore, peut être « mal » vécu et peut engendrer des traumatismes bénins ou graves entraînant une « déstructuration » de l'individu, notamment si ce dernier se construit « contre » les autres et non pas « avec », s'opposant ainsi crânement à son univers quotidien, avec lequel, pourtant, il est appelé à vivre en symbiose.

Faisant indéniablement partie d'un creuset commun et obligatoire, ces phases « naturelles » et « formatrices » de la complexe personnalité humaine sont perçues comme « négatives » par l'individu ancré dans le culte de soi, dans l'hédonisme, dans la haine, dans la jalousie ou la crainte de l'autre et dans l'orgueil. Ces passages au creuset participeront d'une désolation de l'esprit, une désagrégation – plus ou moins rapide – de la personnalité, considérée alors comme potentiellement « fragile » et en danger, voire dangereuse pour autrui.

Des éléments particuliers

À ces éléments de base communs à toute l'humanité, peuvent s'ajouter, comme chapelet de soucis, d'autres critères, là aussi prévisibles ou imprévisibles, qui peuvent attiser les braises de la difficulté chez les uns et les autres, en cultivant un peu plus profondément la désolation. Ce sont des éléments sombres qui ne sont pas de l'ordre de la « logique » humaine et qui sont donc, par définition, autrement plus déstabilisateurs que les précédents, ceux-ci pouvant être qualifiés de lot commun de l'humanité pérégrinant sur son chemin de vie.

Notons que ces événements déstabilisateurs, par définition douloureux, peuvent se nommer divorce [63], solitude subie ou rejet, échec scolaire, échec aux examens, chômage, injustice, persécution, famine, guerre, misère, emprisonnement, perte d'un enfant, d'un conjoint ou d'un membre de la fratrie (surtout un jumeau), accident de sport ou de circulation provoquant un handicap, maladie grave déclarée… Là encore, cette liste n'est, hélas, pas exhaustive et chacun pourra, à sa guise et suivant ce qu'il a vécu de douloureux, la compléter. Parfois, il est même tristement possible de constater que plusieurs éléments se conjuguent, s'entrelaçant comme par jouissance et frappant conjointement à la porte quelque peu fragilisée du cœur de certains de nos frères, déjà porteurs d'autres souffrances traumatisantes qui n'avaient pas besoin de renfort de ce côté-là. Il est évident que lorsque les pauvretés s'accumulent, la misère prend le dessus et entraîne une sécheresse humaine pouvant voiler la conscience, la détruire et la pousser à envisager l'acte fatal.

---

63. Quatre Français sur dix sont concernés par le divorce, à titre personnel, en tant que parents ou enfants. Les chrétiens pratiquants ne sont pas épargnés : 37 % contre 40 % pour l'ensemble de la population. Cf. magazine *Panorama*, n° 459, nov. 2009, p. 20 et magazine *Pèlerin*, n° 6616 du 17 sept. 2009 (sondage TNS-Sofres-Logica).

Nous avons affirmé, et d'aucuns le font avec plus de force que moi, que le monde d'aujourd'hui est devenu un village [64], mais un village de maisons « solitaires » solidement verrouillées, au détriment des rues et des places publiques, ces *agoras* de rencontres amicales où s'entrecroisent normalement des cœurs « solidaires » qui se parlent et se respectent.

Tout se sait, de Paris à Pékin, de Strasbourg à Tombouctou, de Lyon à Bogota ou de Bordeaux à Damas, non pas à cause de nos relations humaines et du partage de la parole, mais à cause d'une information qui nous envahit par les nouvelles technologies sans âme. Nous vivons entre « voisins » sans vivre le voisinage et il nous semble vraiment que nous *cohabitons* côte à côte dans un grand immeuble virtuel. Pour autant, et cette constatation est surtout flagrante au niveau de notre monde occidental, la « proximité » de ces « voisins » étranges et inconnus nous éloigne incommensurablement de nos « véritables » voisins, ceux que nous pouvons toucher, secourir et aimer, concrètement, réellement, et pas seulement par le biais de notre souris d'ordinateur. Nous devenons des aveugles de palier et des ignorants de cage d'escalier. Nos fenêtres « solidaires » restent désespérément closes au profit de la fenêtre virtuelle informatisée [65], dramatiquement « solitaire ». Nous

---

64. Jean-Claude Guillebaud écrit : « La globalisation est présentée comme une prometteuse utopie internationale à laquelle il est difficile de ne pas adhérer… Choisissant – ou imposant – d'ouvrir les économies et les sociétés aux vents du large, d'abattre les frontières et de réduire particularismes et souverainetés, elle dit vouloir faire du monde "une seule terre", un village total, promis à l'abondance du libre échange et, tôt ou tard, aux droits de l'Homme et à la démocratie. » *Op. cit.*, p. 244.
65. *Windows*, le logiciel de programmes informatiques signifiant « fenêtre ».

faisons la course aux « amis virtuels » sur les réseaux sociaux et nous ne savons plus qui est notre « voisin » direct, notre *« prochain »*, dirait quelqu'un d'autrement plus « spirituel » que moi [66]... Nous nous construisons des tours d'ivoire avec une ouverture bien trop haute pour nous permettre d'apercevoir celui ou celle qui est à nos pieds, ou même aux pieds duquel nous sommes. Nous ne réussissons à voir, ou plutôt à entrevoir, que celui qui est loin, et encore, si nous le « voulons » bien. De plus, nous ne le voyons – et lui ne nous voit guère mieux – que par « écran » interposé, au travers du prisme de l'image diffusée par d'autres sur nos écrans de télévisions, captateurs de nos émotions. Ces écrans-là, constamment branchés, digèrent pour nous les informations, lues par le filtre sélectif du « présentateur » qui joue le marionnettiste de nos cœurs déformés par une société lacrymale.

Ainsi, et sans doute sournoisement, s'exerce sur nous cette désastreuse influence qui nous éloigne quotidiennement de notre propre réalité sociale, celle-ci devenant un univers hermétiquement impénétrable. Or, comme le rappelait avec force Benoît XVI, « ce n'est pas en s'isolant que l'homme se valorise lui-même, mais en se mettant en relation avec les autres [67] ».

Une misère commune

Comme je l'ai déjà évoqué plus haut, je vous invite à faire escale avec moi un instant dans l'enceinte fragile des trois *vrais* « mondes » qui, jusqu'ici, ont été la source de bien des joies de mon ministère de prêtre, ministère de serviteur des hommes au nom de Celui qui les a voulus pour sa gloire, tous

---

66. Cf. entre autres : évangile selon saint Luc 10, 29 à 37.
67. Benoît XVI, encyclique *Caritas in veritate*, n° 53.

autant qu'ils sont, d'où qu'ils viennent et quelles que soient leurs erreurs. Avec Lui, par Lui et en Lui, qui est l'Amour incommensurable parfait, et en cheminant ainsi au cœur de l'humanité blessée, j'ai découvert, quel que soit le chemin du pire de mes frères de sang, qu'aucun homme n'est bon à jeter et qu'il n'existe qu'une chose à faire : aimer… Comme le rappelait saint Augustin, l'amour rend libre, alors « aime et fais ce que tu veux ».

Chacun de ces trois *vrais* mondes, où tout espace virtuel est banni, et qui paraissent, de prime abord, imperméables l'un à l'autre, véhiculent des éléments destructeurs violents, soudains et parfois fatals, que l'on pourrait, si l'audace nous y poussait, comparer et rapprocher, tant la désolation de l'esprit constatée chez les uns et les autres peut être immense et profonde.

Laissez-moi vous raconter cette histoire qui montre que les mondes de la misère n'ont pas de frontière entre eux et que l'on peut, ainsi, passer de l'un à l'autre très rapidement :

> Il m'est arrivé de rencontrer dans le monde de la rue, assis sur leur sac militaire comme on protège un trésor de guerre et de gloire, des anciens soldats. Ceux-là sont partis avant de pouvoir toucher une pension et se retrouvent donc, après des échecs qui s'ajoutent l'un à l'autre, sur le trottoir de nos indifférences, faisant la manche. L'un d'entre d'eux, Serge, ancien militaire du rang, me disait, lorsque je l'ai croisé sur un de ces trottoirs d'inhumanité, qu'il sortait de prison parce qu'il avait commis un braquage violent qui avait échoué. Il se retrouvait seul, avec pour unique famille un chien bâtard aux yeux tristes qui ne le lâchait pas d'un pouce et une bouteille de vin bon marché à moitié vide posée à côté de son sac de misère. À lui seul, il avait tissé le lien cruel entre ces trois mondes : l'armée, la prison et la rue.
>
> Je me souviens aussi, alors que j'étais aumônier servant à la Légion étrangère, de Ian, cet ancien légionnaire d'origine roumaine,

qui avait quitté l'institution avec la promesse de trouver un emploi et de vivre chez sa compagne française, mais qui, hélas et assez vite, s'est retrouvé largué, sans le sou, sans papiers et sans travail, assis comme un désœuvré sur les marches usées du presbytère dans lequel je vivais. Désormais seul, il n'avait qu'une crainte, celle de finir en prison car il était tenté de voler ça et là pour survivre. Retenant en lui ce sauvage « appel », il quêtait quelques piécettes dans l'espoir quasi impossible de pouvoir se payer le billet d'avion pour repartir en Roumanie. Indéniablement, et l'exemple le montre bien, là où il y a accumulation de plusieurs situations de pauvreté, la misère vient achever la désolation humaine.

Cependant, la différence fondamentale entre ces trois mondes que la désolation peut attacher l'un à l'autre consiste, malgré tout, à affirmer qu'en ce qui concerne le monde cruel, sournois et sans soleil de la rue, il s'agit souvent d'un concours de circonstances plus moches les unes les autres qui ont entraîné le frère (ou la sœur) blessé sur cette pente sans cesse descendante, en ayant pour première conséquence fâcheuse de faire perdre – et très rapidement – beaucoup de repères essentiels à l'érection d'une vie sereine et équilibrée [68].

Des éléments spécifiques du monde de la rue

Une fois que l'être humain se trouve projeté dans la rue, comme frère d'âme désœuvré, il devient la victime foudroyée d'éléments destructeurs qui peuvent le broyer en peu de temps. Le combat asymétrique – *seul contre tous* – qu'il mène contre le « système sociétal », cet ennemi invisible qui l'exclut, se fige en une défaite cinglante. Ainsi, on estime

---

68. Cf. Jean-Yves Ducourneau, *Jésus, l'Église et les Pauvres*, EDB, 2010, chapitre « Maux des pauvres et mots de Dieu ».

que quinze jours dans la rue suffisent à entraîner un homme dans la « clochardisation », c'est-à-dire dans la perte de tous ses repères, y compris ceux du jour et de la nuit, ayant pour conséquence une terrible désocialisation qui pourra mettre beaucoup de temps à être contenue et soignée. Néanmoins, il existe toute une phase avant cette désespérante descente humaine. Celle-ci est souvent constituée des éléments précédemment cités, qui s'accumulent et s'entremêlent insolemment, tissant une toile d'araignée dont les fils sont de véritables chaînes d'esclavage.

Pour autant, et j'y reviens en insistant, le principal élément qui peut conditionner soit le rebond positif, soit la désespérance négative, est sans aucun doute possible la solitude, c'est-à-dire l'abandon de toutes les relations, qu'elles soient familiales ou sociales [69]. Souvenons-nous qu'à propos de cette lourde solitude, un collectif de vingt-six associations a insisté auprès du Gouvernement français pour que la grande cause nationale 2011 soit justement « la solitude », un des fléaux traumatisants que personne ne peut nier lorsqu'elle est subie et provoquée par l'abandon ou les aléas de la vie. Dans son rapport 2010/2011, la *Fondation de France* précise que 4 200 000 personnes connaissent ce sentiment de « solitude », en particulier les personnes âgées et, fait nouveau, les trentenaires. Quant aux jeunes, ils seraient 30 % à se sentir seuls et 27 % de ceux qui travaillent estiment n'avoir que des

---

69. Souvenons-nous de ce qui suit : « L'opinion publique a été frappée par l'ampleur de la catastrophe sanitaire provoquée par la canicule d'août 2003. Près de quinze mille décès lui sont imputés. Le scandale fut au comble quand on constata que plusieurs centaines de personnes décédées n'intéressaient ni parents ni amis, et que près d'une soixantaine ont été ensevelis dans l'anonymat, sans sépulture religieuse. » Jean CHERVILLE, *op. cit.*, p. 86.

relations liées à ce travail. En outre, ladite fondation estime, dans ce même rapport intitulé *Les solitudes en France*, que quatre millions de personnes vivent *effectivement* une situation d'isolement, soit 9 % des Français âgés de dix-huit ans et plus. Ce constat pourra paraître affligeant pour certains, mais il est sans doute le cruel résultat de l'absence de fraternité, consécutive à la montée de l'individualisme, tel que je le dénonçais au début de ce livre.

L'abandon du tissu relationnel peut être le fait de la personne désœuvrée elle-même qui « coupe les ponts », pour des raisons qu'elle croit « bonnes » ou du moins « nécessaires », se sentant par certains rejetée, ignorée ou moquée. Cet abandon vient aussi parfois de l'entourage immédiat qui ne « comprend plus » ou n'a plus la force – voire le désir – de porter celui qui souffre à bout de bras. Par cet abandon – lui-même conséquence de plusieurs facteurs comme la crainte ou la lassitude par exemple, qui peuvent paralyser l'audace de la solidarité – disparaissent toutes les lueurs des secours et recours « naturels » possibles qui auraient pu éviter à l'être en difficulté de sombrer dans la nuit. Le cœur blessé peut être alors pris en charge par un corps organisé, telles ces structures professionnelles existantes qui, derrière leurs blouses blanches, semblent inhumaines à certains frères connaissant de profondes désolations. Ces structures nécessaires qui font, grâce à l'abnégation de leur personnel, un travail remarquable, se heurtent parfois au refus de la personne blessée qui croit voir en elles une absence de proximité affective concrète. Dans une misère qui, alors, se développe encore, le corps, l'esprit et l'âme du frère en désolation peuvent connaître une sécheresse bien plus grande qui, sournoisement, va se transformer en dépression et conduire à un cycle de chutes que la personne ne peut éviter, s'enfermant elle-même dans une solitude destructrice.

En ce sens, la solitude est l'anéantissement de ce qui fonde l'humanité : la relation constructive, l'espérance chaleureuse et l'amour rédempteur. À juste titre, Benoît XVI rappelait que « l'une des pauvretés les plus profondes que l'homme puisse expérimenter est la solitude. Tout bien considéré, poursuit-il, les autres formes de pauvretés, y compris les pauvretés matérielles, naissent de l'isolement, du fait de ne pas être aimés ou de la difficulté d'aimer [70] ». Or, sans amour et sans espérance, la vie dans la solitude *subie* ne peut plus être ce qu'elle est appelée à être : heureuse. Pire : la vie n'est plus possible car la vie, et c'est sa vérité fondamentale et indiscutable, est avant tout, et c'est aussi une certitude, une relation.

Le frère qui se retrouve en déshérence, après une accumulation de malheurs et d'abattements, est souvent entraîné, seul ou agrégé à sa nouvelle « famille » hétéroclite née dans la rue et qui subit les mêmes fléaux d'infortune, dans un tourbillon destructeur dont il aura du mal à s'échapper. Une descente dans les méandres de la désespérance se dessinera avec, comme la première, mais non la moins violente des étapes, une infernale accoutumance à l'alcool, et même à l'alcool fort. Ainsi, en voilant sa propre conscience de vapeurs alcoolisées, on en oublie la solitude.

La « bouteille », cet ami muet, devient un trésor à accueillir, à garder et parfois à défendre. Certains psychiatres affirment que, grâce à sa forme de biberon, elle renvoie inconsciemment à la béatitude de l'enfant qui tête et qui oublie tout ce qui l'entoure. Possible. Effectivement, le contenant devient parfois plus important que le contenu. On peut boire tout ce qui enivre et éloigne du présent insupportable, du vin de

---

70. Benoît XVI, encyclique *Caritas in veritate*, n° 53.

mauvaise qualité à la vodka premier prix en passant par la bière en litre, mais toujours boire, et boire à la bouteille.

Comme l'enfant qui tête, souvent les yeux fermés ou mi-clos, se coupe lui-même de l'univers en entrant dans une symbiose relaxante, rassurante et même fusionnelle avec sa mère, la victime de l'alcool a tendance, elle aussi, à fermer les yeux sur l'alentour et, ainsi, à se couper du reste du monde, jugé agressif. Il se coupe aussi de son propre univers immédiat et de son histoire présente et passée qu'il estime trop moche. Mais si l'enfant reste « attaché » à sa mère, la victime de l'alcool n'est plus attachée à rien, car après une bouteille en viendra une autre. La symbiose est le vide qui fusionne avec le néant. La ténébreuse désocialisation commence alors.

À la différence de l'acte de « manger » – notez que l'on ne parle pas de « déjeuner » ou de « dîner », mais de la forme basique et *utilitaire* –, l'acte de « boire » n'est pas un acte social. Sur le long terme, il devient en effet très difficile de prendre un repas tout seul. Ce dernier n'apporte aucune « sensation » amicale et affective, alors qu'il est très facile de coller ses lèvres au goulot d'une bouteille, lorsqu'on est seul et que l'on sait que l'alcool qui, à l'inverse du repas, n'a besoin d'aucun préparatif, peut faire « décoller » l'esprit pour l'éloigner de cette désolation tapissée de solitude pesante, où le silence devient assourdissant de misère, tant et si bien que le frère blessé se met, sans s'en apercevoir, à « parler tout seul » ou à parler à son ami muet, la bouteille. Manger n'apporte aucune sensation à l'homme seul, boire oui.

Rappelons, à ce propos, que dans nos sociétés occidentales, le repas est construit comme un partage, et un plaisir de partager. Une personne seule, avec le temps, pourra prendre l'habitude de faire du repas un besoin de nécessité vitale pour nourrir le corps. Peu lui importera la manière employée :

un repas non chauffé, un repas à même les gamelles, le plus rapidement possible, car manger seul, parce que c'est triste, peut paraître aux plus fragiles comme une perte de temps. Si la meilleure façon de briser la solitude de certaines personnes, lors des fêtes de Noël par exemple, est de les convier à un repas festif autour d'une belle table dressée, c'est que la resocialisation passe par le *repas partagé*, indéniablement, et le partage sous toutes ses formes est bien l'une des armes de lumière de l'*autre combat*.

Pour la personne en désolation, le vide relationnel est donc comblé par l'action de boire, mais celle-ci, dans sa déchéance cruelle et faussement perçue comme une solution, entraîne un autre vide plus sournois encore. Une des conséquences de ce « vide », de ce néant alcoolisé de l'esprit, est l'apparition de la violence, qui est la sœur cadette de l'enivrement. L'emportement, l'agressivité et la brutalité peuvent prendre facilement le dessus sur le calme, la pondération et l'affabilité et sur tout ce qui qualifie une relation humaine digne de ce nom. Des personnes peuvent ainsi se voir complètement transformées et défigurées par la violence qui prend possession de l'être blessé sans qu'il s'en aperçoive. « Je ne suis pas violent, me dit Marc, un jeune homme vivant dans la rue, je suis juste en colère et j'essaie d'exprimer mon malheur », précise-t-il alors qu'il vient de bousculer un de ses compagnons d'infortune, le faisant froidement tomber sur le sol. Irrémédiablement, la violence sournoise use de ses griffes acérées pour porter un coup fatal à la douceur du visage, à la sympathie des mains, au calme de la voix et à l'affectivité du cœur.

> L'image encore bien nette de mon ami Didier me revient en mémoire. La trentaine malingre, le corps déjà fragile, les yeux semblant illustrer un malheur profond et irréversible, les cheveux mal coiffés tombant sur de frêles épaules osseuses,

ce garçon, ce frère de misère, n'était pas fondamentalement violent. L'abandon et le rejet de sa famille, la lutte insatiable de la vie – diurne et nocturne – de la rue, la quête quotidienne d'un abri de fortune, la solitude et bien d'autres fléaux déshumanisants ont eu pour conséquence le repli sur soi – et ce, même physiquement puisque le dos, comme s'il était chargé de tout le poids du monde, se voûte –, et je n'oublie pas ces deux conséquences terribles que sont la fuite dans l'alcool et la prise incontrôlée de médicaments. Un « changement » caractériel s'est produit, qui a entraîné une chancelante démarche de survie dans la violence, violence des mots qui colore la violence des maux, et violence du heurt qui signe la violence du cœur. Chez l'homme, la violence n'est pas innée, mais reçue et donnée. Didier, tremblant de tout son soûl sous les effets violeurs de l'alcool, a vécu cela.

La suite logique et commune à tous nos frères de la rue de cette gangrène qui ronge le corps et le cœur est sans appel. Un sentiment de « ne rien valoir » se dessine et est entretenu par le rejet des autres, l'ignorance et la critique facile. Ceux qui vivent « en haut » ont le regard trop haut perché pour voir leurs frères « d'en bas » et entretiennent en eux ce sentiment de délaissement et de cruel abandon. La « violence passive » du regard absent attise la violence active du pauvre au regard perdu, qui n'est même plus l'objet d'une quelconque attention visuelle. Ainsi, la misère, à laquelle s'ajoute l'indifférence aveugle, devient un enfermement dans un catalogue de douleurs qui touchent toutes les dimensions de l'existence, pouvant aller jusqu'au déni de vivre, dans une inattention de soi, une prise de risques physiques et un désir inavoué – ou avoué – de disparaître concrètement. Il s'agit bien, et je pèse mes mots, pour ceux qui « passent » avec leur maquillage d'indifférence en laissant « trépasser » le pauvre buriné par la douleur, d'un « délit » de non-assistance à personne en danger.

L'indifférence, véritable fléau de nos sociétés individualistes, tue plus vite que la haine [71].

Voilà pourquoi ce déni de vivre subi, qui est le moment le plus terrible de la désolation, n'a aucun autre débouché que la mort elle-même. Puisque la vie semble être un non-sens, la mort devient, pour les plus fragiles, le meilleur moyen pour ne plus souffrir, donnant ainsi du sens à l'insensé [72]. La déstructuration arrive de cette façon à son point de non-retour.

Cette mort peut survenir de multiples manières, par acte posé ou par lassitude subie, mais hélas, si elle est toujours le dernier des maux de celui qui disparaît, elle n'écrit que trop rarement le premier des mots de l'opinion publique qui reste imperméable aux « morts de la rue ». Cette mort, qui aurait pu parfois être évitée ou du moins retardée, voire accompagnée, se donne souvent à vivre auprès de ceux qui, tombant dans une misère extrême, ont délaissé des soins indispensables en raison de maladies graves ou incurables. Outre le fait que la santé coûte cher, même si des structures gratuites existent, peu nombreux sont les pauvres de la rue qui font un séjour en hôpital, ce monde à part qui coupe du monde réel qu'« on aperçoit par la fenêtre [73] » et qui isole un peu plus du petit réseau amical constitué sur le béton gris des trottoirs urbains,

---

71. « Je veux revivre, mais pour qui ? Pour quoi faire ? Comment trouver la réponse ? C'est par soi-même qu'il faut le faire, c'est pas facile. J'ai tellement besoin qu'on m'aime ». Parole d'une personne de la rue, revue *Communio*, *op. cit.*, p. 94.

72. « Pendant des jours, personne ne m'envisage, alors je deviens personne, ça se fait tout seul : un mort qui a l'air vivant… pas gênant. » *Ibid.*, p. 93. On retrouvera d'autres « paroles de la rue » dans mon livre *Jésus, l'Église et les pauvres*, 2e partie.

73. Maurice BELLET, *L'épreuve*, DDB, 1988, p. 23.

mais qui, pourtant, permet de recouvrer, normalement, une santé correcte.

Cette mort, sinistrement lente, se donne aussi à vivre auprès de ceux qui, usés par les jours et les nuits passés à errer d'abris en cartons, de foyers en asiles ou de trottoirs en couloirs de métro, s'abîment dans un coin invisible et, trop faibles pour faire un pas de plus qui ne mène nulle part, s'endorment à jamais.

> À ce propos, je me souviens très bien de Pierre, autre frère de misère. Ce petit homme buriné par la misère, qui se cachait derrière un sourire encore jovial malgré le fait qu'il semblait compter de nombreuses années douloureuses dans sa besace, était en fait bien plus jeune que ceux qui ont les moyens insolents d'entretenir à coup de chimie plastique un corps qui leur échappe. Pierre, qui avait enfoui au fond de lui une certaine violence destructrice, semblait lui aussi, comme Didier, porter le poids du monde… effectivement, il le portait et parfois, il en tombait. Nous étions là pour l'aider à se relever. La veille de sa mort, je me souviens de l'avoir rencontré. Il ne semblait pas plus « usé » ce jour-là qu'un autre. Or, je me trompais. Nous l'avons découvert, le lendemain matin, non loin du Forum des Halles, à Paris, couché sur des cartons, s'étant endormi dans la mort, seul. Il était tombé une ultime fois et cette fois, personne n'était là pour le relever. Ce n'était pourtant pas l'hiver…

S'est-il vu « partir » ? S'est-il vu « abandonné » ? Je ne saurai le dire… Toujours est-il que la désolation de son corps, de son esprit et de son âme venait d'achever son histoire terrestre ; celle-ci demeure pour moi une histoire sainte qui ne s'envolera pas de ma mémoire. Par cette histoire qui rejoint trop souvent, hélas, les personnes victimes de ce fléau qu'est la déstructuration, il nous faut comprendre encore une fois la nécessité vitale de cet *autre combat* que nous devons mener « ensemble ».

« Si les gens de la rue étaient compris, donc réellement aidés à temps, il n'y aurait pas toute cette cascade de misères qui risque toujours d'aboutir à cette agressivité à défouler. Parce que beaucoup sont tombés tant de fois qu'ils n'osent plus faire un pas en avant, ils n'ont même plus la volonté d'un enfant qui fait ses premiers pas [74]. »

Des éléments spécifiques du monde carcéral

Avant de plonger dans le monde bien organisé de l'armée, arrêtons-nous un court instant sur un monde que je qualifierai d'« annexe » au monde de la rue. Ce monde, dont j'ai eu l'honneur, durant près de trois ans, de découvrir certains aspects, est aussi, je l'ai déjà évoqué plus haut, un monde de douleur et de solitude qui n'a rien à envier au monde de la rue auquel il peut être très lié par nature, conséquence et enchaînement. Ce monde est celui, froid et austère, des prisons. Si je le mentionne de nouveau ici – et nous le retrouverons également plus loin – c'est qu'en son sein, il existe des fléaux qui, en plus du manque de liberté déjà cité, participent sournoisement à la déstructuration d'un être humain. Nous savons que « malheureusement, dans notre système judiciaire, la prison est d'abord envisagée comme lieu de punition, comme possibilité effective de mettre à l'écart des individus jugés dangereux. Mais elle n'est pas encore un lieu qui donnerait aux personnes détenues la possibilité, non seulement de s'amender, mais aussi de mettre en place autre chose pour leur vie. Or, la vie n'est envisageable que si se présente autre chose que le goût amer de l'échec et du désespoir [75] ». Certes,

---

74. Parole d'une personne de la rue, revue *Communio*, *op. cit.*, p. 95.
75. Isabelle le Bourgeois, « Tenir debout en prison », revue *Christus*, n° 206, 2005, p. 190.

la justice pénale est là pour dire le droit et le Code pénal n'est pas une œuvre sociale, mais ceux qui en ont la charge ne doivent jamais oublier qu'ils s'adressent à des êtres humains « blessés » (même si ces derniers ont eux-mêmes blessé des frères) et que leur travail est *aussi* un travail de réinsertion. À ce propos, on chiffre à quatre mille le nombre de conseillers d'insertion et de probation, ce qui est grandement insuffisant pour mettre en place un suivi et un accompagnement [76] des détenus en *possible* voie de réinsertion, ce qui représente pour chacun d'eux cent quatre-vingts dossiers à traiter, contre vingt-cinq en Suède [77].

On constate donc, assez facilement, que le détenu, comme son frère de la rue, mène un combat asymétrique contre des forces invisibles qui le terrorisent et le dépassent, le broyant à petit feu. Il se retrouve bien « seul » et sans armes, c'est un fait. Ainsi, isolement, inaction, manque de perspective, absence de lien avec l'extérieur (les familles notamment), absence de projet, sans oublier la promiscuité, la précarité, la maladie [78] et bien entendu la solitude font que, pour certains détenus, la seule relation humaine se limite aux autres détenus, au personnel pénitentiaire, au personnel médical – on se souvient du remarquable témoignage de Véronique Vasseur, ancien médecin-chef à la maison d'arrêt de la Santé – et parfois aux

76. La probation est une mesure prononcée par un juge, visant à permettre à un détenu de se réinsérer. Un contrôle est mis en place avec un médecin référent, notamment pour des soins liés à la toxicomanie, à l'alcoolisme ou aux déviances sexuelles.
77. Le budget du Ministère français de la Justice est classé 34e sur 40 pays en Europe.
78. Notamment pour les détenus âgés et malades qui se voient refuser des sorties « conditionnelles médicales », pour la simple raison que les demandes d'« expertises psychiatriques » traînent en longueur par peur d'une libération qui pourrait être mal perçue.

« visiteurs » bénévoles des prisons ou encore aux aumôniers qui, en général, font un travail excellent [79], portant ça et là, au gré des visites en cellules, un « espoir différent » comme me l'avait si gentiment exprimé Kévin, un jeune détenu condamné pour une peccadille. Je rejoins, en ce sens, la pertinente analyse du docteur Vasseur qui constate : « Ce qui est amusant, c'est que même des détenus qui ne sont pas croyants vont à la messe, car l'aumônier peut leur rendre des services et servir de trait d'union entre eux et leur famille [80]. » Je pense que bon nombre d'aumôniers de prison, dont je fus, se retrouvent dans ces mots. Avec les médecins, les psychologues (trop rares), les visiteurs, mais aussi le personnel d'encadrement, nous savons trop bien que le désœuvrement affectif, social et culturel, la déprime et la dépression font bon ménage en prison et peuvent entraîner l'acte fatal qu'est le suicide.

Nous qui avons une vie « rangée » et qui avons trouvé en elle un équilibre constructif, ne nous croyons pas à l'abri d'une chute. Ce que je sais, après cette expérience pastorale décapante, c'est que personne n'est à l'abri d'un coup de folie qui peut entraîner la prison. Là encore, il n'y a pas d'âge, de classe sociale ou de classe intellectuelle qui ne soient représentés en prison, même s'il nous faut constater, il est vrai, que la précarité est un terreau beaucoup plus favorable.

---

79. Pour autant, un jeune aumônier de prison, prêtre, sans formation psychologique et manquant singulièrement de charité, a « condamné » une *seconde fois* une détenue, déjà enfermée pour meurtre, en lui disant qu'elle ne pouvait être sauvée par Dieu, en raison de son homosexualité qui s'ajoutait à son méfait. Cette personne tenta alors de mettre fin à ses jours ; elle garda, en conséquence, une minerve au cou, durant de longs mois difficiles, et finit par être victime d'un accident cérébral qui lui fut fatal. Elle avait 33 ans.

80. Véronique Vasseur, *Médecin-chef à la prison de la Santé*, Le Cherche-Midi, 2000, p. 57.

Lorsque je fus aumônier d'une prison, une vieille et presque insalubre maison d'arrêt [81] dans un département rural au sein de laquelle étaient incarcérés hommes et femmes, j'ai été confronté au suicide de Mathilde, jeune femme enceinte abandonnée des siens comme du futur père de son enfant, détenue depuis peu et qui avait eu, parce que trop seule en ce temps de fête familiale qu'est Noël, un fatal coup de *blues*, quelque trois heures avant la joie de célébrer Celui qui, jadis, est venu parmi les plus pauvres, couché sur la paille de la crèche de Bethléem. Culpabilisé, je l'ai été, car je n'ai pas vu venir ce drame, je n'ai pas vu la tristesse envoûtante et destructrice qui s'emparait de l'âme, du cœur et du corps de Mathilde. Je n'ai pas vu ses larmes et son désarroi, et aucune de ses compagnes d'infortune non plus.

Dès lors, jamais plus, dans mes sermons de Noël, en prison, en paroisse ou en aumônerie militaire, je n'ai dit que Noël était la fête de la famille sans ajouter que c'est, avant tout, la fête de la famille qui s'ouvre *obligatoirement* et *préférentiellement* aux plus pauvres, aux abandonnés, aux miséreux, aux plus petits. Noël n'est pas une fermeture des yeux sur le monde, mais une ouverture du cœur sur l'humanité. Le Christ lui-même, en venant comme un sans-abri et en mourant, trente années plus tard, comme un exclu, n'a-t-il pas, justement, fait exploser le cercle restreint et fermé de sa propre famille pour que nous, et en particulier les sans famille et tous ceux que l'on qualifie de « sans… », y entrions de droit ? Que ce soit à la Crèche ou à la Croix [82], Jésus ouvre ses bras en donnant

81. Ancienne forteresse de sénéchal devenue maison d'arrêt avec des cellules enfermant jusqu'à neuf personnes.
82. À la Crèche, bergers et mages entrent dans la famille de Dieu en se prosternant devant le Christ. Ils reçoivent donc Marie comme Mère de la paix. À la Croix, Jésus lui-même donne sa mère au disciple qu'il

sa famille à ceux qui ont un cœur de pauvre et un corps de miséreux. Voilà la sainte Famille de Dieu…

Des éléments spécifiques du monde de l'armée

Le monde de l'armée, qui semble imperméable à certains, n'est pas un monde où la coconisation serait de mise, protégeant les soldats des agressivités psychologiques connues par ailleurs. Certes, nous y trouvons, peut-être plus qu'ailleurs, une solidarité visible et efficiente lorsque les uns ou les autres sont victimes de blessures graves imputées au service des armes. L'armée, qui enfante des soldats valides et volontaires, ne doit pas lâcher les siens lorsque des traumatismes handicapants se font jour et empêchent à jamais le militaire de retrouver « sa » place au sein d'unités de combat. Pour autant, chaque homme reste un mystère particulier et unique et il existe mille façons de « gérer » un traumatisme, qu'il soit physique, psychique ou bien plus grave, comme, hélas, il existe aussi de multiples manières de ne pas « pouvoir » le gérer.

Outre les blessures auxquelles tout le monde pense en écoutant les informations émanant de pays en guerre comme l'Afghanistan, il existe une kyrielle d'autres événements qui peuvent entraîner traumatisme sur traumatisme.

Dans notre monde occidental où la mobilité semble la norme pour survivre à son emploi, le militaire qui, quel que soit son grade, connaît cette mobilité depuis des lustres, n'est pas à l'abri des fléaux qui ronge sournoisement l'équilibre humain nécessaire à l'existence. L'instabilité géographique,

---

aime et que nous sommes appelés à devenir. Nous recevons ainsi Marie comme Mère des douleurs. Quels que soient notre état de vie, nos blessures, nos pauvretés et nos talents, nous sommes adoptés par Dieu car il aime tout homme.

due aux diverses mutations, entraîne parfois une instabilité affective qui peut avoir pour fâcheuse conséquence un déséquilibre familial et donc son corollaire, le divorce et parfois même le re-divorce. Et je ne parle pas ici des conséquences parfois désastreuses – même si certains ne veulent pas l'avouer – qui retombent sur les enfants. Le divorce est toujours une cassure. Néanmoins, il n'est pas bon que l'homme reste dans une situation négative et dans une désolation « où les soucis semblent dominer et peuvent pousser à perdre confiance en soi et en l'autre[83] ». Il est donc bénéfique que certains militaires, après un ou plusieurs échecs sentimentaux, retrouvent, à coups de « recomposition familiale », un rééquilibre humain nécessaire à la bonne marche de leur carrière, surtout dans les moments les plus périlleux de celle-ci.

Cependant, d'autres soldats, plus fragiles peut-être, peuvent tomber dans une forte déprime qui risque de leur être fatale. Voici l'histoire dramatique de l'un d'entre eux.

> Sylvain fut un de ceux que j'ai pu accompagner jusqu'au bout. Mutation, divorce, mal-être dans son travail, isolement humain, problèmes financiers ont déstabilisé ce soldat gradé qui s'est alors enfermé dans un mutisme dépressif et un alcoolisme qui le rassurait, tout en le détruisant – il le reconnaissait – à petit feu. Contraint de quitter l'institution au sein de laquelle il avait pu trouver quelques repères pour contrecarrer sa faiblesse, il se trouva comme un enfant abandonné, incapable de faire le premier pas, largué dans l'incertitude. Le voyant désemparé, comme arrimé à une bouée de sauvetage qui se dégonflait, se débattant au milieu de vagues l'obligeant parfois à faire des haltes dans un établissement de repos ou à l'hôpital, je lui proposai, en tant qu'aumônier militaire à son service, de poser ses sacs trop lourds au cœur d'une maison d'accueil qui le recevrait comme il est,

83. Anne Stalé, *op. cit.*, p. 202.

pour l'aider à faire un pas plus serein vers son avenir. Bien sûr, tout ne fut pas gagné et l'équipe d'accompagnement, inspirée par la spiritualité de saint Vincent de Paul, ne put empêcher qu'il y eût encore des hauts et des bas. Au bout d'un an, alors qu'innocemment, je pensais qu'il était en marche sur une route éclairée et balisée, il est parti là où plus aucune souffrance ne règne, suite à une ultime chute ténébreuse que personne n'avait pu soupçonner. Divorce, solitude, désœuvrement, alcool et psychotropes font toujours un cocktail mortel. Encore une fois, je me trouvais enfermé dans ma propre douleur de ne pas avoir su anticiper cette dernière et fatale chute…

Si l'homme reste fragile, le soldat que, parfois, il devient n'est pas un surhomme. Par son uniforme toujours impeccable, il montre souvent une force certaine de vie qui peut paraître indestructible aux yeux de ceux qui le regardent fièrement défiler. Cependant, derrière l'uniforme et les médailles, se cachent parfois des faiblesses insoupçonnées, quelquefois enfouies sous un orgueil fier semblant défier toute détresse, mais pouvant se révéler fatales, notamment lorsque la sortie de l'institution militaire doit se faire.

L'armée est bien plus qu'un métier que l'on exercerait de 8 heures à 18 heures, cinq jours sur sept. On peut, sans rougir, parler de « vocation » car chacun de ceux qui y servent sait qu'elle exige beaucoup et devient souvent une « rivale » de la vie familiale [84]. D'une manière un peu plus prononcée que

84. Le militaire est « disponible » en temps que « bras armé » du pouvoir politique. Il peut être envoyé très rapidement en opération intérieure ou extérieure, parfois sans préavis. À cela s'ajoutent les gardes et les permanences, les manœuvres et exercices qui peuvent s'échelonner sur des semaines. Il est donc nécessaire au militaire d'expliquer à sa famille de quoi est faite sa vie de travail et les sacrifices importants qu'elle doit consentir, surtout lorsque le conjoint n'est pas issu de ce milieu particulier.

dans le secteur civil où la « vocation » laisse place au métier et où le visuel de la tenue n'a que peu d'importance, ceux qui quittent cette haute institution militaire, après de « bons et loyaux services » et, je l'espère pour eux, une logique reconnaissance de leurs pairs, connaissent parfois un « vide » qui peut paraître difficile à combler. C'est toujours le cas de ceux qui « doivent » la quitter pour d'autres raisons, comme les soucis de santé par exemple, qu'ils soient consécutifs à une blessure physique ou autre. Le sentiment d'abandon, attisé par un sentiment d'inutilité, de solitude et d'échec de carrière, peut prévaloir sur tout le reste, notamment sur la compassion réelle affichée par les frères d'armes.

La blessure physique est un traumatisme irréversible car elle détruit l'intégrité et la force physique que le soldat a entretenues longuement ; elle va donc entraîner chez lui un choc psychique, dû à la difficulté de gérer ce traumatisme purement somatique, entraînant lui-même un traumatisme psychologique, nous y reviendrons. Ainsi, « la blessure, qui est effraction corporelle et amoindrissement du corps, renvoie directement au narcissisme. L'effraction de la peau se double d'une effraction du psychisme. La blessure constitue à la fois une agression et une menace, puisque par elle la vie peut continuer de s'écouler et de s'échapper. Elle révèle que le corps était fragile, et promet un avenir inquiétant. Les blessures mutilantes ou défigurantes sont doublement traumatogènes : par le bouleversement qu'elles apportent dans l'image du corps, et par l'avenir réduit qu'elles promettent [85] ».

Au sein du milieu militaire, il existe maintes façons d'être victime d'une blessure au corps. Pour 2010, les chiffres de la CABAT montrent que, sur 282 soldats de l'Armée de Terre

---

85. Louis Crocq, *op. cit.*, p. 197.

blessés, 123 « seulement » le furent en opérations. Comme dans d'autres milieux, les accidents font, hélas, partie du lot commun. Cependant, aux « classiques » accidents de voiture ou de moto, s'ajoutent parfois des accidents plus « spécifiques » imputables aux activités militaires comme le parachutisme, le sport quotidien ou les manœuvres sur le terrain, par exemple. Un militaire blessé physiquement aura presque toujours du mal à reprendre « complètement » sa place dans son unité d'origine et cela entraînera indéniablement, nous l'avons déjà effleuré plus haut, un choc psychologique qu'il lui faudra surmonter, aidé de son entourage familial et de ses chefs, alors à même de lui faire comprendre qu'il lui faudra s'adapter, nécessairement, à son nouvel état physique.

Depuis un certain nombre d'années, l'Armée française est envoyée sur des théâtres d'opération difficiles, confrontée à des groupes qualifiés tantôt de rebelles, tantôt d'insurgés, souvent bien armés et entraînés, motivés pour défendre une cause qu'ils estiment juste et ne reculant devant aucun obstacle. Ceux-là, se cachant dans les foules et agissant dans l'ombre du terrorisme, sont les moteurs d'un combat asymétrique qui est une source intarissable de stress et de violence intérieure qu'il sera nécessaire de prendre en compte.

Sans remonter jusqu'à la guerre d'Algérie qui fut la source de nombreux traumatismes – et le dernier grand conflit avant les conflits actuels –, que l'on évoque ici simplement le Liban, le Kosovo, le Tchad, la Macédoine, la Côte d'Ivoire ou encore la Guerre du Golfe, la Bosnie, le Rwanda et l'Afghanistan, cela suffit pour nous renvoyer à des images dramatiques et des instants douloureux subis par nos soldats, qu'ils fussent appelés du contingent [86] ou engagés volontaires. Souvenons-nous, je

---

86. La suspension du service national, effective en 1998, a développé la

l'ai évoqué dans les premières lignes de ce livre, de l'attentat terroriste dit du Drakkar, à Beyrouth en octobre 1983, avec ses 58 soldats assassinés et ses nombreux blessés qui portent encore la trace dans leur chair de cette signature indélébile de la cruauté humaine. Souvenons-nous aussi du conflit bosniaque et des soldats tombés et blessés, sans oublier les débuts du conflit du Kosovo. L'Armée française contemporaine n'a pas attendu le terrible conflit afghan pour avoir dans ses rangs bon nombre de ses fils martyrs, morts et blessés.

À ce jour (début 2013), en plus des deux militaires tués durant l'opération SERVAL se déroulant au Mali, 88 soldats français tombés et 700 blessés jonchent notre mémoire collective depuis le début du conflit international en Afghanistan. Notons quand même, pour que ces données puissent être comprises dans leur contexte, que, depuis fin 2001, soixante mille soldats français ont été déployés sur ce territoire, certains d'entre eux, deux, voire trois ou quatre fois. Parmi ces blessés, et sans doute au-delà de ce recensement, les médecins militaires chiffrent officiellement à 400 le nombre de soldats français reconnus « blessés psychiques [87] » et parmi eux, 10 % requièrent un suivi sur une longue, voire très longue durée.

Ces 88 jeunes soldats de tous grades qui ont versé leur sang sur les cailloux afghans viennent donc insolemment s'ajouter au triste chapelet de tous leurs frères d'armes disparus lors des conflits précédents, comme la centaine de soldats tombés alors qu'ils portaient le béret bleu des soldats de la paix de l'ONU,

---

professionnalisation de l'armée d'une manière globale, entraînant le seul envoi d'engagés volontaires en opérations extérieures.

87. « C'est un chiffre qui va augmenter, entre les gens qui n'en parlent pas et qui vont commencer à en parler et l'effet différé des troubles », confie le médecin-chef Patrick Devillières, chef du bureau médico-psychologique des Armées.

sans oublier ceux qui furent les victimes innocentes d'actions terroristes ou crapuleuses sur notre territoire de France, au sens large du terme, avec ses dépendances d'outre-mer.

Pour les *blessés invisibles*, le traumatisme des conflits prend parfois une tournure désastreuse au moment du retour dans le giron familial. Le militaire atteint de désolation peut se détacher des siens, être irritable avec eux, voire agressif. Parfois, hélas, la structure familiale a volé en éclats avant même le retour en France du militaire parti en opération extérieure pour quatre, voire six mois. De toutes les façons, quelle que soit la situation sociétale au retour du soldat chez lui, des effets post-opérationnels, entraînant une certaine déstructuration, peuvent jaillir brusquement après la fin du séjour belliqueux qui a pu voir naître des traumatismes. On estime d'ailleurs que la période la plus propice pour déceler des troubles post-traumatiques consécutifs du stress au combat se situe entre le troisième et le sixième mois, bien que les symptômes puissent apparaître encore plus tard, même des années après. Cette blessure invisible peut faire germer des *flash back* comme des « souvenirs obsédants, visions hallucinées, cauchemars, sursauts, accès d'étrangeté et d'angoisse, sentiment d'insécurité, peur phobique de tout ce qui rappelle la guerre ou la violence, lassitude, impression d'être incompris, irritabilité et tendance au repli sur soi dans les ruminations amères [88] ». Tout cela replonge le soldat en désolation psychologique dans des épisodes de stress aigu qu'il a pu vivre lors des phases de combat, sur le terrain.

C'est ainsi que, comme s'il s'agissait d'un phénomène « naturel », le soldat revenant d'opération cherchera son « frère d'armes » qui saura tout comprendre. Ainsi, dès son

---

88. Louis Crocq, *op. cit.*, p. 10.

retour « chez lui », le combattant pourra préférer être avec ses camarades de combat, avec lesquels il a vécu quelque chose de très intense, plutôt qu'avec sa famille, à laquelle il ne dira pas grand-chose sur ce qu'il a vécu, pensant qu'elle ne comprendrait pas. Ce même soldat sera peut-être tenté par une attitude agressive envers les siens, surtout s'il ne trouve pas ou prou le sommeil ou s'il a des cauchemars récurrents. Parfois enfermé dans son histoire de combattant, il ne laissera passer aucune émotion et pourra être perçu comme détaché et indifférent aux autres, sauf à ses camarades de combat. Quant à l'agressivité, elle peut émerger soudainement et déstabiliser les relations construites avant l'opération qui a duré six mois. Des gestes inappropriés, des paroles blessantes, des réactions brutales ou des prises de risques sont possibles [89], même le geste fatal s'il s'estime trop incompris et qu'il ne peut sortir de son schème traumatogène.

Notons également que si le soldat qui rentre à la maison a été témoin de la mort au combat d'un de ses camarades, il peut aussi laisser transparaître un sentiment de culpabilité ayant trait au fait qu'il n'a pas pu le sauver. La perturbation psychologique est alors profonde et durable ; elle pourra entraîner des conséquences parfois irréversibles en commençant par la prise

---

89. Je cite ici un extrait du reportage de Jean-Paul Mari, paru dans la revue *Le Nouvel Observateur* du 17 juin 2010 : « L'Officier Environnement Humain (OEH) aligne des coupures de journaux. Un article parle de ce caporal revenu de Mitrovica, au Kosovo, témoin de violents affrontements. Deux ans après, il regarde la télé, se met à sangloter. On le retrouvera pendu… Et cet adjudant, conduisant ses enfants à l'école, qui roule au milieu de la route par peur des IED (engins explosifs improvisés). Ou ce soldat de 37 ans, vingt ans de service, des médailles plein la poitrine, marqué par une embuscade. Alcool, pilules, hypervigilance, phobie de la foule. Les gendarmes l'arrêteront en train d'étrangler sa femme : "J'allais la tuer" ».

prolongée d'alcool qui sera comme une fuite de ces souvenirs traumatisants. À la maison ou en ville, contrairement aux zones opérationnelles où il est interdit ou fortement limité, l'alcool est disponible sans restriction. Le militaire blessé dans son cœur pourra, seul ou avec des copains qui ont vécu les mêmes événements, succomber à la grande tentation de boire jusqu'à s'enivrer pour tout « oublier », l'espace d'un instant, pour se sentir plus calme ou pour trouver le sommeil.

2. Les effets de la déstructuration

Les conséquences sur l'organisme humain des éléments déstructurants qui ont été évoqués plus haut sont, hélas, sans appel. Les effets sont indéniablement négatifs sur l'ensemble de la personne humaine qui, nous le savons, forme un tout indivisible, car, en effet, lorsqu'une partie de l'être humain est touchée, cela rejaillit sur tout l'organisme, physique, psychologique et spirituel. C'est alors ce « tout » qui doit être soigné et accompagné, et cela par des personnes compétentes dans chacun des trois domaines, les deux premiers étant plus « spécifiquement » *humains.*

D'une manière globale et généralement commune à toute déstructuration humaine venant après un choc, qu'il soit physique ou psychologique, entraînant un changement dans la vie de l'individu, on notera une similitude dans les conséquences éprouvées. Ainsi, on peut dire, sans risque d'erreur, que solitude, dépression, repli sur soi, perte de l'estime de soi, peur de l'alentour et perte des repères habituels sont le lot commun d'une déstructuration de l'individu. À cela peut s'ajouter, en raison d'un possible dégoût de soi-même, une fuite stérile vers le rêve de devenir quelqu'un d'autre en prenant le chemin boueux de la négation de soi. De plus, peut s'ajouter, en complément de cette destruction intérieure, une destruction extérieure faite de prise d'alcool, de médicaments ou de drogues et de prise de risque démesurée entraînant le déni total de soi et, malheureusement, le suicide.

Tous ces symptômes se retrouvent aussi lorsque nous parlons de déstructuration lente, c'est-à-dire une descente quotidienne lancinante dans la misère, comme la vivent de nombreuses personnes acculées à quitter ce qu'elles ont construit patiemment, souvent avec difficulté, en raison d'une perte d'emploi, d'une maladie, d'un divorce, bref d'un échec qui déstabilise et affaiblit la personne atteinte.

Prenons le simple cas du divorce, évoqué plus haut et à plusieurs reprises. Il me semble important d'y revenir ici. Ce divorce est souvent l'échec de la construction d'une communauté de vie, de partage et d'amour, ce qui fait la caractéristique d'une « famille ». Cependant, humains, trop humains que nous sommes, nous pouvons mettre des limites et des obstacles à cet amour donné et reçu, souvent au nom d'un individualisme inconscient. Citons par exemple, et pour faire court, l'amour compris comme d'abord égocentrique, qui fait que l'un « met la main sur l'autre » comme sur une possession. Citons encore la routine qui entraîne la tiédeur empêchant le jaillissement de la vérité (la « crise » et la dispute sont, à ce titre, bénéfiques). Ajoutons le fait négatif de rechercher dans son conjoint un idéal, entraînant fatalement la désillusion et la tentation d'aller « voir ailleurs ». Enfin, finissons par le temps qui peut nous entraîner dans la fuite de l'activisme, la cohabitation et le déni de l'autre. Ainsi, on peut tristement constater, pour certains « couples », que la vie commune ressemble davantage à une simple juxtaposition de personnes vivant sous le même toit, mais n'abordant pas les questions essentielles de la vie commune, partageant alors seulement l'aspect domestique (repas et hébergement). Une telle « vie de famille » ne peut évidemment pas tenir car elle n'est pas fondée sur l'amour partagé, complémentaire et fécond d'un homme et d'une femme, amour qui fait grandir l'un et l'autre. C'est pour cela, aussi, que l'Église ne cesse de parler de la force de la grâce qui réside dans le sacrement de mariage. Cette foi en Dieu, que le couple chrétien possède, est un gage pour développer la confiance, le respect, la tolérance, l'humilité, la patience, le pardon, le sacrifice et le don de soi, qui sont des vertus sans lesquelles il apparaît difficile de construire une vie commune.

Ce « manque » est dommageable. La société devrait davantage y réfléchir. À l'inverse de l'Église, notre société occidentale moderne et sécularisée nous présente le divorce comme un progrès social indéniable et irréversible, procurant plus d'avantages que d'inconvénients. S'il faut se réjouir d'une prise en compte des difficultés qui peuvent jaillir dans un couple, il est aussi important de constater qu'une rupture après un projet de vie concocté à deux, et ayant donné une fécondité certaine à travers les enfants, est toujours un échec ; toutes les séparations – où l'on croit retrouver sa liberté – ne sont pas source de bonheur. Par le divorce, de multiples repères s'effondrent et entraînent d'autres effondrements moins visibles. Tout est bousculé et tout est à reconstruire : la vie matérielle des deux parties, les relations affectives et amicales, les relations sociales, l'équilibre psychologique… À ce propos, la « nouvelle » vie matérielle va souvent conditionner cet équilibre jusqu'à, parfois, entraîner de fâcheuses conséquences, comme la déstabilisation totale et la chute dans le monde de la rue, suite au trop-plein de problèmes engendrés par cette nouvelle situation qui n'est pas toujours désirée, car l'on peut être « victime » de cet échec qu'est le divorce. Le traumatisme psychique peut avoir raison sur tout le reste, tant la conscience de l'individu peut se focaliser sur les nouvelles difficultés qui ne manquent pas d'éclater violemment. Notre société ne mesure peut-être pas complètement les conséquences négatives d'un divorce...

Nous le constatons aisément, ce phénomène du divorce est commun à toutes les couches sociales de notre société sédentarisée, des plus pauvres aux plus aisés, des plus croyants aux plus athées.

Tous les corps de métier sont touchés par cette réalité, y compris ceux qui exercent le métier des armes. Pour autant, en plus de la crise du divorce, ces derniers peuvent être confrontés à des situations autrement singulières entraînant des traumatismes spécifiques que plus personne, aujourd'hui, n'ignore ni ne sous-estime.

Laissons de côté, pour l'heure, la blessure physique, dont on peut mesurer aisément le traumatisme irréparable, tout en entraînant une reconnaissance de la Nation, et qui doit être soulagée par des personnes compétentes issues du corps médical. N'évoquons ici que la simple situation traumatisante sur le plan psychologique, contractée au cours d'une phase délicate de combat lors d'une opération extérieure. Le traumatisme aigu, invisible à l'œil nu et n'ayant pas ou si peu de reconnaissance officielle de la Nation, qui peut être consécutif à une situation de stress trop violent, peut évoluer, et cela aussi bien rapidement que diffusé dans le temps, vers un état chronique, avec de graves séquelles psychiatriques. Effectivement, et il est important de le rappeler ici, les manifestations peuvent être tardives, plusieurs mois, voire plusieurs années après l'événement traumatique. Celles-ci, qui doivent être détectées et accompagnées, là encore, par des personnes compétentes, sont de plusieurs ordres, suivant l'impact et la profondeur du choc. Elles se traduisent souvent par des cauchemars nocturnes et des reviviscences diurnes, des pertes de concentration dues à une pensée violente, des troubles du caractère illustrées par des réactions démesurées ou soudaines, des moments de lourds silences et parfois même par un sentiment de culpabilité, surtout si les pensées renvoient à la mort au combat d'un camarade. Ces manifestations finissent par être invalidantes pour la vie professionnelle, familiale et sociale.

Malgré un accompagnement psychologique, psychiatrique et social, aujourd'hui assez développé dans et par le milieu militaire lui-même, les manifestations traumatiques post-opérationnelles peuvent déboucher sur de lourds problèmes psychologiques. Ces derniers obligent *de facto* la personne atteinte à un suivi médical particulier, et conduisent parfois à une sortie involontaire du milieu militaire. On imagine le choc *supplémentaire* dont sera victime l'individu. Ce choc, qui sera perçu comme une violence injustifiée, entraînera un traumatisme au sein du giron familial qui, si les liens qui unissent la famille sont quelque peu distendus, pourra avoir pour triste conséquence de faire du soldat un laissé-pour-compte et un être abandonné. Un chemin de misère ouvrira ses portes et le frère en désolation pourra se retrouver jeté dans le monde de la rue, avec pour compagnon d'infortune une malheureuse fuite dans l'alcool, la perte des repères sociaux, le risque de faire une bêtise et la déchéance. Hélas, l'expérience montre que c'est déjà arrivé…

La blessure physique, quant à elle, provoque un traumatisme immédiat et visible. On a pu croire, durant quelques années, que cette blessure pouvait protéger d'une éventuelle pathologie psycho-traumatique. Aujourd'hui, nous savons qu'il n'en est rien. La blessure physique focalise toute l'attention, et du corps médical, et du blessé lui-même, sur la douleur proprement physique et les soins à y apporter. Mais cette blessure purement somatique isole *physiquement* le soldat atteint qui, du jour au lendemain, passe des cailloux poussiéreux d'Afghanistan, pour ne citer qu'eux, aux murs blancs d'une chambre d'hôpital équipée de matériel dont il ignorait l'existence. De plus, il se retrouve loin des siens qui n'ont pas encore accès aux visites, loin de ses camarades dont il a encore en mémoire le crâne casqué et les yeux masqués derrière les lunettes balistiques.

Cet éloignement, qui deviendra un isolement en raison du fait qu'il est le *seul* à porter sa blessure, pourra durer longtemps, apportant dans ses bagages une incertitude parfois grandissante sur son avenir, qu'il soit professionnel ou familial, et attisé par la gestion psychique de la douleur. Citons, par exemple, le cas d'une amputation d'un membre dont le moignon mettra entre douze et dix-huit mois pour être stabilisé. Ainsi, bien que la préoccupation première du blessé soit centrée sur sa lésion, il est important de prendre en compte le fait que, tôt ou tard, surgira le traumatisme psychologique, consécutif de la gestion psychique, avec son cortège de douleurs internes – déjà citées ci-dessus – qui pourront même détruire ou ralentir les progrès de la guérison physique, lorsque celle-ci est possible. N'oublions pas, en effet, que la majorité des blessures physiques contractées lors des phases de combat ne sont, hélas, pas guérissables entièrement puisqu'elles peuvent conduire à l'amputation d'un membre, à la paraplégie ou la tétraplégie. Tout un panel de procédures d'accompagnement spécifique, dans la durée, et qui devra aussi tenir compte de la dimension *spirituelle* de l'individu, sera donc nécessaire. L'armée étant, à ce titre, le fer de lance, nous verrons plus loin les moyens mis en place pour cet accompagnement indispensable.

3. Tranches de vie

Parce que la vie est d'abord à vivre avant de la réussir, il n'est pas d'histoire *individuelle* qui ne soit pas sainte, il n'est donc pas d'histoire banale. Il n'est pas d'histoire qui se ressemble car chacune porte en elle la trace particulière de la profondeur de chaque homme, dont la dignité ne peut jamais être mise en doute. Chaque être humain possède un chemin unique, car la greffe de l'esprit sur un autre est impossible. Même si nous prônons l'égalité – souvent plutôt comprise dans notre société comme l'*égalitarisme* –, il apparaît bien évident que chacun est conditionné par son lieu de naissance, son milieu social et, bien entendu, les rencontres faites au cours de la vie. Ainsi, il semblerait qu'il ne faille pas parler d'*égalité* car celle-ci n'existe pas ou plutôt ne semble pas déboucher sur grand-chose, mais de *fraternité*.

C'est par et dans la fraternité que nous apprenons à vivre ensemble et que nous pouvons nous aider et nous aimer les uns les autres. Au contraire de l'égalité, la fraternité est bien plus qu'une utopie, elle est une réalité et c'est elle qui meut notre monde. Qu'on la nie et c'est la guerre, qu'on la prône et c'est la paix. Qu'on la délaisse et c'est la misère, qu'on l'entretienne et c'est la solidarité. La fraternité nous oblige à concevoir que celui qui est de la même chair et du même sang que nous, quels que soient la couleur de sa peau ou l'endroit de sa naissance, est une partie de nous-mêmes et que nous sommes une partie de lui, en ce sens nous sommes *égaux* en dignité. Ainsi perçu le mystère de cette fraternité universelle, lorsqu'un de nos frères souffre, c'est toute l'humanité qui souffre et lorsqu'un de nos frères va mieux, c'est toute l'humanité qui se réjouit. C'est pourquoi nous devons sans cesse promouvoir des élans de solidarité fraternelle pour relever ceux qui ploient sous la misère et dénoncer haut et fort ceux qui abusent de leur force ou de leur avoir pour écraser les plus faibles. Le pouvoir devrait davantage être compris comme un service, et cela quel que soit le pouvoir que l'homme détient. Il n'y a qu'une terre et qu'un ciel qui sont pour *tous* et qui nous lient ensemble, pour un avenir commun.

Voilà pourquoi l'histoire d'un de nos frères qui souffre doit être portée par tous, et en particulier par ceux qui ont le désir d'aller vers lui en raison même de cette fraternité de sang à laquelle personne ne peut se soustraire. L'histoire – terrible – de Jean est de ces histoires que nous devons connaître pour faire naître en nous une compassion sans limites et pour faire renaître un lien solidaire souvent brisé par les propres aléas de nos existences, qui nous rendent aveugles aux autres.

> J'ai rencontré Jean [90] alors que je faisais partie des « équipes de rue » qui arpentaient, deux par deux et jour et nuit, les trottoirs parisiens, véritables fourmilières d'hommes et de femmes que d'aucuns, passant ça et là et voguant de magasins en cinémas, ne voyaient même pas. Il a fallu beaucoup de temps et de confiance à Jean pour me raconter son histoire. Cela a pris plusieurs années, mais la confiance est à ce prix : un enracinement amical, fidèle et désintéressé, patient et bienveillant. Et si, aujourd'hui, je la partage, c'est que lui-même a pensé que cela pouvait aider à comprendre la douleur, pour mieux l'accompagner et la combattre. Lorsque j'ai fait sa connaissance, Jean avait quarante-trois ans et en paraissait dix de plus tant les griffes acérées de la rue et de ses lois avaient buriné son visage et blanchi ses cheveux hirsutes. Il pleuvait ce jour-là et à la faveur d'un café chaud partagé dans un bar qui nous avait acceptés, à la faveur aussi de ce temps qui nous avait permis de nous apprivoiser, Jean s'est mis à parler.

---

90. Tous les prénoms des personnes blessées dont les témoignages sont mentionnés ont été changés.

Quelle ne fut pas notre surprise, à Carole et à moi qui formions « équipe », d'avoir ce précieux privilège de nous laisser embarquer dans son histoire dont, jamais, nous n'avions sollicité la narration, eu égard au respect que nous avions pour lui.
Si Jean se retrouvait à la rue, sans autre richesse que sa pauvreté, ce n'était pas parce qu'il l'avait voulu. Du reste, du temps de ces « équipes de rue », je n'ai jamais rencontré quelqu'un qui m'affirma être volontaire pour une telle vie. Jean avait été un enfant non désiré par ses parents et mis dès que possible en famille d'accueil via la direction des Affaires sociales. Pour autant, au sein de cette famille, il n'avait jamais pu trouver sa place d'enfant car jamais personne ne lui avait fait sentir qu'il était désiré et aimé. Ayant suivi une formation en apprentissage, il fut employé dans une entreprise de travaux publics et put ainsi voler de ses propres ailes. Mais, hélas, c'était sans compter sur une instabilité affective qui le rendait asocial et l'empêchait de créer un réseau d'amis fidèles. Pour autant, il rencontra celle qui allait devenir sa compagne, Isabelle. Rapidement, ils décidèrent tous deux d'habiter ensemble, Isabelle ayant un emploi d'hôtesse de caisse. Une petite fille naquit de cette union et le bonheur semblait alors éternel. Jean avait créé une famille autour de lui, sa famille. Il en était fier et avait cloué le bec à tous ceux qui, le pensant profondément instable, avaient jugé qu'il ne pourrait prétendre à une telle réussite.
Un soir, un appel téléphonique résonna comme le ténébreux glas. Jean décrocha et il entendit la terrible nouvelle qui terrassa à jamais son cœur encore fragile. Isabelle et leur enfant venaient d'être victimes d'un accident de la route. Elles n'ont malheureusement pas survécu au choc. Pour Jean, tout s'écroulait comme un château de cartes que le vent emporte au loin.
Rapidement, tout s'enchaîna et Jean tomba de gouffre en gouffre, toujours de plus en plus bas. Complètement déstructuré de l'intérieur, il quitta son travail et s'enferma chez lui dans un univers de souvenirs et de larmes impossibles à sécher. Devant le mur dressé par cette solitude effroyable et ce vide affectif sans

nom, Jean se mit à boire. On commence souvent par des alcools légers comme la bière, mais devant l'absence d'effets d'évasion attendus, on passe vite aux alcools forts comme la vodka ou le gin. On mélange aussi l'alcool avec des médicaments achetés en libre service. C'est ce que fit Jean. Puis un jour, il n'eut plus la force d'ouvrir cet appartement qui avait été le témoin de son bonheur trop éphémère. La rue l'appela en lui ouvrant ses serres aiguisées. L'infernale descente commença. Descente physique dans les couloirs du métro où les repères du jour et de la nuit disparaissent en raison des lumières pratiquement permanentes… Descente psychique dans les abîmes de l'absence d'avenir où le cœur se noie dans la tristesse et l'alcool… Descente psychologique dans le néant spirituel où l'espérance a laissé place au vide que plus rien ne comble… Le désespoir était à son comble et on le comprend. Pourtant, ce partage était le signe que rien n'était perdu car la richesse du cœur de l'homme, c'est l'espérance… Au fil des jours et des nuits suivantes, notre mission était de lui faire découvrir ce trésor qui l'habitait.

Lorsque j'ai commencé à aller de ci, de là, au gré des soirées de présence dans la rue auprès de mes frères d'infortune, nonobstant la pluie, le froid ou le vent qui n'étaient plus un obstacle pour eux, je fus confronté à un grand nombre d'histoires particulières dont je ne soupçonnais pas la densité de la douleur. Que ce fût Didier, Ahmed, Valérie, Jean ou les autres, ils ont tous déclenché en mon âme qui, déjà à l'époque, était loin d'être sainte, un sentiment de compassion et d'amour fraternel que je n'avais encore jamais éprouvé.

L'histoire blessée de Patrick est encore en moi comme une plante vivace qui ne fane pas et qui me rappelle la fragilité du jardin humain et la cruauté de ceux qui ont la charge de le faire éclore quand il en est à son timide balbutiement.

Là encore, il a fallu du temps, de la patience, de la fidélité, de la confiance et une fraternité agissante pour que Patrick, jeune homme d'à peine dix-neuf ans, accepte de relire sa vie, de la raconter et de nous confier, à ma coéquipière et à moi-même, tous ces insolents soubresauts qui l'ont conduit jusqu'à ce maudit trottoir de la rue Saint-Denis.

Son visage rayonnait encore de cette enfance physique dont il sortait, malgré le fait qu'il n'avait jamais connu d'enfance psychologique, tant il avait dû grandir « par lui-même ». Ses yeux semblaient tellement profonds qu'ils pouvaient, là, en un instant, nous entraîner dans un gouffre abyssal tant un sentiment de tristesse incontrôlé s'en dégageait et pouvait nous noyer si nous n'avions pas le recul nécessaire pour ne pas fusionner avec son malheur. Nous le savons bien, la compassion n'est pas la fusion et si nous voulions avoir la capacité de « tirer » Patrick vers le haut, il fallait garder cette « distance » utile et indispensable qui s'appelle la charité fraternelle.

Patrick nous entraîna dans un de ces petits troquets où il se sentait bien, où personne ne le regardait et ne le jugeait, où on lui servait gratuitement un café qu'il ne prenait que le matin, et très tôt, parce que les nuits dans la rue finissent de bonne heure et que le reste de la journée était ponctué d'autres boissons beaucoup moins sociales. De but en blanc, il se mit à nous raconter que son beau-père l'avait violé et frappé et que sa mère, qui ne l'avait jamais vraiment aimé, l'avait rejeté. Parti de la maison avec pour seul bagage l'incertitude, il s'était vite retrouvé en galère à Paris après avoir réussi tant bien que mal à quitter son Nord natal. Prostitution, drogue, alcool, bagarres et solitude sauvage furent vite de la partie. Pourtant, il avait des tas de projets dans la tête, mais la haine dont il avait été victime étant adolescent avait signé de son empreinte saignante son cœur déjà fatigué et précocement vieilli. Cette rapide descente dans les entrailles de la misère nous clouait sur place et nous écoutions, bouleversés et émus, ses balbutiements noyés de larmes invisibles. Pour autant, pour lui comme pour tous ceux qui vivent des situations dont on n'imagine pas l'horreur, le chemin de l'espérance ne cesse jamais d'être possible. La richesse des cœurs est insondable…

Il faut parfois peu de choses pour que tout bascule autour de soi. On se construit pourtant des tours d'ivoire que l'on suppose invulnérables et indéboulonnables. L'orgueil nous aveugle et nous rend alors plus fragiles qu'on ne le pensait. Et lorsque la tour d'ivoire éclate, il y a déjà longtemps que sa base d'argile a chancelé…

Lorsqu'on est soldat, et *a fortiori* lorsqu'on part en opération extérieure comme certains le font en allant en Afghanistan par exemple, on est bien préparé au combat. Treillis ample, gilet pare-balles dernier cri, gants de protection, lunettes balistiques anti-éclats, chaussures de montagne bien crantées, fusil d'assaut équipé de visée laser… Tout cela et bien d'autres choses font partie du paquetage du combattant. De plus, on lui a appris à mener des patrouilles, des attaques et des ripostes. On apprend aux tireurs d'élite à se concentrer sur des cibles en carton représentant un insurgé. Tout semble prêt pour l'opérationnel qui ne souffre pas la demi-mesure ou l'approximation.

Hélas, le soldat, même hyper équipé, n'en reste pas moins un homme, et un homme avec toute sa complexité physique, psychologique et psychique.

Lorsqu'à vingt-cinq ans, on est confronté, en tant que tireur d'élite, à une mission exigeant que l'on tire sur un homme – certes un ennemi – très menaçant qui, lui, n'hésitera pas à tirer, il y a de fortes probabilités pour que l'assimilation de l'acte qui consiste à ouvrir le feu pour tuer ne se fasse pas naturellement.

C'est toute l'histoire de ce jeune homme, fier de son métier de soldat se mettant au service d'une mission et d'une cause qui le dépassent, que je vous invite à partager maintenant.

J'ai vu Alain pour la première fois lorsque nous avons pris l'avion ensemble pour la base américaine de Bagram, en

Afghanistan, à partir de laquelle nous devions rejoindre notre base française de Tora, en vallée de Surobi, à l'est de Kaboul. Mais je peux dire que je ne l'ai connu que le soir d'une difficile opération militaire de patrouille et de combats violents au cours de laquelle il avait fait usage de son arme pour tuer deux insurgés qui les menaçaient, lui et ses compagnons.

Comme je passais à proximité de lui, ce soir-là, il m'accosta, après que l'un de ses copains lui eut dit que j'arrivais et qu'il serait bon qu'il me parle de ce qu'il avait vécu. Tout de go, il me dit que je pourrais le comprendre et que je serais le seul. Il me raconta alors cette difficile journée qui va le marquer à jamais. L'œil vif, la voix solide, le grand gaillard qui me dépasse de plus d'une tête se fit néanmoins petit enfant et attendit de moi réconfort, compréhension, soutien et compassion, ce que je ne manquai pas d'essayer de lui donner. Par la suite, au fil des jours, dans le calme et la sérénité, du moins je le pensais, nous avons repris cette conversation car je voyais bien qu'il portait ce poids et qu'il commençait à être très lourd pour son esprit. Pour autant, je ne pensais pas que la plaie de cette souffrance invisible à l'œil nu serait si profonde, l'ayant vu suffisamment serein pour poursuivre la mission qui s'étalait encore sur plus de deux mois.

C'est effectivement au retour, en France, qu'Alain développa les premiers symptômes qui, de jour en jour, ne cessèrent de grossir, prenant insolemment une trop grande place dans son cœur attristé. Impression de solitude, sensation de décalage avec ses proches, réactions quelque peu inappropriées, difficulté à trouver le sommeil, perte de l'appétit, fatigue nerveuse, récurrence des cauchemars, concentration perturbée… Tout cela est arrivé d'un coup et ça fait mal. Alain dut consulter un médecin et dès lors, entre séjours en psychiatrie et arrêts maladie, entre l'interdiction d'exercer sa fonction de tireur d'élite et celle de conduire un véhicule, entre les phases d'amaigrissement prononcé et les « rémissions » trop passagères, Alain se retrouve dans un autre lui-même, habitant sa vie « nouvelle » d'une manière étrangère. Plus rien ne semble aller malgré le soutien visible de ses camarades et de ses chefs.

On lui dit qu'il faudrait qu'il quitte le métier militaire pour faire autre chose, alors qu'il a tout misé sur l'armée qu'il aime. Perdu, déstabilisé, isolé dans sa souffrance, il est ainsi depuis son retour d'Afghanistan, voici plus de deux ans… Seul le désespoir empêche de croire à des jours meilleurs. Or, là encore, toute la richesse du cœur de l'homme se résume à l'espérance que nous ne devons jamais perdre. Il nous faut espérer pour lui et avec lui car l'espérance est souvent ce qui reste quand tout est parti à vau-l'eau. Le travail d'accompagnement sera long, mais il n'est pas permis de croire à son échec.

Le soldat qui part en opération extérieure, actuellement en Afghanistan et au Mali, mais demain peut-être et sans doute ailleurs, sait, au même titre que ses illustres devanciers qui ont servi sur des territoires hostiles comme le Liban, dans les années 80, comme le Golfe et la Bosnie dans les années 90, comme le Kosovo à l'aube des années 2000, comme la Côte d'Ivoire plus récemment, que partir en bonne santé, avec un corps intègre, ne signifie pas automatiquement revenir de la même manière. Malheureusement, trop d'exemples nous ont été donnés, qui prouvent ce cruel constat. En mentionnant cela, nous ne devons pas oublier tous nos frères soldats revenus blessés dans leur chair en raison des conflits qui ont précédés celui de l'Afghanistan ; évoquons seulement ici, comme un triste exemple parmi les autres, les quelques cent vingt blessés de l'opération Daguet lors de la Guerre du Golfe de 1991.

Malgré la douleur qui accable les familles qui perdent l'un des leurs sur ces lieux de combat et de haine, douleur que j'ai eu l'occasion d'accompagner, je ne m'arrêterai pas sur l'absence et le vide laissés sur elles par la mort qui a pris tous ceux qui sont revenus dans des cercueils de zinc sans laisser le temps ni l'opportunité à tous ces proches, dorénavant amputés d'une partie d'eux-mêmes, d'embrasser une dernière fois l'être aimé disparu à leurs yeux. Eux aussi, d'une manière qui leur est particulière et qui ne peut se faire que dans le temps et l'accompagnement, ont à se reconstruire, en tenant compte de celui qui manque et qui manquera longtemps.

Le soldat connaît ce risque suprême. Certes, théoriquement, il y est préparé car on n'a cessé de le lui dire. Il sait qu'il n'y a pas de risque « zéro » et que lorsqu'il prépare son paquetage, avant de partir, il pense, comme je l'ai fait moi-même, au fait que peut-être, il ne sera pas là pour le ranger au retour, ou bien qu'il ne pourra pas le faire lui-même parce qu'il aura été atteint dans sa chair par une blessure physique qui mettra très longtemps à cicatriser ou qui le handicapera à vie.

> J'ai eu la chance de connaître Lionel en opération. Une force de la nature habite en lui, une jovialité qui n'a pas peur de se communiquer auprès de tous ceux qu'il rencontre et qu'il soigne car il est auxiliaire sanitaire, une sagesse qui en impressionne plus d'un, le tout coloré d'un amour pour un sport qui ne se vit bien qu'en équipe, le rugby. Je ne fais qu'évoquer ici son équilibre psychologique certain, entretenu par sa vie de famille et son rôle de père. Nous avons là une personne remarquable et sans aucun doute précieuse pour vivre ces moments délicats des opérations extérieures réputées dangereuses.
>
> Il n'est pas un combattant de première ligne, cela ne veut pas dire qu'il n'encourt aucun risque. Tous, lorsque nous nous déplaçons au moyen des engins blindés, nous sommes soumis au stress entretenu par le risque de ces engins explosifs improvisés placés sur les pistes ocres de terre et de cailloux qui ne cessent de nous secouer.
>
> Lors d'une opération de patrouille en montagne, faisant suite à des mouvements de troupes insurgées, une section, composée d'une trentaine de soldats renforcée de deux infirmiers dont Lionel, fut déployée sur une crête qui servait de point de surveillance. Un dispositif fut mis en œuvre, qui laissa Lionel et son chef au cœur du groupe, protégé par les sentinelles qui scrutaient l'horizon malgré l'arrivée rapide de la nuit.

C'est dans le silence de cette nuit qui venait d'envahir monts et vallées que des cris se firent entendre à la chute d'une roquette en plein centre de ce dispositif, aux pieds de nos deux infirmiers, dont l'un, Thibault, devait décéder avant le lever du jour à l'hôpital militaire de Kaboul. Lionel eut une épaule arrachée et des traces violentes d'éclats brûlants sur le corps. Les cris de sa douleur incontrôlable déchiraient le rideau de la nuit noire et résonnaient sourdement dans le cœur de ses camarades occupés à repousser l'attaque des insurgés qui, grâce à une réplique des troupes postées plus loin, n'eut pas d'autres fâcheuses et fatales conséquences.
Lionel et Thibault furent hélitreuillés conscients. Lionel eut même, à ce moment-là, malgré la tristesse visible et la lassitude qui se lisaient sur les visages blêmes de ses copains qui le portaient, un trait d'humour en souhaitant bonne chance à son équipe de rugby favorite.
La longue épreuve commença alors. En premier lieu, il fallut lui dire que Thibault avait succombé à ses blessures peu de temps après sa prise en charge à l'hôpital. Puis lui-même allait être évacué rapidement sur la France après une première série d'opérations et de soins de stabilisation des blessures. L'hôpital de Percy allait être le lieu de son nouveau combat pour lequel il ne disposait pas d'autres armes que la patience et le courage. Il savait déjà, dans sa tête, qu'il ne retrouverait jamais l'intégralité des mouvements de son bras et que, par conséquent, il ne serait plus le même homme, et pour lui, et pour ses proches… Là encore, l'espérance est possible, mais elle a besoin de temps et d'un entourage qui ne lâche pas à la moindre petite déprime. Le cœur de l'homme est infiniment riche…

Des mots pour grandir

Seigneur, mon Dieu sauveur!
Le jour, la nuit, j'ai crié vers toi.
Que ma prière parvienne jusqu'à toi;
Tends l'oreille à ma plainte.

Car ma vie est saturée de malheurs
Et je frôle les enfers.
On me compte parmi les moribonds;
Me voici comme un homme fini,
Reclus parmi les morts
Comme les victimes couchées dans la tombe,
Et dont tu perds le souvenir
Car ils sont coupés de toi.

Tu m'as déposé dans les profondeurs de la fosse
Dans les ténèbres, dans les gouffres.
Ta fureur s'est appesantie sur moi;
De chacune de tes vagues, tu m'accables.

Tu as éloigné de moi mes intimes;
À leurs yeux, tu as fait de moi une horreur.
Enfermé, je n'ai plus d'issue.
Mes yeux sont épuisés par la misère.
Je t'ai appelé tout le jour, Seigneur!
Les mains ouvertes devant toi.

Fais-tu un miracle pour les morts?
Les trépassés, se lèveront-ils pour te célébrer?
Dans la tombe, peut-on dire ta fidélité
Et dans l'abîme, dire ta loyauté?
Ton miracle se fera-t-il connaître dans les ténèbres
Et ta justice au pays de l'oubli?

Mais moi, je crie vers toi, Seigneur!
Le matin, ma prière est déjà devant toi.
Seigneur, pourquoi me rejeter,
Me cacher ton visage?

Malheureux, exténué dès l'enfance,
J'ai subi tes épouvantes et je suis hébété.
Tes fureurs ont passé sur moi,
Tes terreurs m'ont anéanti.

Tous les jours, elles m'ont cerné comme les eaux,
Elles m'ont encerclé de partout.
Tu as éloigné de moi compagnons et amis,
Pour intimes, j'ai les ténèbres.

Psaume 88 (87)

3

La lueur

« Quand reverrai-je, hélas ! de mon petit village
Fumer la cheminée, et en quelle saison
Reverrai-je le clos de ma pauvre maison
Qui m'est une province et beaucoup davantage ? »

JOACHIM DU BELLAY,
Les regrets

Par nature, il semble que la souffrance, toute espèce de souffrance, « tend à donner, à ceux qu'elle atteint, l'impression qu'ils sont inutiles, ou même à charge, sur la terre. Presque inévitablement, il doit (leur) sembler que, dans le grand courant de la Vie, ils sont, par simple malchance, rejetés en marge de ce qui travaille et de ce qui bouge ; leur état semble ne pas avoir de sens ; et il les réduit, dirait-on, à l'inaction, au milieu de l'action universelle [91] ».

Pour autant, même si la souffrance « fait mal » à tous ceux qu'elle envahit, chacun réagit différemment, en fonction de son histoire, son éducation, sa force intérieure et, n'hésitons pas à le souligner, sa foi.

Ainsi, suivant la force de notre « moi intérieur », nous serons plus ou moins bien armés pour entrer dans cet *autre combat* que nous devons engager contre le fléau de la souffrance et son cortège de douleurs. Nous pouvons rencontrer des personnes qui, soumises à un choc plus ou moins important et de quelque nature que ce soit, voient leur équilibre psychologique partir en miettes, ce qui favorise un mal-être plus ou moins profond et déstructurant. Ainsi, des événements, comme le chômage, la perte d'un être cher et bien d'autres choses encore, peuvent susciter une souffrance incontrôlable. La maladie et *a fortiori* le

---

91. Pierre TEILHARD DE CHARDIN, *Sur la souffrance*, éd. du Seuil, 1974, p. 96.

handicap sont de même nature et enfoncent la douleur encore plus loin. Toutes les certitudes et autres sécurités disparaissent, et pour le frère atteint d'une telle désolation, et pour l'entourage, pouvant entraîner la tentation suprêmement cruelle du déni de soi. Nous savons tout cela, nous l'avons vu plus haut et c'est la raison pour laquelle il ne faut pas se laisser noyer par l'ombre fatale qui est une force de mort. Or, la souffrance humaine *exige* autre chose. C'est pourquoi l'espoir doit s'éveiller à la vie. Après l'ombre de la nuit qui se pose, sournoise, sur les fragiles rayons de lumière que la vie ordinaire permet, il y a toujours une lueur nouvelle, fragile, timide, discrète parfois, mais toujours possible, qui se décline souvent en cette question essentielle : « Quel pas je peux faire pour aller un tout petit peu mieux aujourd'hui, ici et maintenant [92] ? » Cette lueur, clarté faible qui éclaire l'esprit, n'est pas encore la lumière véritable à laquelle elle ouvre pourtant un espace et vers laquelle tous les êtres humains tendent leurs mains, leur cœur et leur âme. Cependant, elle est déjà un signe précieux qui permet, petitement, de sécher quelques larmes et de guérir quelques trop fâcheuses et saignantes cicatrices. Qu'elle vienne de la profondeur de soi-même, à force de luttes héroïques, qu'elle émane d'un ami bienveillant, celui qui n'a jamais désespéré, qu'elle naisse d'un exemple réussi de reconstruction humaine, qu'elle soit consécutive à un événement qui a secoué l'esprit ou l'âme – et je ne parle pas ici, ou du moins pas encore, de spiritualité « lumineuse » –, la lueur est à apprécier à sa juste valeur car elle est la porte entrebâillée sur l'espoir nécessaire à toute restructuration humaine globale, cœur véritable de l'*autre combat*. La lueur qui fait briller les yeux différemment est le premier signe tangible d'un « renouveau » attisé par le

92. Alexandre Jollien, *Petit traité sur l'abandon*, Seuil, 2012, p. 59.

désir d'avancer, nonobstant les étendues piégeuses de sables mouvants encore existantes. Sans tergiverser, et en raison même de sa fragilité palpable, elle est à nourrir, à dorloter et à aimer pour la faire grandir encore afin que la route qui s'ouvre – qui ne sera pas la même qu'avant la déstructuration – puisse être aplanie et éclairée, bordée de fleurs d'amitié et d'amour qui ne s'étioleront jamais.

Il faut être certain que rien n'est jamais acquis. Ainsi, il reste à ne jamais oublier qu'une lueur, si précieuse et indispensable soit-elle dans la nuit ténébreuse, demeure soumise aux caprices des aléas et que le moindre souffle venu d'un courant d'air inattendu peut éteindre sa délicate flamme naissante, qui pourra alors paraître tristement éphémère. Courageusement, il restera nécessaire de l'entretenir précieusement pour la voir grandir afin qu'elle devienne, un jour et pour toujours, une véritable lumière qui chasse définitivement des ténèbres inexorablement à l'affût de la moindre ombre car « on ne détruit pas les ténèbres en luttant contre elles, mais en allumant la lumière [93] ». Pour que cette franche lumière, désirée au plus profond de l'*autre combat*, soit allumée et rayonne sur la nuit, il lui faudra autre chose, cet autre chose dépassant les contingences matérielles. Nous l'avons déjà évoqué auparavant et nous le verrons en détail plus loin.

La lueur permet de mettre en place les premières étapes essentielles de la reconstruction humaine pour ceux qui, d'où qu'ils viennent et quel que soit le choc subi, ont connu la désolation avec les affres de la souffrance physique, psychique, psychologique, et parfois – et sans doute – spirituelle. Tous, qu'ils fussent et demeurent blessés par la haine ou la malchance

---

93. Placide Gaboury, *Des pensées pour grandir*, éd. Jouvence, 2004, p. 74.

qui poussent des gens à la misère, ou qu'ils fussent victimes d'accident, de blessures de guerre dont les traumatismes sont à peine mesurables, ou encore ceux, dont le nombre reste inconnu, qui sont tombés dans le gouffre de la blessure psychologique, tous sont appelés, et on doit les y aider, à faire un premier pas vers cette lueur ; elle sera seule capable d'ouvrir l'avenir sur une nouvelle et réconfortante lumière. Il ne s'agit pas de faire croire que toutes les blessures se guérissent, mais de permettre à celui qui souffre de vivre avec ses blessures sans amertume, car c'est bien cette amertume teintée de regrets mal assumés qui sera la source de bien des maux *futurs*.

Les étapes sont longues, parfois douloureuses et parsemées de chutes. Elles seront ponctuées de moments acides de vide et d'angoisse, mais aussi et surtout colorées de moments intenses où la restructuration est en marche. Ces divers stades de progression seront également marqués de petits cailloux blancs balisant le temps nécessaire au réapprentissage de la vie, ce temps qui ne suspendra pas son vol, mais qui, au contraire, sera le creuset patient du relèvement humain recherché et de la consolation désirée.

Nous avons précédemment insisté sur le fait que l'individu est, par définition, un être un et indivisible, son essence – sa nature fondamentale d'être – n'étant pas un corps agrémenté d'un esprit lui-même surmonté d'une âme, mais un tout global, indissociable, raisonnable, intelligent et appelé à la transcendance. La métaphysique grecque, qui sépare le corps et l'esprit, n'a pas sa place ici, de même la médecine qui ne s'intéresserait qu'à l'aspect somatique de la douleur, car il est vrai que « la médecine, en tant que science et en même temps comme art de soigner, découvre sur le vaste terrain des souffrances de l'homme leur aspect le plus connu, celui qui est identifié avec le plus de précision et est relativement le mieux combattu par les méthodes de “réaction” (c'est-à-dire de la thérapeutique). Toutefois, ce n'est qu'un aspect. Le terrain de la souffrance humaine est beaucoup plus vaste, beaucoup plus diversifié, il a de multiples dimensions [94] ». De ce fait, les étapes de restructuration de la personnalité – ou de sa reconstruction – intéressent tous les aspects de l'individualité blessée et doivent rejaillir sur les dimensions horizontale et verticale de l'être humain, être fondamentalement physique, psychique et spirituel, comme nous l'avons affirmé auparavant. Sans vouloir faire un inventaire exhaustif à la Prévert de ces étapes, essayons d'en discerner modestement quelques-unes, arguant du fait qu'on ne peut séparer les unes des autres, tant elles s'entrelacent et s'entremêlent secrètement.

En premier lieu, penchons-nous sur ceux qui, avant de vivre une restructuration de l'esprit et de l'âme qui peut – et dans une certaine mesure, doit – se dérouler en même temps, ont nécessairement et prioritairement besoin de prendre la route, parfois chaotique, de la reconstruction somatique du corps.

1. Les étapes de la reconstruction physique

Elles sont nombreuses et la patience est de mise pour toutes les apprécier. Pour autant, comme l'affirme avec raison Fabien Marsaud, plus connu sous le pseudonyme de « Grand Corps Malade » et qui fut victime d'un accident qui faillit le laisser paralysé [95], il semble que les deux premières années qui suivent la blessure sont primordiales pour tenter de se remettre « debout ». Ces étapes, de la première à la dernière, mais surtout celles des premiers moments, doivent

---

94. Jean-Paul II, *Le sens chrétien de la souffrance humaine*, 1984, n° 5.
95. Cf. Grand Corps Malade, *Patients*, éd. Don Quichotte, 2012.

être soutenues et accompagnées par un personnel compétent, formé pour cela et bien entendu pédagogue, aimant ce qu'il fait et la personne qu'il aide.

Les plus essentielles de ces étapes me semblent être celles-ci : l'acceptation des soins nécessaires avec introduction de corps étrangers dans son organisme, la redécouverte physique de son corps, l'acceptation et la réappropriation de sa nouvelle intégrité physique, le deuil des parties « mortes » et l'apprentissage de nouveaux gestes quotidiens. Cela se fait par la prise en compte du handicap via la médiation du temps, le regard des autres, l'apprentissage de la dépendance et le réapprentissage de l'amour et du respect de soi. De fait, au vu du handicap souvent irréversible, il s'agit davantage, non pas d'*accepter*, mais surtout de « laisser être », pour reprendre le joli mot d'Alexandre Jollien [96], handicapé depuis l'enfance. Comme sous-entendu plus haut, il peut y avoir d'autres étapes selon le cheminement des uns et des autres, mais celles-ci, prenant bien en compte l'aspect somatique, sont le creuset commun de toute réadaptation purement physique.

En général, celui qui a subi un lourd traumatisme physique passe du statut de personne en bonne santé à celui de personne handicapée, communément appelée aujourd'hui « personne à mobilité réduite », ce qui, en aucune manière, n'atténue ou n'efface l'importance du handicap à gérer et à surmonter. Ce constat sémantique est surtout valable pour les accidentés de la route, les accidentés de sports dangereux, les accidentés du monde du travail et, bien entendu, les soldats victimes de blessures de guerre, c'est-à-dire tous ceux qui sont victimes d'un traumatisme soudain, violent, irréparable dans l'instant et nécessitant des soins importants.

---

96. Cf. Alexandre Jollien, *op. cit.*, p. 18.

Après le « réveil » brutal du corps, bien souvent immobilisé sur un lit d'hôpital, bardé de perfusions et autres « réjouissances » indispensables, l'être blessé dans sa chair ne sait encore rien de ce qu'il est « devenu » et de ce qui va advenir de sa corporéité. Son immobilité physique se heurte alors presque instantanément à la violence de son esprit qui s'ouvre à la réalité, quand celui-ci n'est pas lui-même atteint d'un traumatisme neurologique. Effectivement, s'il n'est pas atteint neurologiquement, ce qui aurait d'autres conséquences, hélas, encore bien plus cruelles [97], le blessé va « découvrir » assez crûment et radicalement ce que le dramatique événement, dont parfois il n'a aucun souvenir, a fait de lui. À cette occasion, un jeune soldat blessé déclarait : « J'ai pensé que la vie s'arrêtait ! » Rapidement, il sera en situation interne de révolte, pouvant aller jusqu'au rejet de lui-même, qui, s'il en a la possibilité physique, se traduira par des gestes que l'on peut qualifier de violents et qui s'expliquent aisément, mais sont appelés à être « contenus » par l'entourage, principalement médical à cet instant. Cependant, même accompagné dans sa douleur par ses proches – qui devront être eux-mêmes guidés et soutenus car eux aussi ont connu un choc – et par le corps médical, il restera seul face à la déchirante vérité qui sera davantage le signe de la constatation des dégâts que celui du mal physique qui, lui, sera, heureusement et dans la mesure du possible, sous contrôle thérapeutique et antalgique. Contrairement à un traumatisme purement psychique, il ne pourra *refouler* au fond de sa conscience le constat dramatique de son handicap physique, il devra *accueillir* ce fait irréversible. Cela étant, il est

97. Je n'évoque, dans ce livre, que les blessés qui ne sont pas atteints d'une pathologie neurologique irréversible, car cela supposerait une autre présentation qui n'est pas l'objet premier de ce travail.

clair que la douleur et le ressenti instantané sont la propriété exclusive et non partageable de l'individu blessé. Personne ne peut « se mettre à sa place » et encore moins « comprendre à sa place ». Il faut que la personne accompagnante – d'où qu'elle vienne – soit suffisamment humble et modeste pour s'arrêter aux portes de l'impénétrable et accepter ses propres limites devant les réactions « imprévues » du frère blessé. L'accompagnateur ne sera *jamais* le blessé qui est radicalement « seul » face à son nouveau lui-même. C'est par ses forces seules qu'il devra accueillir et apprendre à aimer ce qui est advenu de lui. Pour ce faire, il faudra qu'il soit « accompagné » pour qu'il découvre en lui ces dites forces.

C'est ainsi que l'entourage familial, amical et professionnel, ainsi que le staff médical ignoré de lui auparavant, sera pour le patient une épaule bienveillante qui saura – *seulement* – accompagner cette souffrance. Il la portera avec lui, mais pas à sa place, non pas dans un élan de désolation, mais avec l'espoir au cœur pour redonner le goût de vivre qui commence par celui de lutter, car il y a – et à mon avis, cela n'est pas *négociable* – une obligation de vivre. Il n'est pas permis d'en douter.

Pour illustrer quelque peu ce propos et rassurer les âmes chagrines qui ne manqueront pas de réagir, souvenons-nous de toutes ces « gueules cassées » de la Grande Guerre, tous ces jeunes soldats victimes d'engins explosifs qui défigurèrent à jamais leurs visages à peine sortis de l'adolescence. Aujourd'hui encore, leur témoignage nous émeut et il peut nous aider. Un grand élan associatif [98] a accompagné ces hommes blessés ayant perdu leur identification sociale primaire qu'est la figure

98. Association « Les Gueules Cassées », créée en 1921 pour venir en aide aux blessés au visage qui sont sans ressources.

devenue impossible à regarder, leur redonnant le goût de vivre, les remettant debout en leur réapprenant à se « re-garder » de nouveau dans un miroir, en face. Mais pour qu'un homme blessé dans sa chair, défiguré, amputé ou paralysé, ose se regarder en face et avoir le cœur apaisé, il est nécessaire que l'entourage – trop souvent handicapé d'amour – ne détourne pas ses yeux et apprenne à regarder aussi avec le cœur. Le premier regard porté par la famille sur le blessé handicapé est souvent déterminant, c'est pourquoi il est indispensable de préparer cet entourage immédiat pour ne pas blesser davantage le cœur de celui qui se trouve déjà bien mutilé. Tout est une affaire d'amour, de vérité et de respect. Nous reviendrons sur la notion de respect au chapitre suivant. Aimer dans la vérité sera l'acte essentiel qui permettra au blessé de « réapprivoiser » son corps, son esprit et son âme, à la mesure de son possible et sur un chemin d'espérance qui n'est pas dessiné d'avance.

Assurément, voir son propre corps mutilé est une souffrance. Celle-ci, « au-delà de la blessure, est atteinte à l'intégrité du corps et au narcissisme du moi ; car un corps normal, en bonne santé, ne souffre pas, et un moi épanoui n'est pas rappelé à l'ordre par ces contingences. La souffrance est révélation de la précarité et de l'imperfection de la nature humaine, pour un sujet qui, jusqu'alors, ne "pensait" pas à son corps, et qui n'avait pas envisagé qu'il puisse devenir objet de préoccupation [99] ». La redécouverte physique du corps victime de blessure est donc un passage difficile irisé de souffrance, mais obligatoire pour sortir de la spirale du narcissisme ancré dans un passé désormais révolu, dont le regret s'exprime par ce cri que j'ai entendu de la part d'un blessé et qui reste tout à fait compréhensible : « Je ne veux pas que les gens aient pitié de

99. Louis Crocq, *op. cit.*, p. 197.

moi. » La nécessaire redécouverte physique, moment délicat s'il en est, nécessite indéniablement un accompagnement compatissant, mais non désespérant. Car le temps sera long.

Un de nos sept cents blessés au combat en Afghanistan qui sont passés par l'hôpital de Percy à Clamart, Raphaël, jeune homme au visage encore enfantin, mais au cœur rendu adulte abruptement, disait qu'il lui a fallu sept mois – et ce n'est pas le maximum constaté, on s'en doute bien – pour essayer de se remettre debout, tout en ayant perdu vingt kilos : « C'est comme ça », soupire-t-il de sa voix à peine sortie de l'adolescence, insistant sur le fait de tenter de « ne pas trop y penser ». Il lui est quand même bien difficile de ne pas y penser alors qu'il voit et porte sa misère corporelle jour et nuit.

De fait, le frère souffrant peut-il faire l'impasse sur sa « pensée », sachant qu'elle est « une » et « unie » au corps, comme les racines d'un arbre à la sève ? Celle-ci, sournoise et patiente, revient à la faveur de la solitude de la nuit, avec ou sans la douleur physique, et ramène parfois au moment avant l'accident ou l'événement qui a tout chamboulé pour le faire revivre dans ce qu'on appelle un « cauchemar de répétition ». Il s'agit là d'un cauchemar de reviviscence au sein duquel la personne blessée revit intensément, non pas comme « subissant » les images, mais comme « acteur », reproduisant la scène traumatogène à l'identique, par des gestes – même pour un handicapé – et des déplacements si cela est physiquement possible. Fondamentalement désagréable, ce cauchemar peut entraîner, par la suite et par crainte d'être revécu, des insomnies pouvant accélérer l'anxiété et retarder la guérison. La personne pourra ainsi se donner tous les moyens de lutter contre le sommeil, restant durant des heures devant la télévision, par exemple, pour ne pas tomber dans ce piège, douloureux pour l'esprit, de la « répétition ». Le chemin sera long avant de sortir de cette spirale destructrice, car ces phases peuvent aussi entraîner une sournoise fatigue ponctuée de maux de tête, une anémie, une peur de soi et une fuite dangereuse dans le déni de soi, toujours à l'affût.

Avant d'espérer, comme Raphaël dont nous avons brièvement évoqué le cas ci-dessus, se remettre debout, ce qui peut prendre plusieurs mois, plusieurs années, voire ne jamais advenir, l'homme blessé dans sa chair, que l'on peut qualifier de polytraumatisé, devra accepter de *partager* son « bien corporel propre » avec des corps étrangers mécaniques. Ceux-là, comme des intrus de métal faits de tiges et de vis, vont habiter temporairement son corps de chair pour le « remodeler » du mieux possible, et je ne parle pas encore de prothèse, ce sera une autre étape.

À ce propos, je me souviens de ce soldat grièvement blessé dans l'explosion de son véhicule blindé, provoquée par un engin explosif improvisé. Ce caporal-chef conduisait son capitaine et un interprète afghan pour ce qui devait être une brève mission de reconnaissance. Le capitaine, marié et père de famille, fut tué, ainsi que le jeune homme afghan. Évacué rapidement sur l'hôpital militaire de Kaboul, Tanguy fut, une fois stabilisé, tout aussi rapidement évacué par avion spécialement affrété vers l'hôpital de Percy, en France. Sur place, en Afghanistan, nous avions régulièrement des nouvelles et nous priions pour lui. Le chirurgien nous disait que ce soldat, heureusement résistant physiquement, allait subir, comme un polytraumatisé, un nombre effroyable d'opérations et allait avoir du mal à remarcher, tellement il était « désarticulé », mais son pronostic vital n'était plus engagé.

Plus de trois ans après les terribles événements, entouré de sa famille – très croyante – qui ne l'a jamais lâché et qui n'a jamais cédé à la fatalité, ce caporal-chef de plus de quinze ans de service recommence à marcher et est venu remercier la bienheureuse Vierge Marie lors d'un pèlerinage militaire international à

> Lourdes. Je rends grâce à ce soldat et à son entourage qui n'ont jamais baissé les armes de la volonté et de l'espérance pour mener à bien cet « autre combat » qui devient, pour tous les autres blessés, un témoignage émouvant et exemplaire affirmant que tout est toujours possible.

Ma misérable et infime expérience sur ce sujet, ridicule à souhait au regard de mes frères grièvement blessés, de l'histoire racontée ci-dessus et de toutes les autres qui lui ressemblent, me dit la difficulté de l'acceptation du handicap. Après un accident de parachutisme, je me suis vu recevoir des « pièces étrangères » en titane dans la jambe droite et jamais je n'ai pu considérer que c'était une partie de moi. Coincé dans mon fauteuil roulant pendant plus de trois mois, j'ai un tout petit peu expérimenté la difficulté de ne plus « être comme les autres », bien que, grâce à l'entourage de ma communauté missionnaire, j'aie eu la chance de pouvoir « aller de l'avant ». Aujourd'hui debout, mais pas « intègre », je mesure pleinement la nécessité de l'accompagnement amical pour une guérison « interne et externe » plus rapide. Le handicap physique consécutif à cet accident de parcours, lui aussi ridicule, m'empêche juste de courir et m'oblige à faire attention en marchant, sous peine de me remettre à clopiner avec des béquilles ou de marcher avec une attelle. Ainsi, il me rappelle que je ne suis plus totalement le maître de mon corps, qui a vu, pour arriver jusqu'à ce jour, perfusions, drains et autres bizarreries médicales s'atteler à le remettre debout.

J'imagine donc, un tout petit peu, outre le fait qu'il s'avère nécessaire à l'entourage d'*être là* depuis le début, le traumatisme psychique de ces jeunes gens qui, à leur réveil sur un lit d'hôpital, constatent que leurs membres sont attelés de ferrailles monstrueuses, quand ce n'est pas leur tête ou leur poitrine ou même tout leur corps devenu comme une « nature morte ». « Humiliation plus élémentaire : le corps humilié. Allongé, incapable, dévêtu, vêtu du pyjama de l'hôpital. Planté d'aiguilles. Prolongé de tuyaux, de sondes, d'engins divers. Cloué… L'inquiétude, l'humiliation, la dépendance. Voici qu'on dépend totalement d'autrui. Pour survivre. On est entre les mains des médecins, des infirmières, des aides-soignants. Livré [100]. » Il y a là, indéniablement, un choc psychologique qui peut provoquer un désordre psychopathologique certain s'il n'est pas tout de suite accompagné. Accepter tout cela, c'est-à-dire ce qu'on est « devenu », ne se fait pas du jour au lendemain. Pourtant, avec de l'aide et un soutien sans faille, il sera *nécessaire* pour le frère blessé d'y parvenir…

La reconstruction physique passe encore par une étape douloureuse primordiale. Il s'agit, sans doute, de la plus délicate et de la plus difficile à accompagner : le deuil de la partie de son corps « morte », « disparue » ou même atrophiée. Benjamin, un de nos jeunes soldats blessés déclarait : « J'ai fait le deuil de ma jambe, de mon passé, et je vais de l'avant. » Comment, lorsqu'on a vingt ans, que l'on est en pleine santé et en bonne forme physique, accepter, après un accident de circulation ou une blessure de guerre [101], de vivre « handicapé à vie » pour « aller de l'avant », avec, dans le meilleur des cas, un membre en moins et dans le pire des cas, une incapacité à se mouvoir librement ? Comment « sortir » de ce passé où tout était « parfait », ce passé que l'on ne retrouvera jamais, pour vivre le présent et préparer l'avenir, tel qu'il sera ? Cette gestion psychique du constat physique est nécessaire pour une

100. Maurice Bellet, *op. cit.*, p. 19.

101. Les blessures provoquées par des engins explosifs improvisés (IED) ou des roquettes s'avèrent être les plus importantes, avec des fractures complexes qui demandent des séjours d'hospitalisation assez longs.

reconstruction sereine. Cela ne se fait pas sans heurts ni sans exemple. On peut citer, nonobstant ses problèmes judiciaires, ce jeune sportif sud-africain, Oscar Pistorius, amputé des deux jambes et capable, avec ses prothèses ultra modernes, de rivaliser avec des coureurs valides et de les battre. Citons aussi le formidable Philippe Croizon, ce Français privé des quatre membres et capable de nager dans des eaux qui ne sont pas forcément accueillantes, même pour un nageur valide confirmé. Comment ne pas penser encore à ce jeune sergent de notre armée, amputé d'une jambe, qui veut retrouver sur les pistes de ski les sensations qui étaient les siennes lorsqu'il était valide ? Ces personnes, et bien d'autres encore (il suffit de regarder les jeux paralympiques !) sont les moteurs pour tous les anonymes qui, eux aussi, réussissent des prouesses malgré un handicap profondément invalidant.

Une chose est sûre : pour faire le deuil de la partie « morte », le blessé devra accepter d'avoir mal, c'est-à-dire qu'il lui sera nécessaire d'accepter de se mettre en face de sa douleur, de l'affronter pour la vivre car elle fait, désormais, partie de lui. Un de nos frères blessés disait : « La blessure, c'est l'épreuve, mais l'essentiel est de la dominer. » Ce combat, car c'en est bien évidement un, lui permettra, petit à petit, de comprendre que le bonheur ne consiste pas à refuser le malheur, mais à l'intégrer quotidiennement avec la douleur, les regrets et les manques. Sans cette étape difficile et qui fait mal comme une station de Chemin de Croix, la vie n'est pas « vraie ». Fuir douleur, regrets et manques au lieu de les *accepter* est une erreur qui peut être lourde de conséquence, puisque la personne nouvellement handicapée ne vivra plus pour elle-même, mais pour une chimère, par définition inatteignable. Vivre avec la douleur, connaître ses regrets et ses manques, sans s'y morfondre, permet ce combat indispensable et indissociable d'une reconstruction physique qui, ainsi, avance vers l'objectif du bonheur toujours possible, à coups de petites victoires quotidiennes.

Cependant, avant d'en arriver à cette rééducation corporelle élémentaire, la médiation du temps est indispensable et une nouvelle connaissance physique de son corps s'impose. Le blessé devra apprendre à vivre avec ce qu'il est, désormais. Il devra, d'une certaine manière, réapprendre à vivre car tout ce qu'il a connu auparavant se trouve transformé, y compris les relations sociales et familiales, bien qu'il s'agisse d'une étape qui viendra ensuite.

Il est un fait indiscutable, point de départ à ne pas négliger, et nous l'avons déjà souligné : la préoccupation du blessé se centre prioritairement sur sa lésion physique, ce qui peut faciliter d'une part le soin et d'autre part le deuil. Viendront ensuite la gestion psychique (comment assumer ce « nouveau » corps) et la gestion psychologique (comment vivre avec, jour et nuit). Cette logique préoccupation somatique est un atout à exploiter, dès les premiers instants de la prise de conscience, par le blessé, de son « état ». Il sera donc important que le patient connaisse la réalité de sa nouvelle structure physique. Le corps médical (dans son ensemble, y compris en psychiatrie) devra savoir mettre des mots sur les maux car, même si elle fait « mal » de prime abord, la parole entendue, dans la mesure où elle restera *vraie*, sera « libératrice » et cassera le cocon du faux espoir en balisant le chemin de l'avenir toujours possible.

À la suite de ce deuil des « parties mortes », viendra, plus tard, le temps complémentaire de l'apprentissage de nouveaux gestes quotidiens, soutenu notamment par l'ergothérapeute, et souvent conditionnés par le port d'une prothèse. Moment aussi difficile que le deuil : il sera ponctué de petits pas et de grosses chutes, de pleurs et de joie, de rage et de désespoir, de défaites et de victoires, un peu comme une vie en miniature où tout est à (ré)apprendre.

Se déplacer, s'asseoir, se coucher ou se lever, se laver, aller aux toilettes, s'habiller, s'alimenter, écrire, ouvrir une porte et bien d'autres gestes de la vie quotidienne deviennent compliqués, voire quasi impossibles. S'approprier une prothèse de la main, du bras ou de la jambe pour se réapproprier l'intégralité de son corps peut être un combat bien plus difficile que ce que le soldat avait imaginé ou une course bien plus périlleuse et sinueuse que ce que le pilote de moto avait pu concevoir.

Comme il n'y a pas deux individus complètement identiques, il n'y a pas, non plus, de prothèses faites à la chaîne. Chaque blessure unique entraîne une unicité de la prothèse, c'est pourquoi cette dernière devient, non pas un accessoire appelé à remplacer quelque chose de perdu et dont l'utopique chimère secrète serait de retrouver dans l'intégrité, mais il s'agit bien d'une partie du corps, appelée à demeurer totalement indissociable de lui. Ainsi, comme le nourrisson apprend à marcher ou à se servir de la mobilité de ses mains, le patient handicapé qui reçoit une prothèse devra apprendre lui aussi, comme un petit enfant qui découvre ses possibilités mobiles. La prothèse appartient au corps au même titre que le reste. « Ma prothèse fait désormais partie intégrante de moi, ce fut comme une renaissance quand je l'ai utilisée pour la première fois », précise Marc, grièvement blessé en Afghanistan en 2011. Un autre blessé, montrant sa prothèse, dit : « Je dois réapprendre à vivre avec "ça". » Même si ce n'est pas le membre primitif, la prothèse, initialement objet passif destiné à faciliter la reconstruction physique, devient un composant actif du corps indissociable de l'ensemble, une fois qu'elle a été apprivoisée et domptée.

On peut essayer de tracer un parallèle avec tous nos frères polytraumatisés qui, en raison d'un état paraplégique, ne pourront pas bénéficier d'une prothèse et seront, pour ceux dont les membres inférieurs resteront immobiles, obligés de se déplacer en fauteuil roulant. Pour eux également, ce fauteuil, qu'ils ont apprivoisé avec le temps, parfois dans la douleur et les larmes puisque étant le dernier « recours », est devenu, par la force mentale et la sueur de leur front, une partie d'eux-mêmes qui leur « colle à la peau ». Et je reste, encore une fois, en admiration devant ces athlètes qui défendent vaillamment, dans bon nombre de disciplines, les couleurs de leur pays aux jeux paralympiques (mais pas seulement), illustrant noblement – et même fièrement – ce chemin de la possible espérance qui ne déçoit pas. Je reste encore fasciné par la dextérité et le talent avec lesquels certains de ces athlètes jouent au rugby paralympique sur des fauteuils qui, de fait, font partie d'eux-mêmes. Et je n'oublie pas tous les autres, filles et garçons, qui sont fiers de représenter leur pays, dans des disciplines aussi variées que l'escrime ou l'athlétisme ; ils ont fait de leur handicap un moyen de dépassement personnel extraordinaire. Dans la partie de ce livre nous présentant une certaine « lumière », nous aurons une petite illustration de cela par l'un ou l'autre de ces merveilleux athlètes exemplaires, ainsi que par l'un des surfeurs victimes de requin dans les eaux de l'île de la Réunion. De plus, en annexe, nous lirons avec intérêt le témoignage poignant de Djamel, un sergent-chef porteur d'espérance et de joie, sportif paralympique et entraîneur pour les militaires handicapés, écrit sous la forme d'une « lettre ouverte » adressée à ses frères blessés.

Le temps demeure le médiateur indispensable et parfois intransigeant pour se reconstruire et (re)faire un avec son corps. C'est lui qui, dans un premier temps, fait prendre conscience de la « vérité » qui éclate au grand jour : « Même si après, ça se répare, plus ou moins bien, l'intégrité est atteinte, il y a coupure, blessure, panne, dysfonctionnement [102]. »

Du côté militaire, on l'imagine et je l'ai déjà évoqué plus haut, de nombreux moyens ont été mis en place pour accompagner le soldat blessé depuis l'instant de sa blessure, ou du moins sa première prise en charge sanitaire, jusqu'à sa réinsertion au sein de son unité – s'il le peut – et de sa famille. Cette chaîne de solidarité mise en place mêle dans un seul cœur, au service du blessé, structures institutionnelles et acteurs privés et associatifs. Ainsi, entre l'enceinte militaire d'appartenance [103] et l'Office National des Anciens Combattants et Victimes de Guerre (ONACVG), s'activent entre autres les différentes cellules d'aide aux blessés des différentes armées, l'Action Sociale des Armées, la Direction des ressources humaines de la Défense, les associations comme Terre Fraternité et Solidarité Défense, le Centre Sportif de l'Institut National des Invalides (CSINI) et bien d'autres encore, sans oublier les structures hospitalières et les établissements de rééducation fonctionnelle qui font un travail remarquable, aussi bien dans les soins que dans le suivi, ni bien entendu, l'Institution nationale des Invalides, véritable maison de soins et d'accueil en long séjour [104].

---

102. Maurice Bellet, *op. cit.*, p. 43.

103. Avec sa cellule d'aide aux familles, son officier « environnement humain », ses aumôniers, ses assistantes sociales et la présence indispensable des camarades « frères d'armes ».

104. Cette structure, voulue par Louis XIV et confiée à ses débuts aux prêtres et aux Filles de la Charité de saint Vincent de Paul, accueille aujourd'hui des grands blessés, des victimes de guerre militaires ou civiles. 60 % des pensionnaires actuels sont, d'après le général Bruno Cuche, Gouverneur des Invalides, des victimes de la Seconde Guerre mondiale, le reste étant pour les blessés des conflits plus récents (depuis l'Indochine jusqu'à l'Afghanistan).

Une autre structure d'aide a été initiée, via le soutien de l'association « Les gueules cassées », celle-là même qui a aidé de nombreux vétérans défigurés de la Grande Guerre à avancer pour reprendre place dans leur famille et dans la société [105]. Cette structure moderne et novatrice, voulue et tenue par le service de médecine physique et de réadaptation de l'hôpital d'instruction des armées de Percy, est un appartement thérapeutique mis en place au profit des blessés – et handicapés – en voie de réinsertion, ayant pour objectif le réapprentissage des gestes quotidiens et de la vie en société après un long temps d'isolement médical et de solitude familiale. Cet appartement, créé en 2010 au sein du complexe hospitalier de Percy et ouvert aussi à des blessés qui ne sont pas des ressortissants militaires, « permet de placer dans un lieu de vie les patients en situation de handicap – notamment les blessés de guerre – afin d'évaluer leur autonomie et de mieux préparer le retour à leur domicile [106] ». Les exercices qui y sont pratiqués, au bon soin de l'ergothérapeute, permettent à tous les patients, y compris ceux qui sont atteints de pathologies neurologiques ou de traumatismes crâniens pensés comme réversibles, de se « réapproprier » le quotidien ordinaire. Il s'agit donc d'améliorer la mobilité, la préhension, la vigilance, la mémorisation, tout en motivant la volonté et en développant un nouvel esprit logique dans l'économie physique perçue comme indispensable, en vue de la réalisation de certains gestes devenus plus difficiles et moins élémentaires qu'avant le traumatisme. Par exemple, note l'ergothérapeute Marine Josse, « si le patient souffre d'un handicap à une main, on lui donnera à éplucher

---

105. Voir *supra*, ce même chapitre. On peut lire à ce propos le livre de Marc Dugain, *La chambre des officiers*.
106. Médecin en chef Éric Lapeyre, hôpital de Percy.

des légumes afin de visualiser la façon dont il va procéder. Cela nous permettra de mieux le diriger ensuite ».

In fine, le passage dans cet appartement thérapeutique, formidable outil de rééducation fonctionnelle qu'il faudrait développer, permet au patient en voie de réinsertion familiale et sociale, avec l'avis d'un spécialiste en ergothérapie fonctionnelle et le soutien d'une assistante sociale, de faire des choix pratiques et adaptés d'une manière technique pour (ré)aménager son lieu de vie habituel, permettant, dans une seconde étape, à la famille de continuer à soutenir celui qui, dorénavant, sera handicapé à vie. À ce propos, on étudiera la possibilité de mettre par exemple des poignées ergonomiques sur les portes, des plans de travail et des placards de cuisine réglables en hauteur, un lit médicalisé, des toilettes aménagées, de réaménager le rez-de-chaussée pour éviter de prendre l'escalier et beaucoup d'autres choses encore. Hélas, et ce n'est pas le moindre des soucis, ces projets, dont la réalisation s'avère indispensable, peuvent se heurter au coût et aux aides insuffisantes pour leur mise en œuvre, et là démarre parfois un autre chemin de croix bien long.

Malheureusement, et loin s'en faut, en dehors des maisons d'accueil spécialisées (et médicalisées) créées principalement par des organisations non gouvernementales [107], peu de structures adaptées existent en milieu civil. Il n'est pas rare de constater que les polytraumatisés physiques, qui se remettent d'accident grave ayant entraîné un handicap, n'ont pas d'autre choix que celui de rester longuement en hôpital, suivant des

107. Citons les maisons fondées par l'Ordre de Malte France comme la Maison Saint-Jean-de-Malte à Paris, la Maison Saint-Jacques à Montégut dans le Gers, la Maison Saint-Jean-de-Jérusalem à Rochefort, en Charente-Maritime et la Maison Sainte-Élisabeth à Fontaine Française en Côte d'Or.

séances de rééducation moins sophistiquées et donc plus difficilement profitables. Et je n'évoque pas, ici, la prise en charge financière qui n'est pas à la hauteur des besoins et qui peut ajouter le handicap du découragement pur et simple chez celui qui se trouve déjà bien isolé dans sa blessure.

Bien souvent, la rééducation fonctionnelle et la reconstruction humaine qui s'ensuit sont pleinement assumées et assurées par les familles qui se retrouvent bien seules face à la lourdeur de l'accompagnement quotidien exigeant un investissement global (de temps et de moyens) à long terme. Cela peut avoir pour fâcheuse conséquence de mettre dans la tête du blessé, encore souffrant physiquement, le sentiment d'être inutile en étant devenu un « poids mort » et de le conduire à entretenir des pensées contraires à tout désir de guérison. Souffrance physique encore présente et souffrance psychique non maîtrisée entraînent indubitablement une souffrance psychologique qui trouve un terreau favorable pour ouvrir ses griffes dépressives qui peuvent aller, il faut le réaffirmer, jusqu'à appeler la mort. Et il n'est pas forcément utile de s'étendre sur le fait connu de tous que « la souffrance apporte avec elle une dimension existentielle, celle de l'être souffrant, porteuse de doute quant aux valeurs de la vie [108] ». Si nous voulons vivre et construire une société digne de ce nom, il nous faut donc porter le souci de tous ceux qui ne peuvent plus, notamment en raison d'un handicap arrivé d'une manière violente – mais ceci est finalement valable pour tous les handicaps –, subvenir « normalement » à leurs besoins et nécessités contingentes. L'appel à la mort n'est pas une solution, mais un constat d'échec dû, souvent, au fait que la personne handicapée pense avoir « perdu » sa dignité et sa

108. Louis Crocq, *op. cit.*, p. 198.

raison de vivre, se retrouvant entourée de personnes qui se lamentent plus qu'autre chose, troublant ainsi son esprit déjà bien meurtri. À ce propos, il n'est pas inutile de rappeler que « le respect de la personne humaine implique celui des droits qui découlent de sa dignité de créature [109] », le premier de ces droits étant fondamentalement le droit à la vie.

À ce niveau-là de ma pensée, en tant que croyant, et après l'avoir effleurée en introduction, il me semble opportun de cerner quelque peu cette notion de « dignité » qui se balade chez nos contemporains avec, souvent, une définition tronquée. Si la vie devient souffrante ou affaiblie par le handicap, perd-elle sa dignité ? Y a-t-il un « degré » dans la dignité de l'homme ? Ces questions, et bien d'autres, font l'objet de nombreux débats dont les réponses erronées feraient croire que l'homme peut être considéré comme un objet qui perd de sa valeur avec le handicap, mais c'est la même chose avec la vieillesse.

Il nous appartient de rappeler quelques fondements sur lesquels se baser. Il est évident de réaffirmer – l'Église le fait – que la dignité est une qualité liée à l'essence même de l'homme. Une vie humaine garde *toute* sa valeur quelles que soient ses blessures, et cela jusqu'au dernier souffle. Inaltérable, la dignité est donc la même pour tous et n'admet pas de degré. Quelques écoles de philosophie grecque, notamment celle des Stoïciens, enseignaient déjà sensiblement la même chose, même si certains jaugeaient la dignité à l'aune de la capacité à progresser dans la raison. Les Romains liaient cette notion à celle des convenances sociales, particulièrement la noblesse. La philosophie chrétienne, méditant sur le Christ qui, de riche du Ciel qu'il était, se fait pauvre parmi les pauvres, affirmant ainsi leur *parfaite* dignité, a fait un pas de plus. Les « ordres

---

109. *Catéchisme de l'Église catholique* (CEC) § 1930.

hospitaliers » comme l'Ordre de Malte, par exemple, parlaient de cette dignité du pauvre qui exige, au nom de sa « noblesse » reçue de l'Incarnation du Seigneur, un service des pauvres à la hauteur de l'enjeu, l'*obsequium pauperum* qui renvoyait à une véritable dépendance vassalique [110]. Innée à tout homme, la dignité exige donc pour *tout homme* et pour chacun un respect inconditionnel, quels que soient l'âge, le sexe et, en ce qui nous concerne, l'état de santé, qu'elle soit physique ou mentale. Le mot « dignité » va donc plus loin, d'une part, que la notion laïque antique de « fonction éminente exercée dans la société » et, d'autre part, que « l'unique respect de la liberté humaine » nonobstant le respect de la vie sensible et souffrante, comme le défendait le philosophe Kant, par exemple, contrant ainsi la pensée chrétienne [111] qui, quant à elle, place la dignité humaine à un degré encore plus noble qu'il est bon de rappeler ici : « L'aspect le plus sublime de la dignité humaine se trouve dans cette vocation de l'homme à communier avec Dieu [112]. » C'est cette différence de compréhension entre la pensée chrétienne, affirmant que la dignité recouvre *tout* l'homme, et la pensée laïque, certifiant que cette

---

110. Cf. Mgr Alain Planet, revue *Hospitaliers*, n° 144, magazine de l'Ordre de Malte France, octobre 2012, p. 16.

111. Dans sa *Critique de la raison pratique*, Emmanuel Kant (1724-1804), philosophe allemand ennemi de la théologie rationnelle, affirme que la dignité est la capacité d'agir librement et moralement, ne tenant pas compte du respect dû à la vie « sensible ». C'est la pensée que l'on retrouve aujourd'hui dans notre société où la notion de « vérité subjective » a pris le pas sur celle de la « vérité objective », mais elle se heurte à quelques écueils comme par exemple les situations de coma, alors que la dignité, vue par l'Église, englobe la notion du respect total de l'être humain, y compris sa vie physique et mentale, même quand celle-ci se dégrade.

112. Vatican II, *Gaudium et spes*, 19, § 1.

dignité n'est liée qu'à la *liberté de conscience* de l'homme, qui se retrouve aujourd'hui dans la lutte sur le « droit de mourir dans la dignité » opposant ces deux courants. Ainsi, ce que déclarait Descartes est poussé à son paroxysme : son « Je pense donc je suis » signifie que c'est uniquement parce que je pense que j'existe ; donc, si je n'ai pas la capacité de penser, je ne suis pas « digne » d'exister. Il peut en découler le rejet de toute personne en incapacité de « penser », ce que dénonce l'Église. Redisons encore que pour nous, chrétiens, la dignité ne s'acquiert pas, elle n'est pas une faculté intellectuelle, mais elle est innée à la personne humaine, même si celle-ci est handicapée mentale. Il nous faut donc « combattre » une certaine frange de la société, attisée notamment par la pensée franc-maçonne pour qui la dignité s'acquiert davantage par la raison. Il nous faut « combattre » cette idée faussement taxée de *libératrice* – comprise comme émancipée du carcan religieux jugé emprisonnant – qui consiste à avoir le culot de « décider » en son âme et conscience de tout, comme par exemple de définir qui a le droit de vivre en tuant les embryons susceptibles d'être atteints de la Trisomie 21 ou encore de décider du moment de la mort, surtout si celle-ci est précédée d'une décrépitude physique.

Cette foi chrétienne, qui a façonné nos siècles occidentaux, avant la dévastation entreprise par ceux que l'on appelle pompeusement les « philosophes des Lumières », serait vraiment à redécouvrir en profondeur pour que cet important débat sur la « vie » – à ses débuts comme à son terme – soit juste et objectif. À ce propos, j'aime beaucoup cette réflexion de Teilhard de Chardin qui semble, en cet instant, nous éclairer :

> « Par nature, par complexion, les souffrants se trouvent comme chassés hors d'eux-mêmes, poussés à émigrer hors de formes présentes de la Vie. Ne sont-ils pas, dès lors, par le fait même,

prédestinés, élus, pour le travail qui consiste à faire s'élever le Monde au-dessus de la jouissance immédiate, vers une lumière toujours plus haute [113] ? »

Si donc les handicapés et autres grands souffrants de notre terre peuvent transformer – spirituellement, on dirait « transfigurer » – le cœur des bien-portants en changeant en eux l'image erronée qu'ils ont de la Vie – c'est ce que font, dans leurs domaines respectifs, des associations comme *l'Arche* de Jean Vanier ou la *Fondation Lejeune* –, il nous reste à affirmer qu'un catalogue de défis ouvre ses pages devant nos yeux dont les écailles sont tombées.

Il y a donc énormément de travail à faire, comme par exemple (non exhaustif) des nouveaux modes de « partage » essentiels et existentiels à développer, des priorités – qui vont coûter cher, c'est une évidence – à affirmer, peut-être des institutions à créer, mais aussi des élans de solidarité à inventer, des messages à transmettre, des exemples à mettre en évidence... Rien n'est figé et beaucoup reste à faire si nous voulons faire résonner haut et fort le troisième mot de notre devise française.

Une chose qui ne coûte rien, mais qui rapporte beaucoup, est l'amour que l'on doit apporter à ceux qui souffrent pour qu'ils arrivent à avoir davantage de respect d'eux-mêmes dans leur handicap, en l'assumant pleinement. Placer l'amour au-dessus de tout certifie que la personne humaine est au centre des préoccupations dans le respect d'elle-même, de ses étapes de reconstruction, de son bien-être au sein du bien commun et donc, au final, de sa vie. Cela dépasse l'ordre de la naïveté puisque toutes les dimensions de la personne sont prises en charge, y compris la protection de sa dignité, la défense de ses droits et l'accompagnement humain et spirituel.

113. Pierre Teilhard de Chardin, *op. cit.*, p. 103.

Voici, en illustration, quelques mots de celui qui a inspiré le film *Intouchables* réalisé récemment, Philippe Pozzo di Borgo :

> « C'est le privilège du handicapé de ne pouvoir survivre dans le regret et la nostalgie, ni de planifier l'avenir, tant notre condition est précaire. Nous vivons dans l'instant et nous nous réjouissons d'une rémission momentanée de notre inconfort. Nous ne sommes pas happés par le bruit, l'agitation, nous sommes disponibles aux autres… Cet horizon restreint est celui du handicapé… J'ai découvert à l'hôpital un monde que je n'avais jamais regardé de très près comme valide, celui de la souffrance. … Maintenant crucifié sur mon lit, j'imagine la cohabitation d'une humanité marchante et d'une humanité couchée. Mais je ne peux contribuer, par cette nouvelle richesse, au monde des "debout" que si ceux-ci me donnent mon existence par leur regard, leur attention. J'ai besoin de leur consolation (du latin "maintenir entier, intègre"), pour vivre et les aider [114]. »

À travers ces mots chargés d'émotion, chacun peut percevoir que seule la rencontre guidée par l'amour peut porter la personne blessée dans sa chair à la réconciliation avec son corps, à la reconstruction humaine totale et *in fine* au bonheur auquel tout le monde aspire.

Sortir du « rêve de l'idéal perdu » est le défi, l'*autre combat*, que doivent relever ceux qui, un jour, sont tombés et qui auront du mal à se relever seuls.

2. Les étapes de la reconstruction psychique

En amont de cette partie, arrêtons-nous un instant sur le sens des mots. Le mot « psychisme » peut être employé à tort et à travers si l'on ne le cerne pas un peu de près. L'adjectif

---

114. Philippe Pozzo di Borgo, revue *Hospitaliers*, n° 142 (3/2012), p. 8.

« psychique » né de ce mot peut renvoyer à des synonymes tels que « intellectuel », « mental », « moral » ou encore « psychologique ». C'est une espèce d'adjectif fourre-tout et tellement vague qu'il en devient incompréhensible.

Revenons longtemps en arrière pour nous amuser à retrouver, pure comme le cristal, la source de notre mot, ce qui nous permettra, me semble-t-il, de ne pas nous égarer dans les méandres de l'incompréhension.

Dans la mythologie grecque, on raconte ceci :

> Un roi a trois filles. Parmi elles, Psyché est la plus belle. La déesse de la beauté, Vénus, en prend ombrage et charge son fils Eros de la venger. Il en tombe amoureux, mais Psyché n'aime personne, si bien que son père la livre à un monstrueux serpent ailé. Eros l'enlève et s'unit à elle dans le noir, sans se faire voir. Curieuse, Psyché veut voir son visage. Profitant du sommeil d'Eros, elle le contemple et par mégarde laisse tomber sur lui une goutte d'huile qui le réveille et le pousse à s'enfuir pour ne jamais revenir. Désespérée, elle ne sait à qui confier sa peine et se livre comme esclave à Vénus qui lui donne des tâches ingrates et difficiles à réaliser. Eros porte l'affaire devant Jupiter pour demander justice. Le dieu cède et décide d'unir les deux amants en donnant l'immortalité à Psyché.

Psyché est bien plus qu'un miroir dans lequel l'orgueilleux aime se contempler. Elle est devenue, malgré elle, le symbole de l'âme en quête d'idéal. Elle a donné à notre dictionnaire le mot « psychisme » et tous ses dérivatifs si nombreux. Ainsi, aujourd'hui, notre adjectif « psychique » renvoie-t-il à tout ce qui concerne l'*esprit* – conscient ou inconscient – et la pensée qui découle de lui. Le mot « psychisme » renvoie, quant à lui, à tout ce qui *définit* la vie psychique.

En ce qui nous concerne, il s'agit donc, d'une certaine façon et en prenant un brutal raccourci, de la gestion mentale du traumatisme physique. Si celle-ci se fait dans de bonnes conditions, ou tout du moins dans les meilleures conditions possibles, elle pourra alors déboucher sur un nouvel équilibre humain, avec une reconstruction réussie. Si, au contraire, et fort malheureusement, cette gestion mentale ne peut assumer le traumatisme, cela entraînera une « déficience » *psychologique* qu'il faudra alors accompagner pour la soigner à sa juste mesure. Entendons l'adjectif « psychologique » comme la gestion du psychique ; un traumatisme ainsi qualifié est donc une pathologie qui « dérègle » le sujet qui en est victime et, par nécessité, exige des mesures de « soins ». En tout état de cause, la personne qui subit un traumatisme, suite à la découverte de son état physique devenu amoindri par un handicap, et qui apprend l'irréversibilité de ce dernier passe généralement par les états psychologiques suivants, définis ci-après par le docteur Élisabeth Kübler-Ross [115], par ailleurs spécialiste de la gestion du deuil dans tous ses états :

– La sidération : « Ce n'est pas possible, ils se sont trompés » ;

– Le déni : « C'est invraisemblable ce qui m'arrive ! » ;

– La révolte : « Pourquoi moi ? Qu'est-ce que j'ai fait de mal ? » ;

– La dépression : « Je suis fichu, il n'y a plus rien à faire » ;

– Le marchandage : « Et si je faisais ceci ou cela ? » ;

– L'acceptation : « Je dois regarder la réalité en face, et vivre avec… »

Le plus dramatique et le plus inquiétant est sans doute l'état de dépression qui peut entraîner une désolation très lourde et retarder considérablement la guérison psychique. Nous savons, en effet, que la dépression, cet état ténébreux qui masque toute lumière, entraîne une grande fatigue de

115. Cf. *Simples questions sur la vie*, p. 94.

l'organisme, des insomnies à répétition, une perte du désir, de la vitalité et d'intérêt pour les activités et l'entourage, un déni de soi dans l'alimentation et la toilette, amenant à un enfermement sur soi stérile et qui peut être fatal.

Ce qui est sûr, c'est qu'il se passe « toujours » une gestion mentale plus ou moins longue après un événement que l'on peut qualifier de déstructurant, comme par exemple – et c'est un des sujets de ce livre – un traumatisme physique handicapant. Généralement, dans un premier temps, on observe chez le frère atteint somatiquement une certaine difficulté à gérer *l'après*-événement : « On est isolé, on ne peut plus faire comme les autres », soupirait un soldat blessé. L'acceptation de ce que la personne blessée est devenue *après* doit se faire d'une manière positive, que ce soit à coup de « defusing », de « débriefing [116] » ou de toute autre façon, mais cela demeure indispensable pour la suite de sa vie. Il ne s'agit en rien d'une capitulation, puisque « c'est un détachement qui enveloppe à la fois une dimension de progrès et d'abandon [117] ». Cependant, cette difficile gestion post événementielle ne concerne pas uniquement les personnes victimes de chocs physiques violents. On observe que celle-ci peut être également consécutive à un autre fait déstructurant tel un choc émotionnel important et violent, comme une perte d'emploi non prévue, un divorce houleux, un deuil soudain et non préparé ou un événement stressant auquel l'organisme n'est pas accommodé, tel un accident évité de justesse, ou la misère consécutive à un conflit armé, ou bien encore une catastrophe naturelle

116. Le *defusing* est une intervention de soutien psychosocial quasi-immédiate, tandis que le *débriefing* est une discussion « à froid ». Nous y reviendrons dans le chapitre suivant.
117. Alexandre Jollien, « Mon combat joyeux avec la vie », revue *Panorama*, n° 459, novembre 2009, p. 18.

qui secoue l'environnement immédiat [118]. La difficulté est, bien entendue, largement aggravée si plusieurs de ces facteurs déstructurants sont en jeu.

Dans le monde militaire

Il est heureux que, depuis maintenant un certain nombre d'années, la hiérarchie militaire ait pris en compte ce que, depuis les années 80, la médecine militaire nomme « les troubles de stress post-traumatiques » connus sous l'acronyme PTSD [119] par les spécialistes. Ces troubles, consécutifs à une situation *anormale* pour un être humain, le combat purement belliqueux, prouvent, s'il en est besoin, que *personne* n'est suffisamment préparé pour affronter un tel événement déstructurant et indigne de l'homme. Ce n'est pas le gilet pare-balles qui protège l'esprit, et pas davantage l'âme. Certes, les militaires sont *théoriquement* préparés aux conséquences du combat armé car on leur parle de sa situation stressante. Mais ce n'est pas si simple que cela et le traumatisme n'est jamais loin, surtout quand des choses affreuses, comme les charniers, les exactions, les attentats-suicide pour ne citer qu'eux, se greffent sur les souvenirs déjà bien lourds de ces moments de combat intrinsèquement déstructurants.

D'après Louis Crocq, ancien médecin psychiatre aux armées et éminent spécialiste des *trauma* de guerre, il existe trois types de facteurs, dénommés par lui « facteurs stressants

---

118. « Une fois pansées les blessures physiques, demeure toujours pour les rescapés, mais aussi pour leurs proches, une intense souffrance psychique : frayeurs, angoisses, pleurs, insomnies et cauchemars, reviviscences visuelles et auditives de l'événement traumatisant. » Dr Christian Navarre, *Psy des catastrophes*, Imago, 2007, page de couverture.
119. PTSD : Post Traumatic Stress Disorder.

du combat », conséquences du fait belliqueux, pouvant conduire à un traumatisme qu'il sera indispensable de traiter. Ces facteurs sont qualifiés de *physiques*, *psychologiques* et enfin *psychosociaux* [120].

Parmi les premiers, on peut citer, sans prééminence de l'un par rapport à l'autre, le bruit des détonations environnantes avec leur souffle particulier, la fatigue physique consécutive au manque de repos et à la perturbation du rythme quotidien, et encore la diminution ou la privation de nourriture et de boisson.

Parmi les deuxièmes facteurs, citons par exemple l'appréhension logique et profondément humaine du combat, la peur de la mort et de la blessure, la vue des effets néfastes de la guerre sur les populations, la surestimation (ou la force réelle) de l'ennemi, le manque de confiance en soi, en son chef et dans l'arme, les soucis personnels qui jaillissent d'une manière très personnelle en ces moments de doute, et encore le manque possible de préparation ou l'inadéquation du matériel fourni.

Parmi les derniers, notons principalement – il peut y en avoir d'autres – le manque de cohésion dans le groupe, son isolement sur le lieu du combat et les tensions que cela entraîne, le manque de soutien à l'arrière (ou dans les airs) et surtout la blessure ou la mort d'un camarade et plus encore du chef, donneur d'ordres qui, par définition, fédère et cimente le groupe.

Tous les militaires confrontés à des situations de combat, qui entraînent un stress, ont plus ou moins connu ces facteurs déstructurants. Aujourd'hui, notre société civile, dans son

120. Cf. Louis Crocq, *op. cit.*, p. 205.

ensemble [121], a ouvert les yeux sur ce fait qui n'est pourtant pas nouveau. Aussi, on imagine sans difficulté la silencieuse souffrance de tous nos « anciens » qui, dans les combats passés et même lamentablement oubliés, n'ont pas été soutenus psychologiquement lors de leur retour au foyer. Pensons notamment à ceux, encore présents parmi nous, que sont les « Anciens d'Algérie » qui, pour la plupart, furent des « appelés du contingent » sans aucune préparation physique ou mentale au combat, ou si peu. Je les sais encore traumatisés car lorsque j'ai l'opportunité de leur parler de l'expérience afghane de nos jeunes soldats, je suis tout de suite renvoyé à leur propre histoire « algérienne » tant celle-ci est encore à fleur de peau. À ceux-là qui, à leur retour sur le sol de la métropole, ont mené dans le secret de leur cœur cet *autre combat* caché – et qui le mènent encore –, nous devons un immense respect, car leur souffrance est bien due à des situations de guerre [122].

Cette première illustration montre clairement que, même sans blessure « visible » purement somatique, l'étape de la gestion psychique est le passage obligé pour une reconstruction fondamentale et que cet *autre combat*, invisible aux yeux de

---

121. Notamment grâce aux hommages officiels rendus aux soldats tués au combat revêtant un certain rituel « sacré » qui induit une reconnaissance en haut lieu du « sacrifice » ultime des morts, sous-entendant aussi le nécessaire accompagnement des blessés dont le pouvoir politique évoque sans ambages la bravoure.
122. Même si, pour définir un état de guerre, il faut qu'il y ait eu une « déclaration officielle » de guerre émanant d'un ou de plusieurs pays, souvenons-nous que l'État français a mis très longtemps avant de reconnaître que le conflit de l'Algérie était bien une « guerre » et non plus une opération de police intérieure. Ce manque de reconnaissance d'un conflit au niveau officiel a sans doute eu pour effet désastreux, pendant des années, d'enfoncer un peu plus les anciens combattants d'Algérie dans leur traumatisme psychologique.

chair et insensible au toucher, est le combat – indispensable – qu'il ne faut pas perdre.

Une seconde illustration, toujours dans le domaine militaire, montre un cas concret. Le choc psychique – qui se révèle au retour de la mission difficile – peut résulter d'autre chose que du combat armé proprement dit.

> Un déjà vieux soldat, gaillard solide comme un roc et habitué des opérations extérieures, était en base arrière à Kaboul en Afghanistan, loin du fracas assourdissant des armes et des engins explosifs. Il était responsable de la gestion logistique et, à ce titre, il était le comptable des cercueils de zinc, tristement nécessaires dans ce genre de conflit armé. Durant ses six mois de séjour, il dut sortir de ses stocks plusieurs de ces redoutables cercueils verts, ainsi que le nécessaire pour habiller décemment les jeunes soldats tués au combat. Au retour de mission, il se mit à dépérir à vue d'œil, le regard triste, le corps amaigri, la démarche vieillie, le silence de mise et la motivation étiolée. Au hasard des discussions, ses proches s'aperçurent que son séjour en Afghanistan avait réveillé dans son esprit blessé les souvenirs traumatisants de son séjour en Bosnie durant lequel il avait vu des charniers, notamment ceux de jeunes enfants qu'on avait assassinés de sang-froid. Ces reviviscences néfastes, dues, sans doute, à un simple refoulement des chocs antérieurs sans les avoir assumés [123], le troublèrent et l'empêchèrent de retrouver un sommeil réparateur permettant de recouvrer l'équilibre de vie nécessaire à un retour serein auprès des siens et dans son travail. Il est évident que ce frère blessé dans son esprit a besoin de mettre des mots sur ses maux pour lutter contre les images déstructurantes qui le bloquent et pour retrouver une vie équilibrée.

---

123. C'est toute la difficulté de la théorie appelée « résilience » qui consiste à refouler un événement traumatisant antérieur sans forcément l'assumer complètement. Nous y reviendrons un peu plus loin.

Nécessairement, comme on le fait d'une manière plus « habituelle » aujourd'hui pour les soldats fortement blessés dans leur esprit, un accompagnement psychiatrique de qualité a été mis en place pour lutter contre ce que le professeur Louis Crocq appelle le « blocage de la fonction de présence » et qui peut avoir des conséquences lourdes de gravité et de séquelles.

> « Le blocage de la fonction de présence donne lieu à une perte de la curiosité pour le monde, à une baisse considérable de l'intérêt auparavant manifesté pour les loisirs ou le travail, à une perte de la motivation pour quoi que ce soit et à une réduction de l'activité… Cela se traduit par un faciès inexpressif, un regard absent… par un manque d'enthousiasme à se remettre au travail, par une baisse de rendement et par de l'absentéisme, voire de l'instabilité professionnelle… À l'extrême, cela peut conduire à la réclusion volontaire, ou à la marginalisation et la clochardisation [124]. »

Il n'y a pas que nos frères soldats qui peuvent subir, çà et là, de telles souffrances inappropriées au caractère de l'homme. À des degrés divers, nous sommes *tous* appelés à connaître des moments difficiles dans notre existence. Rien ne nous protège de cela car les aléas de la vie font partie intégrante de notre chemin terrestre où les chutes peuvent être nombreuses, les unes plus violentes ou incontrôlables que les autres. Les traumatismes sont nombreux, qui nous handicapent l'esprit et nous troublent parfois longuement et profondément. Accompagné de ce qui, en nous, entraîne un handicap physique ou un handicap moral, nous avons *nécessairement* à prendre le chemin ardu de la gestion psychique qui ne pourra se faire qu'en étant épaulé fidèlement. Tout le monde comprend qu'une douleur portée est plus facilement supportée.

---

124. Louis Crocq, *op. cit.*, p. 141.

La parole devient la première béquille cicatrisante à utiliser. Qu'elle soit quasi-immédiate, quand on le peut, avec le *defusing*, ou bien postérieure à l'événement traumatisant avec le *débriefing*, se servir d'elle et de sa « médiation » deviendra le passage obligé pour une sérieuse restructuration et une assimilation du choc. D'un point de vue purement « psychique », je l'ai mentionné plus haut, mettre des mots sur les maux ouvre la porte sur la « vérité » objective de son état.

> « Il est vrai que, dans le corps éprouvé et dolent, plus grand-chose ne tient le coup ni ne vaut la peine. Car le corps touche l'esprit, la douleur nettoie sans pitié. Et même si la mort n'est pas prochaine, elle fait signe [125]. »

Il faut donc aider le souffrant à sortir du cycle mortel de la violence intérieure qui ferme la porte de la vie en puissance. La parole de l'autre devient alors libératrice, car elle osera aller plus loin que le propre esprit du frère blessé qui, d'une manière naturelle et faussement protectrice, voire orgueilleuse, fermera sa propre introspection dans un silence emmuré d'une « vérité » subjective, forcément et aveuglément tronquée. Ces mots d'un soldat blessé dans sa chair sont, à ce sujet, particulièrement éloquents : « J'ai beaucoup souffert, mais je ne voulais pas le montrer. » Par la parole et l'écoute d'un autre, ce jeune homme comprendra que la guérison qu'il doit faire est autant physique que psychique.

La parole et l'écoute sont, à ce niveau-là, deux sœurs inséparables. Cette parole donnée ne pourra donc être possible que si, auparavant, il y a l'écoute, une écoute patiente de la part de cet « écoutant d'amour » qui laissera jaillir les cris de douleur de « l'écouté », car écouter, c'est plus qu'entendre.

---

125. Maurice Bellet, *op. cit.*, p. 32.

Dans un premier temps, il s'agira donc, comme on le verra plus loin, « de faire énoncer son expérience traumatique par le patient, dans une parole inaugurale où il n'a pas encore identifié, pensé et élaboré ce qu'il va proférer, et où le langage devance la pensée et anticipe sur elle [126]. » Laisser jaillir ainsi la parole décousue, c'est accepter d'avancer sur le chemin chaotique où le blessé nous appelle et nous invite à le rencontrer. Il s'agira d'une « communion » et non pas d'une « fusion » car la souffrance de l'un « n'est » pas la souffrance de l'autre. Il s'agira de faire un bout de chemin ensemble, qui permette à celui qui peine de réapprendre à s'accepter, soutenu par le regard aimant de celui qui accompagne. De fait, écoute et parole sont constamment imbriquées l'une dans l'autre et nécessaires l'une pour l'autre. On y reviendra plus loin.

Ainsi, petit à petit, blessés physiques ou blessés de l'âme sont nécessairement appelés, soutenus par un « accompagnant », à faire une sorte de bilan psychologique de l'événement, consistant à faire « sortir » le dit événement de son esprit, le mettre « en face » de soi, le regarder « en face » afin de mieux le nommer, pour *in fine* le maîtriser.

Hélas, bon nombre de nos frères blessés se retrouvent seuls face à leur indescriptible et trop personnelle souffrance qui devient alors une partie d'eux-mêmes, voire totalement eux-mêmes. Ainsi, on peut réaffirmer ici sans ambages que la première cause de traumatisme psychique au long court est la *solitude* dans laquelle on peut laisser s'engluer le souffrant. Cette inhumaine solitude fait qu'il n'existe pas, pour le frère en désolation; de possibilité de « dire » son mal et de « s'entendre

---

126. Louis Crocq, *op. cit.*, p. 331. C'est ce que l'auteur appelle « le langage authentique ».

dire » que ce mal n'est pas la fin, mais qu'il s'ouvre sur une nouvelle « compréhension » de la vie sensible.

Le monde militaire, riche d'une longue histoire de fraternité d'armes, a compris cela depuis longtemps déjà, avec ou sans soutien officiel de la hiérarchie, bien qu'il faille rappeler quand même que ce soutien peut s'étioler avec le temps, surtout lorsque le soldat est sorti du système militaire et se retrouve un peu seul à se débrouiller, y compris financièrement. Le monde civil, que j'appellerai davantage social, est en voie de comprendre la nécessité de l'accompagnement *anti-solitude*, même si les moyens dont il dispose ne sont pas à la hauteur de l'enjeu et semblent même, parfois, au nom de la terrible raison économique, régresser. Pour autant, et c'est là un point positif, on peut noter, en ce sens, et pour illustrer ce souci de *l'autre* qu'a la société, le soin formidable apporté à l'esprit blessé et parfois usé de ceux qui sont en établissement de « fin de vie ». Cela n'existe pas partout, mais cela existe quand même. Que l'on évoque seulement ici certaines maisons de retraite où des psychologues sont présents, ou encore ces maisons de soins palliatifs lourds – trop peu nombreuses – où, là aussi, on trouve des personnes accompagnant la guérison de l'esprit, guérison qui permettra *sensiblement* à la personne en fin de vie de « vivre » sa mort d'une manière « active ».

L'essentiel étant invisible à nos yeux de chair trop rivés sur le « réel », à ce stade de la vie qui s'écoule doucement comme un filet d'eau douce, ce n'est plus la maladie ni le handicap qui ont de l'importance, mais l'être humain, le patient, l'homme dans sa globalité, tout l'homme et tout homme. Le soin apporté en ces lieux de « fin de vie » doit dire à la personne souffrante (ou mourante) tout l'intérêt qu'on lui porte. Nous le savons, beaucoup de choses – invisibles et même inaudibles – passent à travers la qualité du soin donné, que ce soit au moyen du respect du corps – même insensible –, du calme et de la douceur des gestes – comme la main dans la main – ou encore de la sérénité et de la délicatesse du regard. Il faut donc l'affirmer, ici comme ailleurs, que le combat de la vie, cet *autre combat* toujours digne d'être mené à son terme, nécessite la prise en compte de la souffrance globale de l'être humain en déshérence. Ainsi, et les infirmières en unité de soins palliatifs ne me démentiront guère, la demande de « vouloir mourir » cesse.

Dans le monde des prisons

Nous ne sommes pas dans le meilleur des mondes. Les moyens mis à la disposition de notre système de santé pour l'accompagnement psychologique étant ceux que nous connaissons, il nous est facile de percevoir la difficulté rencontrée dans ces établissements moins « nobles » aux yeux de nos contemporains que sont les prisons et autres centres de détention. En prison, l'homme est déstructuré par la nature même du lieu.

> « La prison provoque un enfermement sensoriel ; tous les sens sont distordus, sauf l'ouïe. Le détenu trouve ses repères en entendant les bruits des clés, les repas, les relèves, le bruit des surveillants. L'enfermement engendre des troubles de l'espace et du temps. C'est un monde de l'intérieur rythmé par sa propre pendule [127]. »

Ceci étant acquis et compris, nous nous accordons tous pour dire que, dans nos prisons aussi, un accompagnement psychologique s'avérerait nécessaire pour permettre au détenu, souvent seul avec sa détresse, en plus d'assumer ce rythme de

127. Véronique Vasseur, *op. cit.*, p. 59.

vie totalement à part, de « comprendre » le geste délictueux qui l'a privé de liberté, l'aidant ainsi à un « départ » préparé et maîtrisé loin des murs qui incarcèrent et à un « retour » plus équilibré au sein de la vie sociale quotidienne. Je pense particulièrement à ces 20 % de détenus qui sont en « préventive », en attente de leur jugement, qui ne savent rien de leur avenir et que l'on « mélange » avec les « anciens ». Pour eux, le choc est énorme et il est traumatisant pour la quasi-totalité de cette population.

Même si la prison, « ce lieu hostile où l'humanité est soumise à des contraintes souvent humiliantes [128] », n'est pas – en France – considérée comme une « œuvre sociale », elle a, me semble-t-il, le devoir d'accompagner ceux qu'elle enferme et qui viennent souvent de milieux défavorisés et à faible capital culturel où la solitude joue le rôle d'épouvantable reine triste. Dans les pays scandinaves, par exemple, ce souci humain existe et il n'est pas hérétique de dire que même les plus grands criminels sont considérés comme des êtres capables de « rédemption » qu'il faut « resocialiser ». Voilà pourquoi, à leur profit, des moyens sociaux – acceptés par l'ensemble de la population qui paye des impôts pour cela – sont mis en place pour les sortir « moralement » de leur isolement en les préparant à revenir « dehors ».

Chez nous, comme on en a l'habitude dans bien d'autres domaines, on fait ce qu'on peut avec ce qu'on a. Chacun sait que l'isolement, l'inaction et le manque de perspective poussent la plupart de nos détenus à vivre dans une grande solitude, leur ouvrant parfois la large porte de la dépression et du suicide. Il n'est pas inutile de rappeler que certaines personnes détenues, souvent condamnées à de longues peines,

---

128. Isabelle Le Bourgeois, *op. cit.*, p. 189.

ont, au fil des années, perdu le contact avec leurs proches. Elles ne reçoivent aucune visite, n'ont aucun parloir et ne reçoivent aucun courrier. Ainsi donc, vaille que vaille, on met en place, avec une facilité assez déconcertante qui dédouane nos structures étatiques, un réseau – bien souvent riche en personnes bénévoles – pour accompagner aussi bien que possible l'homme détenu qui, bien qu'il ait commis un acte délictueux, n'en reste pas moins un homme intégral, riche de sa dignité qu'il ne perd pas. Ainsi se sont mises en place au fil du temps la structure sociale approuvée par l'État des « visiteurs de prisons » et celle de l'aumônerie aux prisons, sans oublier les bénévoles des associations comme le Secours Catholique.

Les bénéfices de cette présence humble, gratuite et discrète auprès des détenus sont sans contestation possible, « c'est pourquoi la rencontre avec quelqu'un qui les regarde autrement, qui écoute sans complaisance, mais aussi sans condamnation, peut leur donner l'appui nécessaire pour aller de l'avant et croire que la vie a encore de l'avenir [129] ». Briser le mur froid de la solitude – qui est un mur d'enceinte ajouté à celui, déjà infranchissable, de la prison – s'avère être la tâche première pour un accompagnement humain, parfois à long terme, qui mènera indiscutablement à un meilleur équilibre psychologique que nous attendons *tous* de nos détenus, afin que nous-mêmes, nous les regardions *autrement*, car nous ne pouvons pas leur intimer de changer le cours de leur vie si nous-mêmes ne changeons pas le regard que nous portons sur eux.

---

129. Isabelle Le Bourgeois, *op. cit.*, p. 189.

Dans le monde de la rue

Le monde de la prison est étroitement lié à celui de la rue. Le passage de l'un à l'autre se fait, hélas, avec une facilité souvent déconcertante et c'est pourquoi il me semblait utile de l'évoquer ci-dessus comme un trait d'union de misère. On passe d'une prison à l'autre, d'une captivité à une autre. Ce que l'on constate entre les quatre murs austères et froids d'une maison d'arrêt ou d'un centre de détention se retrouve donc sur nos trottoirs tapissés de honte et aux murs d'emprisonnement invisibles. Il n'est donc pas exagéré de dire que nos frères de la rue, livrés à eux-mêmes car abandonnés par une société en laquelle, à un moment donné, ils ont perdu confiance, ont encore moins de moyens que les détenus pour « s'en sortir ».

> La rue, « c'est là qu'on se détruit, corps et âme, dans la désintégration de la sexualité, la mort donnée par la drogue, la fin du système de séduction sous la menace du sida, l'émiettement culturel qui livre la ville à la barbarie [130]. »

Il n'y a pas d'exception, *tous* nos frères qui se retrouvent *à la rue* connaissent, à des degrés divers suivant leur force de caractère, un traumatisme psychologique certain en raison du fait que *rien* ne prépare l'être humain à une telle misère où se rassemblent toutes les pauvretés possibles. Se retrouver à la rue est déjà la conséquence d'un ou plusieurs échecs cumulés qui ont fait voler en éclats tous les rêves et les idéaux de fraternité. S'ensuit une solitude redoutable, encore elle, née de l'abandon familial et social ; or, « l'homme ne peut s'accepter lui-même que s'il est accepté par quelqu'un d'autre. Il a besoin qu'un autre lui dise, et pas seulement en paroles : c'est bien que tu existes. C'est seulement s'il est accepté que

---

130. Patrick Giros, *op. cit.*, p. 93.

le “moi” peut s’accepter lui-même [131] ». Non reconnu, non considéré, comme effacé du registre des vivants, et non aimé, notre frère ainsi bafoué se retrouve sur des sables mouvants l’entraînant dans un « combat » pour sa survie, dont il ne voit pas le but. Désarmé à l’intérieur de lui-même et cabossé à l’extérieur, il devra affronter des éléments aussi divers que les autres personnes de la rue qui « possèdent » un territoire, les aléas du climat, la dégradation rapide de son état de santé, la quête hargneuse de la nourriture, la lutte contre l’alcoolisme et la drogue, la recherche d’un abri de fortune, le désir, écrasé par l’adversité, d’être écouté et bien d’autres choses encore que quelqu’un de sensé imagine sans problème.

À partir de ce triste constat qu’il est si facile d’ignorer lorsqu’on se barricade chez soi et que l’on n’a de la fraternité qu’une idée utopique, il n’est pas surprenant d’affirmer que le traumatisme psychologique entraîne dans sa douleur, pour les plus fragiles de nos frères de la rue, une déchéance physique visible qui burine le corps torturé jusqu’à le détruire.

Mis à part les structures associatives issues de la bonté du cœur de quelques bienheureux illuminés de la fraternité qui ne supportent pas une telle misère parce qu’ils ont eu le courage de la regarder en face, il n’existe *rien* pour relever ces frères souffrants. Seule la vertu de *charité* – que les plus laïques d’entre nous appelleront « solidarité » – accepte de poser son regard d’amour et de vérité sur ce monde de l’en dessous que ceux du dessus ignorent. Que l’on se rassure, je n’oppose pas « charité » et « solidarité » que je considère comme deux sœurs. La solidarité est un lien social et la charité un lien divin, mais l’une ne va pas sans l’autre. La charité vient des qualités de l’âme. Sans cette intériorité, elle se disperse dans les actes

131. BENOÎT XVI, message à la Curie du 20 décembre 2011.

extérieurs et se nomme alors « solidarité », simple réciprocité dans l'assistance mutuelle. La charité va plus loin : elle est un don gratuit, sans attente de retour.

On ne peut pas être charitable si nous ne sommes pas solidaires de nos frères en souffrance.

Aujourd'hui, cette notion de *charité* – ou même celle de « solidarité » – souffre du phénomène de subjectivité qui en fait une « aide à la carte », suivant notre humeur et le tri insolent des « pauvres » que nous faisons dans notre esprit. La charité qui « pousse les êtres à ne pas se confiner dans le reploiement égoïste de leurs énergies, mais à se dénouer, à s'ouvrir, à se livrer les uns aux autres [132] », doit avoir sa source en « autrui » et non en soi. De fait, défigurée par la philosophie comme amour subjectif – qui part de l'*ego*, ce « moi » si précieux –, demeurant ainsi « arbitraire », elle perd sa valeur intrinsèque qui est l'amour altruiste, c'est-à-dire que l'on doit à autrui, quel qu'il soit, nonobstant notre pensée trop « bien pensante ». Or, bien entendu, les premiers à en souffrir sont nos frères de la rue que les personnes que nous sommes n'osent regarder et donc n'osent aimer en raison d'une énorme différence qu'il existe entre eux et nous et que la misère a creusée de ses mains, comme on creuse une tombe. Malgré le fait avéré que la différence fait peur, nos contemporains se tourneront davantage vers le soutien inoffensif au profit des animaux abandonnés, considérés comme innocents (secours qu'il faut cependant maintenir), fermant ainsi leur cœur sur une misère de leurs « semblables ». La différence est, en effet, bien plus ténue entre nos frères de la rue et nous-mêmes qu'entre les animaux et nous, c'est un fait incontournable qui devrait nous pousser à une réflexion approfondie sur le sens des « valeurs ».

---

132. Pierre Teilhard de Chardin, *op. cit.*, p. 32.

Rappelons que « la charité doit aujourd'hui occuper la place qui lui revient, la première et la plus haute dans l'échelle des valeurs religieuses et morales, et cela non seulement dans les appréciations théoriques, mais aussi dans les réalisations pratiques de l'existence chrétienne [133] ». La charité (ou sa sœur laïque qu'est la solidarité [134]) est donc nécessaire et exigeante. Elle ne peut supporter la subjectivité, car, *in fine*, pour qui prône la fraternité, elle est un devoir de compassion et de respect pour l'être souffrant, celui qui est bien plus pauvre que nous, celui que la vie a blessé ou handicapé. La compassion, née de cette charité nécessairement objective et donc destinée à *tous*, écrase les murs d'isolement au cœur desquels se trouve enfermé celui qui crie vers nous dans son silence envahissant. Nous y reviendrons par le biais de notre dernière partie lorsque nous aborderons l'éclairage spirituel de cet *autre combat*.

Sachant néanmoins que la compassion ne fait pas tout, loin s'en faut, quelle lueur peut donc jaillir au sein de nos frères blessés vivant dans la nuit de la rue lorsque nous avons constaté cette pauvreté des moyens de secours « fraternels » qui sont à leur disposition ?

Face à la fatalité de la misère qui referme ses griffes sur les plus faibles de nos frères, aucune lueur ne peut venir, et nous

---

133. Paul VI, encyclique *Ecclesiam suam*, 1964, n° 54.
134. Souvenons-nous de ce que disait le pape Jean-Paul II sur la solidarité : « La solidarité nous aide à voir "l'autre"... non comme un instrument quelconque dont on exploite à peu de frais la capacité de travail et la résistance physique pour l'abandonner quand il ne sert plus, mais comme notre "semblable", une "aide" (cf. Genèse 2, 18.20), que l'on doit faire participer, à parité avec nous, au banquet de la vie auquel tous les hommes sont également invités par Dieu. » Encyclique *Sollicitudo Rei Socialis*, 1987.

l'avons bien compris, si elle n'est pas, d'abord, allumée par quelqu'un d'autre. Comment, en effet, pouvoir lutter seul contre les affres de cette mort sociale qui envahit tout l'être et qui le malmène au point que sa conscience en devient voilée ? Même si la volonté de s'en sortir habite le cœur de celui qui n'a plus rien à attendre de la société et donc des hommes qui la composent, il lui faudra l'aide précieuse, gratuite et désintéressée d'un frère qui aura su poser un regard d'amour sur ses yeux déchirés de malheur. La lueur viendra *d'abord* de là.

Cette présence gratuite et sans retour ne mesurera pas le succès de ses actes comme on comptabilise les intérêts d'une richesse aveugle qui ne supporte pas la dépréciation. Ici, rien de sûr et rien d'acquis. La lueur que cet accompagnement répandra autour de lui sera tellement fragile et sensible que, parfois, le découragement gagnera du terrain sur l'espoir. Or, la médiation du temps est nécessaire pour que le feu de la chaleur humaine prenne. Ainsi, dans l'accompagnement quotidien qui peut paraître infini, la personne souffrante pourra faire deux cents pas en avant et le lendemain, en une seule fois, elle reculera de cent quatre-vingt-dix-neuf. Je l'ai déjà expérimenté, notamment avec Didier dont j'ai déjà évoqué les profondes douleurs plus haut. Pourtant, il faut savoir regarder et apprécier à sa juste mesure le « pas » fait en avant. À lui seul, il est plus important que ceux effectués en arrière. Ce « pas » est déjà une première victoire héroïque dans cet *autre combat* qu'est la lutte pour se réapproprier son existence qui, il faut le répéter à hue et à dia, ne cesse jamais d'être noble, digne et utile.

À l'échelle du bénévolat et de la bonne volonté, que pouvons-nous faire d'autre pour ces hommes et ces femmes tombés dans une telle misère afin de leur donner la lueur qui leur permettra, dans ce combat pour la vie, de marcher jusqu'à la lumière ? Les associations – comme par exemple celle fondée par le regretté père Giros « Aux captifs, la Libération » –, issues souvent de l'esprit généreux, compatissant et imaginatif d'une personne qui a pleinement compris le sens plénier – et parfois spirituel – du mot « fraternité », peuvent être des points d'ancrage et de repère pour faire un premier pas vers cette lumière tant espérée qui ne doit, en aucun cas, être le fruit d'une utopie. C'est pourquoi ces associations – caritatives ou solidaires – ont un rôle essentiel, reconnu par l'État qui se repose allègrement sur elles sans leur apporter les moyens suffisants pour leur action [135]. De fait, « la solidarité ne peut se passer de la fraternité. Et les associations caritatives, les organisations non gouvernementales sont certainement les mieux à même d'intervenir pour porter l'aide à ceux que le bras public ne peut atteindre [136] ».

À l'échelle des structures existantes, on peut envisager une étape supplémentaire qui serait portée par, à la fois, des personnes « professionnelles » du suivi psychique et par les personnes « associatives » qui continueraient dans une fidélité sans faille vis-à-vis de l'être blessé qu'elles ont commencé d'accompagner dans les tranchées de l'*autre combat*.

Ainsi, ces dernières peuvent permettre à la personne errante sur nos trottoirs déshumanisés d'être prise en charge par le système hospitalier qui sera à même de diagnostiquer les problèmes pathologiques empêchant momentanément de mener une nouvelle bataille. Il va de soi que ces

---

135. Je ne mésestime pas pour autant le rôle de l'État qui a su créer le RMI en 1989 devenu le RSA en 2007, ni celui de la DASS (direction des affaires sanitaires et sociales) et des collectivités territoriales qui aident financièrement certaines associations « caritatives » non gouvernementales.
136. Ambroise Laurent, revue *Communio*, *op. cit.*, p. 107.

« professionnels » du milieu de la santé doivent d'abord voir en la personne pauvre, non pas un numéro de lit, mais un être blessé dans le corps et l'esprit, nécessitant un accompagnement total et plénier de toute la personnalité pour être capable d'entendre le cri sourd de la souffrance rageuse qui gangrène le cœur.

> « Ce que je veux que les autres fassent pour moi, c'est de ne pas me juger. C'est-à-dire me prendre comme je suis, m'accepter, croire en moi, espérer en moi, me prendre par le meilleur, pardonner, pardonner d'avance mes manquements, erreurs et défaillances. Je veux être respecté, considéré, écouté, je veux qu'on m'aime ; j'attends qu'on me donne ma chance, les moyens de donner ma mesure, et qu'on apprécie ce que je fais et qu'on m'encourage ; qu'on tienne en grande estime ce que j'ai de bon et pour peu de chose ce que j'ai de mauvais. Et qu'on respecte mes secrets. Et qu'on ne me traite jamais en inférieur, même si l'on a quelque fonction au-dessus de moi [137]. »

L'hôpital paraît être, en fait, la seule solution à caractère « durable », doté de moyens adaptés, pour remettre au cœur de ceux qui y passent, alors qu'ils « vivent » dans la rue, une relative force humaine qui permettra au blessé de la vie de reprendre la route escarpée de l'*autre combat*. Cela n'enlève en rien le caractère sacré que revêt l'aide caritative et solidaire apportée « sur le terrain » par les tenants de l'amour et de l'Espérance. Ils demeurent indispensables puisqu'ils sont le maillon fort qui permettra au plus faible de prendre conscience de la nécessité sanitaire d'aller dans la structure hospitalière qui devra l'accueillir avec amour et sans jugement aucun.

Pour autant, peut-on affirmer que l'hôpital reste la « seule » structure organisée capable de permettre de mettre un peu

---

137. Maurice Bellet, *op. cit.*, p. 39.

de lueur dans les cœurs blessés de nos frères de la rue ? D'une certaine manière, oui. Sous le patronage de l'État, on ne peut guère espérer plus. Les longs suivis pour des pathologies relevant du psychologique sont ensuite, peut-être, pris en charge par la société au niveau de l'accueil dans des centres spécialisés, comme ce qu'on nomme « les longs séjours », où la personne, considérée comme malade « inguérissable » et vieillissant, sera traitée, sur le très long terme, comme « irresponsable » d'elle-même et cela, sans doute, jusqu'à sa mort…

Ainsi s'achève ce chapitre sur la « lueur ». Signe frêle et fragile d'un début de reconstruction humaine, première bataille gagnée dans cet *autre combat* de réapprentissage de la vie, elle ne demande qu'à grandir pour brûler d'un feu qui ne s'éteindra pas, attisé par des brindilles qui seront des repères et des supports pour que le cœur se réchauffe et reprenne souffle, chaleureusement soutenu par un entourage lui-même purifié de ses scories d'appréhension et de peur.

Alors, que la lumière soit… et la lumière est… et sera…

Des mots pour grandir

Jésus déclarait à la foule : « Ce que vous voulez que les autres fassent pour vous, faites-le aussi pour eux. Si vous aimez ceux qui vous aiment, quelle récompense pouvez-vous attendre ?... Si vous faites du bien à ceux qui vous en font, quelle récompense pouvez-vous attendre ?... Si vous prêtez quand vous êtes sûrs qu'on vous rendra, quelle récompense pouvez-vous attendre ?... Au contraire, aimez vos ennemis, faites du bien et prêtez sans espérer en retour... Soyez miséricordieux comme votre Père est miséricordieux. Ne jugez pas et vous ne serez pas jugés ; ne condamnez pas et vous ne serez pas condamnés. Pardonnez, et vous serez pardonnés. Donnez et vous recevrez une mesure bien pleine... car la mesure dont vous vous servez pour les autres servira aussi pour vous. »
Jésus, évangile selon saint Luc 6, 28-38

Donner de notre superflu et même de notre nécessaire n'est pas toujours un élan spontané de notre nature. C'est bien pour cette raison qu'il nous faut ouvrir sans cesse les yeux fraternels sur la personne et la vie de nos semblables, stimuler en nous-mêmes cette faim et soif de partage, de justice, de paix, afin de passer réellement aux actes qui contribueront à secourir les personnes et les populations durement éprouvées.
Jean-Paul II, Message pour le Carême 1984

Le savoir humain est insuffisant et les conclusions des sciences ne pourront pas, à elles seules, indiquer le chemin vers le développement intégral de l'homme. Il est toujours nécessaire d'aller plus loin : l'amour dans la vérité le commande... Il n'y a pas l'intelligence, puis l'amour : il y a l'amour riche d'intelligence et l'intelligence pleine d'amour.
Benoît XVI, *L'Amour dans la Vérité*, n° 30

4

La lumière

« Ce n'est pas par ses propres lumières, mais par participation à la Lumière, que l'esprit acquerra la sagesse… Car il n'est possible de parler de sagesse pour l'homme que dans la mesure où cette sagesse appartient aussi à Dieu. »

Saint Augustin,
De Trinitate, XV

Tout le monde aspire à la lumière car on ne peut vivre dans la nuit. La nuit « physique » handicape nos yeux et nous avons besoin de lampes pour nous guider. La nuit « psychique » handicape notre cœur et nous avons besoin de secours pour nous en sortir… *« Si quelqu'un marche le jour, il ne bute pas, parce qu'il voit la lumière de ce monde ; mais s'il marche la nuit, il bute, parce que la lumière n'est pas en lui*[138]*.* »

Lorsque nous « apercevons » un filet de lumière, qu'il soit « physique » ou « psychique », nous ressentons en nous-mêmes un renouveau consolateur qui vient gommer petit à petit les ténèbres de la désolation. Et je ne parle pas encore de cette lumière qui vient d'un Autre et qui donne *« la joie parfaite »*…

Cela dit, quel est donc celui d'entre nous qui préfère l'ombre des ténèbres au soleil de la lumière ? Pas celui qui souffre, en tout cas, même s'il ne dit mot… Lorsqu'on est au plus profond de l'abîme de la souffrance, on ne conceptualise plus le fait que la lumière soit possible, tant l'organisme blessé et torturé est enfermé sur lui-même dans les couloirs de la nuit. Lorsque la couleur timide de la lueur se fait caresse délicate sur le bord du cœur encore écrasé, l'espoir, première étape d'un renouveau, se fait possible. On l'a vu et beaucoup d'entre nous, qui ont accompagné des personnes en difficulté, en déshérence ou en désolation, en ont été les heureux témoins.

---

138. Évangile selon saint Jean 11, 9-10.

La solitude – nous l'avons souligné à plusieurs reprises – étant l'*anti*-lumière par excellence en raison de l'isolement « intérieur » qu'elle entraîne et qui peut être fatal, la lumière ne peut donc venir que de « l'extérieur », par le biais d'une « relation », d'une altérité, d'une présence aimante et porteuse d'espérance.

> « Au creux de la douleur, l'amitié, l'amour d'amitié, cela seul demeure. Tout le reste s'est absenté. L'amour d'amitié a trois visages : la présence, l'hospitalité, l'écoute. Les trois sont un. La présence est toute simple : visite, téléphone ; ou même faire dire par quelqu'un : je pense à toi. Ainsi, je continue d'exister pour d'autres, je vis en eux. Ainsi, je suis délivré d'être encerclé en moi-même, réduit à moi. L'hospitalité : j'ai été admirablement reçu, entouré, soigné. L'écoute : le téléphone est sous la main. Il suffit de le décrocher, de faire quelques chiffres : quelqu'un décroche, m'entend, à qui je peux parler en toute confiance... Ce sont là des biens précieux, qui rendent supportable le passage dans le noir [139]. »

La parole d'une autre personne, accompagnée de son regard sans faux-fuyant et du respect lié à ce regard, est donc la première des thérapies d'urgence à prescrire pour celui qui entame, avec son corps, son esprit et son âme, son *autre combat*, en même temps que lui sont prescrits, pour une thérapie ordinaire, des calmants ou autres anxiolytiques et psychotropes qui peuvent provoquer, il ne faut pas l'oublier, une dépendance néfaste contre laquelle, un jour ou l'autre, il faudra lutter.

La parole, quant à elle, apportera une dépendance positive, celle de la compréhension de soi, *hic et nunc* pour un meilleur « demain » dont il ne faut jamais fermer le chemin.

---

139. Maurice BELLET, *op. cit.*, p. 28.29.

Cette parole, respectueuse sans être mensongère, sera donnée gratuitement au frère souffrant de désolation. Elle aura pour objectif de vaincre en lui toutes les forces négatives, ces lourds silences, qui lui font croire que sa souffrance ne peut mener qu'à la mort, faussement comprise comme libération de ce « poids » invalide qu'il pense ne plus pouvoir assumer, ni même aimer, ni faire assumer aux autres. Si appel à la mort il y a, nous devons donc être assez lucides pour comprendre qu'il s'agit là d'un appel à vivre *autre chose* que le chemin de souffrance sur lequel le frère blessé se trouve. Ayons assez de force intérieure et de compassion pour ne pas nous laisser nous-mêmes emprisonner dans les griffes acérées de cette mort souhaitée en raison de la souffrance car, là se trouvent l'égarement et la perdition de notre frère qui attendra de nous qu'on le « tire » de cette vase sans fond par une parole plus forte que sa détresse. Il nous faudra apprendre à entendre des mots qui ne sont pas prononcés, mais qui disent souvent l'essentiel. Cette verbalisation à voix éteinte deviendra, dans la confiance et par le temps, une parole assumée, des mots dits. Ainsi, si nous ne voulons pas le laisser s'égarer dans un labyrinthe d'invincibles ténèbres, il apparaît donc important de rappeler que « la chimiothérapie psychotrope, si elle contribue à réduire les symptômes apparents d'anxiété, d'insomnie et d'inhibition dépressive, ne saurait constituer l'essentiel de la thérapie, qui doit reposer sur la verbalisation de l'expérience émotionnelle, seule capable d'assurer la maîtrise rétrospective de l'événement traumatisant [140] ».

Cette « verbalisation » est valable pour *tous* les traumatismes psychiques, d'où qu'ils viennent : physiques ou purement psychologiques. Est traumatisé psychique celui qui,

140. Dr Christian Navarre, *op. cit.*, p. 145.

à un moment donné, a vécu une expérience de souffrance profondément ancrée dans un instant, souvent soudain, de solitude, le laissant face à lui-même, incapable de gérer « seul » le choc subi. Quel que soit le monde dans lequel il se meut, il lui semble vivre des moments intenses d'absence de tout « secours » entraînant, consciemment ou non, une soif d'être « tiré vers le haut », reconnu, respecté et soutenu, et, paradoxalement, un cri intérieur qui le « tire vers le bas » dans le déni de soi.

Cette « verbalisation », même si elle commence par le silence des mots tus, sera appelée à s'entendre petit à petit à voix haute. Cela ne sera possible qu'avec un autre, un écoutant, voire un groupe, et préférentiellement accompagné d'un thérapeute.

Deux sortes de « verbalisation » existent: d'une part le *defusing* et d'autre part, le *débriefing*.

Le *defusing*, que l'on peut traduire par « déchoquage » ou « désamorçage », pour reprendre les termes employées par le docteur Evelyne Josse, spécialiste de cette méthode, consiste en une intervention de soutien psychosocial d'urgence, à apporter si possible dans les vingt-quatre heures après l'événement. Cela permet *normalement* aux personnes choquées et traumatisées de reprendre le contrôle d'elles-mêmes en contrôlant de nouveau leurs forces intérieures et sociales. À la longue, cela a pour effet de calmer l'agitation de l'individu en désolation, d'apaiser en lui les manifestations physiques qui peuvent être violentes et de juguler ses réactions émotionnelles, en vue de reprendre sa place dans la société et de ne pas perdre le lien avec sa réalité relationnelle et son environnement. Il ne s'agit pas d'une méthode *scientifique*, mais construite sur l'empathie de l'intervenant, c'est-à-dire sa capacité à comprendre les sentiments et les émotions de celui qui souffre, sans tomber dans le piège fusionnel qui s'avérerait catastrophique pour les *deux* personnes. Hélas, nous savons que ce *defusing* n'est pas toujours possible, et cela pour plusieurs raisons, comme par exemple le délai d'acheminement du blessé physique, son état éventuellement comateux, la priorité qui sera donnée – et à juste titre – aux soins somatiques d'urgence… Par contre, lorsqu'il s'agit de blessures psychiques immédiates, ce procédé garde toute sa pertinence, par exemple au profit de soldats qui ont été accrochés dans une embuscade et qui auront besoin de libérer une parole tout de suite après l'événement qui est, en soi, traumatisant.

Lorsque le *defusing* ne peut être envisagé, il existe alors une autre façon de faire jouer la médiation de la parole, qui se fera bien après les vingt-quatre heures. C'est ce que le professeur Louis Crocq appelle le « débriefing » – traduit par « bilan psychologique d'événement » – et qu'il juge, à ce jour, le moyen le plus adapté pour libérer la parole et, ainsi, prendre la route ardue de l'*autre combat* qui mènera la personne à accompagner sur le chemin de sa reconstruction humaine globale. Il ne s'agit pas de faire revenir le blessé « comme avant », cela est impossible et ce serait un manque de respect de lui faire croire un seul instant à cette chimère. Il s'agit de lui faire prendre conscience qu'il n'est plus le même « qu'avant » ; ainsi, il doit assumer son expérience douloureuse de désolation pour mieux la combattre au lieu de chercher vainement à l'expulser dans une fuite de l'esprit. *In fine*, il s'agirait même, si j'osais, d'affirmer que le handicap restera un « problème » tant que la personne blessée continuera à réfléchir dessus, à se comparer sans cesse aux bien-portants, à vouloir être comme eux dans une utopie mortelle et, en fin de compte, à vivre nuit et jour dans un regret constant et sans retour qui ne serait que l'achèvement suprême de la désolation.

Le monde militaire, aux États-Unis ou en Europe principalement, utilise cette méthode du *débriefing* depuis déjà fort longtemps car « on avait remarqué que lorsque plusieurs soldats traumatisés dans le même événement étaient traités ensemble, en groupe, sous la conduite du thérapeute, leur guérison était plus complète : cette procédure thérapeutique… les avait aidés à mieux situer l'événement, à en réduire la portée, et les avait préparés à retourner à leur unité [141] ».

Maintes associations basées sur la parole et l'écoute, et traitant de sujets aussi divers que l'alcoolisme, la perte d'un enfant ou le partage de la foi, ont également mis en œuvre, et avec un certain succès, des groupes de paroles pour leurs sympathisants. Cela ne coûte rien qu'un peu de temps, des personnes charitables, un lieu et de la volonté. On en mesure partout les fruits bénéfiques. La parole rend libre et permet de sortir de son isolement intime, en vue d'avancer vers un peu plus de lumière. Il me semble dommageable et bien regrettable que de tels groupes de parole libératrice ne soient pas davantage considérés et mis en place dans d'autres milieux où les situations de trauma psychologique existent, comme, par exemple, ces deux mondes où le respect de la dignité humaine paraît bien timide : le milieu carcéral et le milieu de la rue que nous avons fréquentés dans les pages précédentes. Par la force de l'espérance que je mets en l'homme, je ne peux qu'espérer que cela soit un jour…

Dans le monde pénitentiaire, pour ne citer que lui, arriver à mettre des mots sur ce que la personne en désolation vit de difficile ou sur ce qu'elle a vécu de « répréhensible » me paraît constituer un soutien important et bénéfique pour l'aider à faire la vérité – qui est toujours nécessaire au pardon et à la

141. Louis Crocq, *op. cit.*, p. 288.

rédemption – en son for interne. Entendre ce qu'un autre peut dire, même si ses mots bousculent l'esprit, permet au « blessé de la vie » de mieux se connaître et d'appréhender d'une manière plus saine et positive ses limites et ses faiblesses. Se laisser habiter par les mots de celui qui, respectueusement, est là pour l'écoute émonde tous les sarments de futilité qui peuvent maquiller la recherche de la vérité. Malgré les faits délictueux ou l'état catastrophique de misère, la parole vraie de l'autre permet de « recevoir » de lui une considération positive sur soi pour avancer, dans la recherche toujours constante de la vérité libératrice, sur le chemin de la lumière reconstructive, qui peut aller – ou même *doit* aller – jusqu'à la totale assimilation de la faute, avec pour conséquence la demande de pardon, de réconciliation et de rédemption.

Hélas, et c'est bien peu de le dire, on est loin d'une telle thérapie des maux par les mots dans ces milieux complètement déconsidérés par notre société que sont la prison et la rue, contrairement à ce que nous avons mis en place dans le milieu militaire. La société, me semble-t-il, n'assumant aucunement ou si peu sa responsabilité « fraternelle » à l'égard des laissés-pour-compte, maintient l'individu « exclu » empêtré dans la douleur de son histoire torturée et dans la profondeur de sa désolation. Cette société-là, nous en faisons partie, nous la construisons ainsi, nous en sommes éminemment responsables (et parfois coupables). Nous devons donc nous battre avec les seules forces de l'amour charitable – qui n'est pas naïf –, pour que la société ne choisisse pas entre les blessés de la vie et, ainsi, tout faire pour que les regards de nos contemporains « valides » se tournent vers eux au lieu de s'en détourner. N'oublions jamais qu'un jour, si l'adversité nous gifle, aucun de nous n'est à l'abri de devenir un de ces pauvres qu'on ne regarde plus.

La misère appelant la misère, celui qui, par malchance, par malheur, par abandon ou par pauvreté personnelle, met un pied dans son infâme monde ne peut effectivement plus s'en échapper s'il n'est pas aidé et « tiré vers le haut » par la parole d'un « ami ». S'il reste seul, *jamais*, enfoncé qu'il est dans la douleur enténébrée de sa déconstruction dont il ne cesse de subir les affres, il ne trouvera la lumière car *jamais* on ne lui aura permis de voir sa pâle lueur, puisque *jamais* on n'aura daigné lui permettre de mettre des mots sur ses maux. L'ignorance silencieuse que nous mettons en œuvre dans nos esprits bien-pensants lorsque nous nous voilons la face devant la misère vécue par nos frères blessés par la vie n'est ni plus ni moins qu'une non-assistance à personne en danger. Si nous avions le courage de la parole…

Mettre ainsi des mots réconfortants et parfois sans concession sur les maux profonds apportés par la désolation demeure le premier objectif de ce « bilan psychologique d'événement » qui permettra *in fine* à la personne enténébrée par sa blessure psychique d'entrer dans la lumière bienfaisante tant désirée. Verbaliser l'expérience traumatisante permet d'en faciliter la maîtrise, évitant ainsi de tomber dans l'engrenage négatif de la déstructuration – toujours à craindre –, qui aurait pour conséquence incontrôlée une possible pathologie neurologique grave, avec des symptômes difficiles à assumer, pour la personne touchée comme pour son entourage immédiat. Il ne s'agit, me semble-t-il, en aucune manière d'une méthode de résilience. La résilience, prônée par le professeur Boris Cerulnik, est comprise comme le phénomène psychologique capable de donner à la personne en désœuvrement les moyens de dépasser son état traumatique afin de ne plus être dans la situation de désolation qui l'empêche d'être heureuse. Pourtant, érigé aujourd'hui en qualité intérieure bénéfique, ce concept ne me paraît pas suffisamment prendre en compte le fait qu'il faille préférentiellement *assumer* pleinement le choc traumatisant subi, plutôt que de le laisser *seulement* dans le registre du *refoulement.* Or, il ne faut pas refouler le trauma dans un quelconque « placard psychique » comme le dénonce le psychanalyste Serge Tisseron [142], mais se libérer de lui, car, simplement refoulé, il rejaillit un jour ou l'autre à la surface de l'esprit et pourra faire très mal à l'individu qui connaîtra sans doute une difficile phase dépressive et souvent imprévisible. La résilience, telle qu'elle semble être comprise, pourrait même empêcher la conscience et la sensibilité d'agir *pleinement* comme guide dans la résolution des problèmes relationnels inhérents au choc traumatique. De plus, et ce n'est pas le moindre de ses défauts, cette résilience ne serait possible que si la personne a déjà des assises solides en elle, assises acquises durant la petite enfance. Or, nous savons aujourd'hui que notre société, au sein de laquelle nous vivons des fidélités successives mettant au rancart du « ringardisme » la fidélité *classique*, la stabilité, la durée et même la différenciation des sexes, ne porte plus en elle les germes d'un équilibre psychologique certain.

Pour faire passer le blessé de l'ombre à la lumière qui ne pâlit pas, il faut donc mener une exigeante médiation de la parole qui le *libère*, lui permettant d'*assumer* son histoire récente sans la refouler, si dramatique soit-elle.

Bien entendu, entrer dans la lumière pour respirer sa tendresse libératrice suppose que cette étape verbale indispensable – qui peut être menée de front avec une rééducation physique et donc un réapprentissage de son corps meurtri, mais aussi avec un accompagnement de la foi – réponde à

142. Cf. Serge TISSERON, *L'intimité surexposée*, Hachette, 2002.

quelques critères basiques [143] qui peuvent être ainsi définis :

– Permettre à la personne blessée de revenir doucement, par la pensée, à la réalité du monde dans lequel elle vit *maintenant* et qu'elle ne devra pas « fuir ».

– Permettre à cette personne qui, parfois, a été « cocoonée » par le personnel soignant, de retrouver une certaine autonomie de la parole, car ni le thérapeute ni les éventuels autres blessés ne peuvent parler pour elle ou se mettre à « sa » place.

– Faciliter l'expression verbale de *l'indicible* au moyen du prisme suggestif composé de l'émotion, du ressenti et de l'affectif, qu'il ne faut pas négliger, sans pour autant laisser de côté l'objectivité de l'événement. À ce niveau-là, le groupe, composé de ceux qui ont vécu sensiblement le même événement stressant, paraît être un bon élément de la thérapie car « comment traduire l'horreur, la peur, la solitude de celui qui, touché dans sa chair, sait ou croit qu'il va mourir. Seuls ceux qui vivent ces moments abominables savent ce qu'est la réalité de la guerre [144] ».

– Donner à la personne une information sur ce qui lui arrive « psychologiquement » et ne manquera pas d'arriver encore, surtout dans le cas de blessures somatiques irréversibles. Les symptômes « dits » et « partagés » sont plus faciles à gérer et à anticiper.

– Assurer la personne traumatisée qu'elle n'est pas la seule à ressentir ces blessures intérieures qui peuvent être une source de « déprime » et entraîner certaines réactions non habituelles. Savoir et sentir que d'autres sont là aussi, avec les mêmes traumatismes, permet de puiser réconfort, encouragement et force. Si les événements traumatisants ont atteint un groupe et

---

143. Cf. Louis Crocq, *op. cit.*, p. 297-302.
144. Claude Nières, *op. cit.*, p. 178.

que ce groupe soit réuni ensuite pour la « relecture », chacun, guidé par le thérapeute, sera appelé à « vider son sac » en vue de maîtriser *ensemble* l'événement et de renforcer les liens d'appartenance au dit groupe.

– Éviter de garder en soi un sentiment d'échec, d'impuissance ou même de culpabilité qui peut amener le sujet à penser qu'il n'est plus « bon à rien », surtout si s'ajoute un handicap physique irréversible pour lui-même ou pour un camarade très proche.

– Permettre et encourager un retour « physique » dans le monde « normal » car même celui qui se trouve désormais handicapé à vie n'a pas vocation à continuer son existence dans une chambre d'hôpital où il est *totalement* assisté et pris en charge, entraînant une dépendance quasi maternelle qui le « rassure ».

– Donner à la personne fragile qui en aura besoin la possibilité de poursuivre ce soutien psychologique, lorsque des signes évidents de souffrance intérieure non assumée seront mis au jour par le personnel accompagnant. À ce propos, l'hôpital de Percy a mis en place une commission consultative de réadaptation des blessés en opération, qui traite du suivi psychique, psychologique et social pour chaque blessé en vue de sa réinsertion.

– Même si, pour la personne qui se trouve handicapée suite à l'événement, l'oubli de ce moment terrible où sa vie a basculé ne sera pas possible, il n'en demeure pas moins important que tout sujet blessé psychologiquement doive s'entendre dire que l'événement dramatique est bel et bien passé, que l'ombre qu'il a propagée sur *toute* la personne appelle maintenant la lumière.

Cela étant bien acquis, il sera plus facile, au frère blessé, de ne pas succomber au piège mortel de la comparaison ténébreuse avec ce qu'il fut *jadis* ou avec ses camarades qui sont restés en bonne santé. À cet égard, je ne peux m'empêcher de rejoindre cette belle pensée d'Alexandre Jollien :

> « Le chemin de ma vie, c'est d'accepter, ou plutôt d'accueillir tout mon être, sans rien rejeter de lui. Trouver la beauté, la joie, là où elles se donnent : dans ce corps, dans cet être, dans cette vie, et non dans une vie rêvée, idéalisée [145]. »

C'est pourquoi tout frère blessé et son entourage doivent prendre en compte le fait que l'événement passé fait désormais partie intégrante de l'histoire sacrée et unique de la personne qui doit se reconstruire *ensuite*. On ne peut faire machine *arrière*. C'est là tout l'enjeu de cet *autre combat* qui est celui de l'*avant*, celui de l'espérance véritable avec, pour arme retrouvée, la confiance, seule porte ouverte vers la joie qui est toujours à vivre.

Tout cela n'est possible que parce que le regard d'un autre, sa parole et son profond respect, ont su, nonobstant les obstacles nombreux et périlleux, amener patiemment le frère blessé aux portes de la lumière et au seuil de sa *nouvelle vie*, qui sera nouvelle parce qu'elle sera différente, mais non pas moindre. Parce que ce combat de la vie qui continue est profondément celui de l'homme, la victoire est toujours de l'ordre du possible. Je me souviens, à ce propos, de ce que disait Raphaël Voltz, médaille d'argent au tir à la carabine lors des Jeux Paralympiques de Londres : « Je me suis tellement battu contre mon corps que j'en ai développé une vraie culture de gagne [146]. »

Cependant, lorsque l'on vient d'un monde où tout semblait être réglé, codé et prévu… quand tout allait bien, peut-on « vraiment » accéder à cette pleine lumière ? Ça et là, le doute

---

145. Alexandre Jollien, *op. cit.*, p. 39.
146. Cité dans *Paris-Match*, n° 3300 du 26 juillet 2012.

peut s'installer. Les plus pessimistes et défaitistes d'entre nous ne se priveront pas de se laisser envahir par lui. Au sein des familles, dont un membre connaît aujourd'hui le handicap physique irréversible, la tentation de succomber à cet effroi du doute existe bel et bien et peut mettre en cause le « retour » à la lumière du cœur blessé. C'est un cercle vicieux : comment permettre au frère en désolation de trouver la consolation si mon cœur est noyé de désespérance ?

L'expérience commune nous montre, hélas, que cette étape lumineuse, même en ayant dépassé le premier stade de la lueur, reste donc très sensible. Pour autant, sachant qu'elle a pu y accéder une fois, la personne dont la désolation s'estompe petit à petit au profit de la consolation, soutenue par le respect de l'entourage – qui pourra, lui aussi, se faire accompagner –, aura, gravée en elle, cette certitude que les moments de doute et de « déprime » ne sont pas invincibles et que, si tous s'unissent contre eux, ils peuvent être *définitivement* et *résolument* vaincus.

1. Un petit mot sur le respect

Depuis de nombreuses pages, le mot « respect » semble colorer la relation entretenue par l'accompagnant auprès de celui qui souffre de désolation déstructurante. Le respect empêche l'un de se croire supérieur à l'autre. Dans l'accompagnement, les deux personnes se découvrent, apprennent à se connaître mutuellement et personnellement, et grandissent ensemble.

Ainsi, l'accompagnateur saura que sa mission consiste à ne pas laisser la personne éprouvée dans son état de désolation ; à la solliciter pour aller, non pas au-delà d'elle-même en lui laissant croire l'impossible, mais sur le chemin qu'il est *possible* de prendre pour retrouver la lumière, nécessairement purifiée par la douleur *passée*. Le respect, ainsi mis en œuvre auprès du frère souffrant, lui montrera sa totale dignité jamais altérée par les blessures physiques et psychiques. Ainsi, il prendra conscience de n'avoir rien perdu de son identité, lui prouvant – s'il en était besoin – qu'il a encore beaucoup de choses à apporter à l'humanité.

> « Le respect de l'être humain, c'est une certaine manière de se tenir à ses côtés, de se faire proche de lui, de lutter avec lui dans les moments difficiles ou contre des situations inacceptables. Il s'agit là du respect de celui qui souffre ou de celui qui subit une pauvreté. Quelque chose du regard et de la parole est engagé dans le respect de celui qui souffre [147]. »

On ne peut pas vouloir donner la lumière à quelqu'un si on ne communie pas d'abord à ses zones d'ombre…

2. Tranches de vie

Au hasard de nos chemins se trouvent des carrefours sur lesquels nous ne manquons pas de créer des relations humaines qui nous meuvent et réalisent notre humanité. Nous savons, au fond de nous-mêmes, que nous avons besoin les uns des autres. Si, aujourd'hui, nous sommes ce que nous sommes, nous le devons souvent aux autres qui ont su, à un moment donné de notre existence et de la leur, nous donner des repères pour avancer sur le chemin de la lumière vers laquelle, tous, nous tendons les mains. Et cela, nous l'avons apprécié pleinement, même si nous n'avons pas subi de choc stressant et déstructurant que d'aucuns de nos frères en humanité connaissent.

---

147. Jean-Marie Carrière, « Le respect dans la Bible », revue *Christus*, n° 195, juillet 2002, p. 291.

Chacun de nous aspire à la lumière et a besoin d'un autre pour la trouver car, fondamentalement, l'homme n'est pas fait pour vivre seul, la Bible nous le rappelant dans ses premières pages. Ce sont souvent les moments subis d'une solitude dangereusement violente qui nous tournent vers la nuit et vers la désolation. La lumière est un don et l'humanité ne peut vivre sans elle. Et parce qu'elle est don destiné à tous, ceux qui la fréquentent doivent savoir qu'elle est un dû envers ceux qui l'ont perdue ou ne l'ont jamais connue et qu'elle n'est vraiment « lumière » que si elle est partagée.

Lionel, que nous avons rencontré auparavant, a subi un profond traumatisme à la suite d'une grave blessure au combat, provoquée par une des quatre roquettes qui tombèrent sur sa position, alors qu'il était déployé au milieu d'une section de combat comme infirmier. Il a vécu, outre sa profonde et très sérieuse blessure somatique, « presque en direct » la mort de son chef, l'infirmier major Thibault.

Physiquement revenu de très loin, après maintes opérations et des sacrifices sportifs à consentir (arrêter de jouer au rugby, par exemple), ce solide et jovial gaillard connaît encore des forts moments de désolation psychique, dus principalement aux « retours » nécessaires et fréquents sur la table d'opération chirurgicale. On le comprend aisément, même si aucun d'entre nous ne peut vivre et assumer à sa place son « chemin de consolation » qu'il mène dans cet obligatoire et salutaire *autre combat.* Notre présence, physique, amicale, par la pensée et même par la prière, le soutien de son épouse et de sa famille et l'accompagnement de l'équipe médicale qui le suit, sont des balises que nous ne devons pas manquer de poser autour de lui. Parce que nous l'aimons, parce qu'il est notre frère, nous devons avoir envers lui une charité exigeante dont la référence n'est pas ce que nous pensons des souffrances de Lionel, mais ce que nous lui devons, au nom même de cette lumière que nous savons possible pour lui. Pour lui, nous devons être le signe de cette espérance qu'il peut perdre parfois. Nous avons cette responsabilité car nous « participons », certes pas avec la même arme que lui, à cet *autre combat*, certainement le plus important de sa vie qui n'a rien perdu de sa dignité.

Il existe des lieux de misère où, semble-t-il, la lumière a plus de difficulté à se frayer un passage. Pourtant, ce n'est pas la lueur qui manque dans ces milieux hostiles, car elle peut même venir des frères de misère qui ont la fraternité à fleur de peau. Ce qui manque, ce sont des personnes « extérieures » qui tiennent leur bougie allumée, contre vents et marées, à temps et à contretemps, nonobstant les obstacles, pour que d'autres viennent y puiser une lumière bienfaisante. Quand ces porte-flambeaux sont présents, les ténèbres sont vaincues.

Michel a erré durant de trop nombreuses années. Sa galère sans nom a été comme un catalogue de claques que la vie a semblé, avec une sinistre jouissance, lui ouvrir, page par page, au fil des jours et surtout des nuits. S'étant construit contre son père qui ne cessait de lui reprocher ses manquements, il tomba rapidement dans les griffes de la toxicomanie la plus dure, entraîné par sa grande sœur qui, déjà, s'y était donné corps et esprit.
Quittant les siens qui ne le reconnaissaient plus et auxquels il ne s'identifiait plus, il vogua de rive en dérive, sur des navires qui chavirent, sans port d'attache. Toutes les cures de désintoxication que son père lui intimait de faire se concluaient par des échecs, la volonté ne venant pas de Michel lui-même.
C'est une bénévole d'une association caritative qui va lui réapprendre, petit à petit, qui il est et ce qu'il peut devenir. À tel point qu'ils tomberont amoureux l'un de l'autre.
L'amour est renversant. Se sentant aimé, se sachant désiré et attendu, Michel entreprit, soutenu par sa bien-aimée, une autre cure de désintoxication qui, cette fois-ci, fut la bonne. Il eut la volonté de s'en sortir car il comptait pour quelqu'un, non pas par pitié, mais par amour.

Aujourd'hui, après bien des années de galère qui font partie de son passé « dépassé », Michel a déjà vécu quelques belles années de bonheur concrétisées par la naissance de sa fille Amélie et par un travail comme employé dans cette même association caritative, se mettant ainsi lui-même au service de ses frères en errance. Il est capable de les comprendre, de les écouter, de leur parler, de les aider afin qu'eux aussi « s'en sortent » car il sait, dans sa chair, que cela est possible. Et quand on le voit, rien ne laisse entrevoir le chemin difficile qu'il a traversé pour en arriver là.

Pour aider tous nos frères qui sont dans la même galère que celle que connut Michel, d'où que viennent leurs blessures et quel que soit leur milieu de vie, nous pouvons compter sur ceux qui « sont passés par là » et qui, indéniablement, au vu de leur témoignage, demeurent des « exemples » à suivre sur la route tortueuse de cet *autre combat*. Ils l'ont mené, ce combat, et ils l'ont gagné. Leur témoignage n'est aucunement de l'orgueil, mais la possibilité d'entendre qu'il n'y a pas de fatalité et que la lumière tant désirée n'est pas utopique ni chimérique, mais tout simplement possible ; la vouloir et envisager d'y demeurer sont une nécessité vitale. Même si l'on peut dire, comme Confucius, que « l'expérience est une bougie qui n'éclaire que celui qui la porte », la lumière qui s'y reflète peut éclairer les autres, tous les autres. Il nous faut donc laisser la parole à ceux-là mêmes qui sont passés par ce chemin de la désolation humaine et qui, à force de confiance retrouvée en eux et dans les leurs, à force de batailles gagnées sur l'adversité, à force de coups d'espoir et de cris d'espérance, ont su gagner l'*autre combat*. Et ils sont nombreux.

Il y a d'abord ceux qui ont gagné les deux grandes batailles de cet *autre combat* qu'ils avaient à livrer. La première d'entre elles, nous l'avons vu, se définit comme le réapprentissage du corps meurtri et « diminué » suite à la perte d'une partie de lui-même, que ce soit lors d'un accident ou d'une blessure de guerre, tous les deux étant des chocs violents et soudains. Le deuxième en est la conséquence psychique, on l'a également déjà évoqué, et consiste dans la sortie de ce temps de désolation intérieure pour se réapproprier le monde environnant en reconquérant, d'une certaine manière, sa famille – pilier indispensable de la reconstruction – et ses proches et en adaptant le cadre de vie pour, de nouveau, être partie prenante de la société.

Viennent ensuite ceux qui n'avaient qu'une bataille à gagner dans cet *autre combat* qui s'avérait nécessaire pour eux : la bataille psychologique. Je pense à tous ceux qui, à coups de dépression ou de descente dans la grotte enténébrée de la détresse, ont su, aidés d'un entourage désintéressé et écoutant, revenir de cœur et d'âme au milieu de leurs frères.

Leur témoignage à tous est d'une importance capitale pour aider ceux qui sombrent dans le doute, le désespoir ou, pire, la désespérance. La désolation dans laquelle se trouvent nos frères souffrants de maints traumatismes – réversibles ou non – a besoin de consolation. Le témoignage a ce rôle majeur. Il ne met pas en avant celui qui parle, mais il permet à celui qui écoute de commencer à baliser le chemin sur lequel va s'engager son *autre combat*. Ce témoignage – refondateur pour celui qui l'entend – fait comprendre une chose essentielle qu'il faut retenir : « Je peux encore espérer, même si apparemment, pour ma vie ou pour le moment historique que je suis en train de vivre, je n'ai plus rien à espérer [148]. »

Chaque témoignage est unique parce que l'être est unique. Même si « techniquement », les blessures peuvent se ressembler,

148. Benoît XVI, encyclique *Spe salvi*, n° 35.

la façon de les « gérer » par le blessé lui-même est unique, profondément subjective et infiniment « intérieure ». Mais chaque témoignage est une leçon de vie adressée à *tous*. Tous, blessés ou non, nous avons sans cesse à apprendre. Faisons-le avec le récit qui suit et qui nous montre, de façon éloquente, la force d'espérance lumineuse qu'il peut y avoir dans chaque homme.

> Benjamin a vingt-trois ans lorsque tout bascule pour lui en Afghanistan. Ce 19 février 2011, déployé sur ce théâtre de pierres et de vent en tant que maître-chien, il est touché à la jambe par un tir d'insurgé lors d'une mission de reconnaissance. Plongé dans un coma artificiel, il est rapatrié en France, à l'hôpital de Percy, et se réveille : « À mon réveil, ma famille était présente dans la chambre d'hôpital. J'ai tout de suite compris qu'on m'avait amputé d'une jambe. Quand on part en mission, on ne pense pas vraiment au danger, on se dit que ça n'arrive qu'aux autres… Outre l'équipe médicale qui a joué un rôle d'accompagnement essentiel tout au long de mon parcours, la CABAT et Terre Fraternité sont venus me voir dès les premiers jours pour m'expliquer la suite des événements. Je les ai trouvés très respectueux. Dès l'annonce de mon rapatriement, ils ont su trouver leur place auprès de ma famille tout en restant discrets. Ils me suivent toujours depuis, je me sens très bien entouré. Ce sont eux qui m'ont sollicité pour participer au RMBS [149], mais aussi pour faire partie du programme de tests des prothèses nouvelle génération [150]. Je me suis bien adapté à ma prothèse,

149. Rencontres Militaires Blessures et Sports : permettre aux blessés de reprendre une pratique sportive, soit au travers du sport qu'ils pratiquaient avant la blessure, soit en leur faisant découvrir de nouvelles disciplines adaptées à leur handicap.
150. Des prothèses avec des genoux motorisés ou des bras bioniques, par exemple. Notons, hélas, que ces prothèses coûtent extrêmement cher et ne sont que peu remboursées, obligeant la mise en place de financements parallèles.

je retrouve mes sensations. Je peux refaire du roller, l'une de mes passions. Quant à mon retour dans la vie quotidienne, je reste optimiste sur l'avenir. Une de mes premières questions au réveil à l'hôpital a été: "Est-ce que je vais pouvoir réintégrer mon régiment?" C'était mon but et au bout d'un an, j'y suis parvenu. J'ai retrouvé mon chien, je sais que je ne pourrai plus partir sur des missions telles que l'Afghanistan, mais je pense pouvoir tout de même retourner en opérations extérieures, au Liban par exemple, pour surveiller des dépôts. Ce serait l'accomplissement de tous mes efforts. Aujourd'hui, je tiens à revenir régulièrement à Percy pour rencontrer les nouveaux blessés, témoigner de la vie après la blessure. C'est important pour moi de leur apporter le même soutien que celui dont j'ai pu bénéficier [151]. »

La leçon de vie que nous donne le jeune Benjamin est exemplaire. Lui qui est « passé par là » connaît le chemin de la souffrance, de la désolation et de la solitude sur un lit d'hôpital. Cependant, jamais abandonné par les siens, il a pu, avec une rapidité certaine, se « reconstruire » en marchant (sans mauvais jeu de mots) vers la lumière qui déjà l'appelait à elle dès le premier instant.

Bien que chacun soit unique, d'autres témoignages « similaires » nous éclairent sur le fait que le chemin vers la lumière n'est pas une utopie de naïf. Le tout, me semble-t-il, est que le blessé se donne un « objectif » réalisable et que sa démarche soit soutenue et encouragée.

En 1993, Franck perd sa jambe dans un accident de moto. Équipé d'une prothèse, il entre dans une autre vie, au cours de laquelle il expérimente le tir à poulies handisport. C'est un coup de foudre. Trois semaines après son premier essai, il

---

151. Benjamin Atgie, revue *Ensemble*, le magazine du GMPA, n° 197, juillet 2012, p. 15.

achète son propre arc : « Mon accident m'a ouvert une nouvelle vie. Paradoxalement, sans lui, je n'aurais jamais découvert ce sport. » À force d'entraînement et de ténacité, aujourd'hui, à trente-sept ans, il s'impose parmi les meilleurs (9e aux derniers championnats du monde handisport et sextuple champion de France) et dispute des compétitions avec les valides. « Être aux Jeux (paralympiques), c'est extraordinaire, mais ce n'est pas un aboutissement. Ce qui me motive, c'est l'amour de la compétition. Même quand je joue aux cartes, je déteste perdre [152] ! »

On peut vouloir gagner sans désirer écraser l'autre, on peut même gagner doublement en le relevant. Mais parfois, l'homme est un loup pour l'homme. En regardant la carte du monde, on voit bien qu'il n'est pas un endroit où l'homme respecte *parfaitement* son frère. Les conflits, trop nombreux, sont le signe du désir de puissance, de domination et de pouvoir démesuré de certains hommes qui mettent en avant un instinct animal au détriment de ce qui doit habiter le cœur de chair humain, comme la charité, la paix, l'espérance ou l'amour du plus faible. Jean-Baptiste revient de cet enfer de sang que l'homme fou a construit sur la terre.

Jean-Baptiste a frôlé la mort pendant la guerre civile au Burundi. Lors d'une irruption de soldats dans son village, sa mère est tuée sous ses yeux. La jambe de Jean-Baptiste est sectionnée. Il n'a que trois ans, nous sommes en 1994. Plus tard, il est adopté par un couple du côté de Montélimar. Il grandit. Jean-Baptiste n'a que les Jeux paralympiques de Londres dans la tête depuis quatre ans : « Une revanche sur mon enfance ! » En 2008, les paralympiques de Pékin lui passent sous le nez, car il est jugé trop jeune, avec ses dix-sept ans. À Londres, il veut « monter sur la plus haute marche du podium », notamment en saut en longueur, lui, le quadruple champion du monde des moins de

152. Franck Haudoin, revue *La Vie*, du 30 août 2012, p. 36.

vingt-trois ans. Il tient « surtout à montrer de belles images aux personnes qui n'ont jamais vu ça [153] ».

En temps de paix aussi, on peut choir sur le boulevard du handicap. La vie quotidienne, faite de loisirs et de plaisirs, peut nous rappeler à la dure réalité de la faiblesse et transformer nos certitudes en évanescences au gré des accidents et autres incidents. Là aussi, la personne peut connaître des désolations terribles et le plaisir de faire ce qu'on aime peut devenir une source de détresse qu'un *autre combat* devra vaincre.

Fabien a quarante et un ans lorsque tout va basculer dans sa vie. Lui qui, d'une certaine manière, communiait avec les eaux de l'océan, qui semblait prendre plaisir à faire des vagues pour se voir danser sur son surf, a failli sombrer dans la mort qu'était venu lui apporter un requin-bouledogue, surgi de nulle part et essayant de l'arracher de son surf.
Son instinct de survie a été plus fort que la peur de la mort et que la douleur. Sans jamais lâcher son surf devenu sa bouée de sauvetage, Fabien a réussi à mettre le squale en fuite même s'il lui a laissé sa jambe et sa main droites. Fabien a cru qu'il allait mourir, c'est vrai. Il s'est réveillé à l'hôpital Saint-Pierre de la Réunion, opéré et hors de danger, mais amputé. « La douleur, l'acceptation de mon nouveau corps, c'est le prix à payer pour ma nouvelle vie. Mais je suis si heureux d'être là ! Et si chanceux ! Pour moi, c'est une renaissance. Je suis mort à quarante et un ans. Maintenant, c'est le début d'une seconde vie. Je me sens plus fort que jamais. » Il n'aurait sans doute pas pu dire cela si vite après l'accident s'il n'avait pas été soutenu par son épouse Cathy qui n'a cessé de veiller sur lui [154]. »

153. Jean-Baptiste ALAIZE, revue *La Vie*, du 30 août 2012, p. 35.
154. *Paris-Match*, n° 3303 du 16 août 2012, p. 68, reportage de Émilie BLACHERÉ.

3. La lumière est une rencontre

Nous venons de bien le voir et de le comprendre. La lumière ne se trouve pas dans la solitude. Elle se rencontre car il faut que quelqu'un l'apporte. Elle se laisse apprivoiser par le biais d'une personne aimante qui aura su, à force de courage, de volonté, de désintéressement, d'abnégation et de charité fraternelle, allumer la flamme dans le cœur du frère blessé par une désolation destructrice.

Pour allumer cette flamme, la personne accompagnante, qu'elle soit du corps médical, paramédical ou du giron familial, aura dans un premier temps reconnu le traumatisme de celui auquel elle s'adresse. La non-reconnaissance de cet état traumatique serait une grave erreur qui ne permettrait pas au frère blessé d'avancer. Cela, encore une fois, n'est pas uniquement valable pour la personne accompagnante qui ne saurait rester seule dans ce suivi post-traumatique. Il sera nécessaire que la communauté tout entière participe à cette reconnaissance en donnant les moyens à celui qui souffre d'entrer dans cet *autre combat* et d'avoir des soins permettant de soigner les séquelles de *toutes* ses blessures, physiques et/ou psychiques, sans oublier les spirituelles, nous le verrons, car il ne faut jamais perdre de vue la triple dimension humaine.

Faire sortir le frère atteint de désolation du chemin chaotique de sa solitude intérieure qui le tire vers le néant sera un combat qu'il faudra mener avec les armes de la charité car des batailles peuvent être perdues. Si l'accompagnant, ce « regardant d'amour », cet « écoutant d'amour », se trouve trop seul face à ce défi, il risque aussi d'être blessé en étant vidé de sa force. Voilà pourquoi il est nécessaire d'avoir ce soutien fraternel de la communauté humaine. C'est une évidence d'affirmer que notre société fraternelle ne peut se construire sans cette relation particulièrement chaleureuse entretenue avec le frère blessé, avec la personne qui souffre. Nous sommes ce que nous donnons.

> « Notre relation à la personne handicapée nous dit quelque chose de notre regard, de notre façon d'être vis-à-vis de l'ensemble de la société. Ma relation avec l'autre en situation de handicap est porteuse du sens, révélatrice de la place que toute la société donne aux plus pauvres, aux plus démunis, aux exclus [155]. »

Ce sens particulier de l'humain blessé est déjà bien développé au sein du monde militaire, au cœur duquel la fraternité d'armes ne se décrète pas d'un coup de note de service, mais se vit tout simplement et, oserai-je dire, « naturellement ». Pour le soldat valide, il va « de soi » de porter secours à son frère blessé, il va « de soi » de l'accompagner dans sa reconstruction parfois longue et ardue. Il va « de soi » aussi de savoir prendre du temps pour lui, non pas pour le perdre, mais pour le gagner en vérité et en amour. Il va encore « de soi » de porter un peu de lumière à celui qui a connu les douleurs des ténèbres.

La lumière est une rencontre, mais cette rencontre – on l'a facilement perçu tout au long de ces pages – est basée sur l'écoute. En premier lieu, il s'agira d'entendre le cri de celui qui souffre et ensuite, viendra le temps des mots qui permettront à celui qui doit se reconstruire de recevoir des armes pertinentes pour son *autre combat*. Pour autant, si le blessé doit de nouveau « s'apprendre », celui qui accompagne et qui, d'une certaine manière, face à la souffrance de l'autre, va se « redécouvrir » devra « apprendre » l'écoute, car rien n'est plus difficile que d'écouter dans ce monde où tant de bruit nous

---

155. Marie-Hélène Boucand, *op. cit.*, p. 326.

empêche d'entendre la voix fluette et pourtant stridente de celui qui ploie sous la souffrance.

4. Un petit mot sur « l'écoute »

Un psaume dit : « *Ta parole est une lampe pour mes pas, une lumière pour mon sentier* [156]. » On ne peut pas mieux définir le « but » de la parole d'un autre. Si celle de Dieu est « pleinement » bénéfique pour l'homme – mais cela est une autre histoire –, celle de l'homme qui se met au service de son frère dans une écoute bienveillante le sera aussi d'une certaine manière. Il n'y a pas à en douter, si la rencontre est vraie.

L'écoute est d'abord une réciprocité qui se vit dans l'humilité et par l'humilité ; humilité de l'*écoutant* qui ne doit jamais se penser suffisant et humilité de l'*écouté* qui ne doit jamais se dénigrer car « le premier se coupe du monde en ne comptant que sur lui-même. Le second se coupe de lui-même en ne comptant que sur les autres [157] ». L'écoute ne calcule pas par intérêt et ne fait rien pour entretenir une quelconque domination de l'*écoutant* sur l'*écouté*. Elle place sur un pied d'égalité deux êtres qui, par elle, deviennent *amis* ; en effet, c'est l'amitié qui fait la vérité de l'écoute et l'écoute fait de l'amitié un bien fécond, précieux, sans calcul ni jugement. Il n'y a donc aucun « écran » entre les deux personnes qui se regardent et échangent. C'est tout le contraire de notre monde qui s'autoproclame « monde de communication », plaçant un « écran » entre les individus et générant ainsi une absence de réciprocité. Radio, télévision, publicité, discours politiques… offrent, dans un brouhaha permanent, une parole que l'on

---

156. Psaume 119 (118) 105.
157. Alexandre Jollien, *op. cit.*, p. 87.

entend, mais que l'on n'écoute plus et à laquelle surtout on ne peut répondre. Comme si cela ne suffisait pas, les réseaux dits « sociaux » en rajoutent une couche, en proposant faussement de se créer des « amis » intouchables à l'autre bout du monde, enfermant ainsi davantage les uns et les autres dans la solitude « sécurisante » des portes inviolables et fermées à triple tour, tuant les relations fraternelles du voisinage concret. Hélas, cette dépersonnalisation des relations se concrétise encore davantage par l'anonymat des machines qui remplacent les guichetiers de ce que nous appelons encore exagérément nos « services publics ». Nous sommes dans une société où, finalement, on ne se parle plus, on ne s'écoute plus et où, finalement, on s'aime de moins en moins, faisant un tri hyper sélectif dans ce que nous croyons être nos relations sociales et socialisantes. C'est pour cela que, hélas, « l'écoute » de l'autre devient une prouesse scientifique et tend à devenir une affaire de spécialistes.

> « À la diminution des échanges courants s'ajoutent des changements qui touchent plus spécifiquement l'écoute des problèmes psychologiques : on s'appuie moins sur le prêtre, le directeur de conscience, voire le médecin qui autrefois basait davantage son diagnostic sur l'écoute du malade que sur les examens biologiques. Par contre, aujourd'hui, les apports de la psychanalyse et de l'aide psychologique en groupe sont mieux connus et présentent une alternative efficace dans les contextes de crise [158]. »

Or, l'écoute, me semble-t-il, devrait être la base de nos relations humaines fraternelles. Il n'y a pas de vie sans écoute. Saint Benoît, fondateur du monachisme occidental, l'avait

---

158. Emmanuelle Gilbert, « Le travail intérieur de l'écoute », revue *Christus*, 176, octobre 1997, p. 418.

bien compris, lui qui, dans sa règle de vie déjà ancestrale, a écrit comme premier mot : « écoute [159] » !

Dans le cadre de l'accompagnement d'une personne qui doit mener cet *autre combat* de la reconstruction après une certaine désolation, il est important de se dire que « la première hospitalité n'est autre que l'écoute [160] ». On ne peut vouloir aider le frère à vivre son combat contre les ténèbres assaillantes et vouloir le conduire sur le chemin lumineux si on n'est pas « écoutant », en acceptant de devenir, d'une certaine manière, un « hospitalier » de la parole blessée. Dès lors, qu'est-ce qui nous empêche d'écouter ?

> « Deux choses essentielles : le manque de disponibilité à l'autre et le fait de ne pas trouver la bonne distance vis-à-vis de lui [161]. »

Tout combat est composé de bon nombre de batailles. Échelonnées dans le temps, elles participent à la victoire – ou à la défaite – finale. Dans le combat qui nous intéresse, les armes de fer ont laissé la place aux armes de la lumière, qui ont pour mission de lutter contre les armes de la nuit. Cet *autre combat* est, lui aussi, tributaire du temps et de sa médiation patiente. Comme les armées se rendent *totalement* disponibles pour leur combat de feu sur le champ de bataille, ceux qui se portent auprès de nos frères blessés et enfermés dans leur désolation doivent affûter leur esprit pour le rendre disponible à entendre les mots des maux et redonner l'espérance sur la souffrance. Ainsi, la disponibilité qui est requise pour un tel combat ne supportera ni un éventuel encombrement dû aux soucis de l'*écoutant*, ni

---

159. « Écoute, ô mon fils, les leçons du Maître, incline l'oreille de ton cœur, accueille volontiers les avis d'un tendre Père, et mets-les effectivement en pratique. » *Règle de saint Benoît.*
160. Jean-Louis Chrétien, « L'inouï », revue *Christus*, 176, p. 427.
161. Emmanuelle Gilbert, *op. cit.*, p. 420.

une « fusion » avec l'*écouté*. La différence entre l'un et l'autre restera nécessaire, mais pas l'indifférence. La compassion sera de mise, mais pas la confusion. L'échange sera la norme, mais pas le mélange. L'altérité sera essentielle, mais pas l'uniformité. L'écoute fait exister celui qui parle ou, plutôt, le fait « réexister ».

En retour de cette « écoute » reconstructive, l'accompagnant devra être capable de donner une parole. Celle-ci ne sera « vraie » que s'il y a eu une écoute vraie. Le risque contraire est de donner une parole mensongère, une parole qui sonne faux, une parole qui sera, à un moment ou à un autre, perçue comme un coup de poignard. Car le frère blessé, en qui la désolation a déjà « cassé » quelque chose, comptera sur cette parole de l'autre pour cet *autre combat* vers la lumière. Une parole faussée par une compassion biaisée peut entraîner, par l'illusion chimérique qu'elle draine, une obscurité du cœur qui peut être fatale. Si « l'écoutant » trompe « l'écouté », c'est « l'écouté » qui paye l'addition. Voilà ce qui peut être dit sur la disponibilité et sur la distance que doit avoir l'accompagnant ; il ne doit jamais se croire un « surhomme », doit connaître ses propres dérives et doit se présenter humble et rempli de charité fraternelle devant celui qui, handicapé dans sa désolation, attendra *beaucoup* de ce soutien indispensable et nécessaire à son *autre combat.*

5. Charité rime avec spiritualité

> « La charité explique tout, la charité inspire tout, la charité rend tout possible, la charité renouvelle tout. La charité *"excuse tout, croit tout, espère tout, supporte tout"*. Cela, qui de vous l'ignore ? Et si nous le savons, ne sommes-nous pas à l'heure de la charité [162] ? »

---

162. Paul VI, encyclique *Ecclesiam suam*, 1964, n° 54 (citation biblique : 1 Corinthiens 13).

Nous parlons beaucoup de « charité », dans ce livre comme ailleurs. Le grand risque que nous encourons est de ne plus savoir de quoi l'on parle. Pour certains, ce mot fleure trop la religion et, par voie de conséquence, il ne faudrait plus l'utiliser et parler « seulement » de solidarité, comprise avec raison comme une exigence sociale naturelle. Même le discours théologique semble tiède sur le sujet. Nous ne sommes plus au temps où saint Vincent de Paul parlait de « faire la charité » comme nécessité constitutive de la vie chrétienne. Nous avons également oublié que le fondateur du Secours Catholique, Mgr Jean Rodhain, aimait dire que « la charité n'a pas d'heure » et avait sur son bureau une pendule sans aiguilles. Qui se souvient aujourd'hui que sainte Louise de Marillac, patronne des Œuvres de Charité, affirmait que « la Charité de Jésus Crucifié nous presse » ? Pour tous ces beaux exemples d'une humanité particulièrement « réussie », il était clair que la main devenait le prolongement du cœur. Ils ont aimé jusqu'au bout de leurs forces physiques ; leur âge avancé, qui a fait qu'ils ont vieilli dans l'amour, n'a pas eu pour fâcheuse conséquence que leur amour fût vieux un seul jour de leur charitable existence.

De nos jours, on ose même opposer la vertu de charité à la passion de l'amour tant la subjectivité, l'émotionnel, le sentimentalisme et même la peur de l'autre ont pris le dessus sur l'objectif du combat contre toute forme de misère, sans trier les bénéficiaires de l'aide, ce qu'on appelait autrefois « les bonnes œuvres ».

Oui, la charité est liée à la spiritualité, c'est un fait. Comme l'affirme saint Thomas d'Aquin, « l'âme accomplit des actes de vertu et agit avec perfection lorsqu'elle opère par la charité ; c'est par cette vertu en effet que Dieu habite en elle ; mais sans charité, elle est inerte car saint Jean a écrit : "Celui qui n'aime pas demeure dans la mort" [163] ».

Si la charité est vertu, c'est-à-dire qualité acquise, c'est parce qu'elle est basée sur la parole du Christ qui ne fait pas de différence entre les hommes : *« Tu aimeras ton prochain comme toi-même. »* (Mt 5, 43) De plus, cette parole se décline tout au long des Évangiles par des actes concrets posés par Jésus lui-même et signifiant que lorsqu'un geste de charité est posé sur un pauvre, c'est lui, le Fils de Dieu, qui en « bénéficie ».

Autrement dit, pour le chrétien, il n'est pas d'autre chemin que celui de la charité qui dilate le cœur pour conduire au Christ, la véritable source capable d'irriguer nos déserts de stérilité rongeuse. Oui, la charité va très loin, sa gratuité transcende à la fois celui qui l'offre et celui qui en est le bénéficiaire. En effet, « si elle n'est pas animée par l'amour de Dieu, la charité tourne au "caritatif", avec toutes ses équivoques : humiliation de l'assisté, ignorance des vrais besoins, fausse hiérarchie des urgences, stratégies médiatiques, enjeux financiers (charity business), luttes de pouvoir, récupérations politiques, etc. [164] ».

La source de la charité n'est donc pas le cœur de l'homme, son émotion ou sa peur ressenties devant la misère de « certains », mais Dieu lui-même, ce Dieu qui est charité [165] et qui, en faisant sauter les verrous de toutes nos peurs subjectives, nous fait saisir qu'il ne doit pas y avoir de différence de traitement envers les gens qui ploient sous la souffrance

---

163. Saint Thomas d'Aquin, *Conférences sur les deux préceptes de la charité et les dix commandements de la loi*, Nouvelles Éditions latines, 1970, p. 17 (citation biblique : 1 Jean 3, 14).
164. Vincent Carraud, « Ordonner la charité », revue *Communio*, XIX, 6, 1994, p. 9.
165. Cf. première lettre de saint Jean 4, 8.

puisque nous sommes tous des frères par grâce. Ainsi, nous sommes tous capables de charité et nos frères blessés et handicapés devraient tous bénéficier de cette vertu objective intrinsèquement liée à notre dignité humaine. Nous n'avons donc pas le droit de nous dérober ; encore une fois, Jésus nous montre le chemin à suivre. Dans l'Évangile, nous le voyons rencontrer des personnes misérables et handicapées, comme le paralytique de la piscine de Bethesda [166] ou l'aveugle-né dont nous reparlerons plus loin. Nous le voyons aimer ces personnes et poser un regard vrai sur elles, un regard qui voit plus loin que l'apparence blessée d'un corps meurtri, un regard qui montre que Jésus a « foi » en celui qu'il approche.

Si la charité est liée à la spiritualité, et elle l'est, cela veut dire qu'elle est liée à la foi. « Faire la charité » est une obligation qui découle de la foi, car c'est le combat pour la vie, cet *autre combat* que nous devons mener avec ceux qui n'ont plus la force de porter les armes de lumière. Mais pour celui qui n'a pas la foi, la charité peut être un bon moyen de l'acquérir. Il n'est donc pas « exempt » d'être charitable puisque tous les hommes sont perçus comme frères, même dans l'athéisme. Comme elle est un des sommets de la foi chrétienne, la charité peut aussi en devenir une des sources…

Si la charité est foi, elle est, indéniablement, espérance. Par elle, nous espérons pour celui qui souffre. Par elle, nous comprenons sa douleur. Par elle, nous pouvons partager cette douleur et la supporter avec lui. Par elle, nous sommes témoins de la lumière toujours possible. Par elle, nous détruisons les forces du désespoir. Enfin, par elle, nous donnons Dieu. Cette communion, qui transcende l'horizontal de nos vies humaines

---

166. Cf. évangile de Jean 5, 2 à 9 (Bethesda voulant dire « maison de miséricorde »).

pour le sanctifier dans le vertical d'une relation divine, nous fait approcher de la félicité promise aux Enfants de Dieu car « la béatitude éternelle en effet est promise seulement à ceux qui possèdent la charité; car sans la charité, tout est insuffisant [167] ».

Ainsi, la charité nous apprend beaucoup sur nous-mêmes comme elle nous apprend énormément sur notre frère qui souffre. Par elle que nous sommes appelés à servir dans le dévouement et l'abnégation, nous acquérons des grâces particulières qu'elle est la seule à nous offrir. Nous recevons « la grâce de ne pas avoir peur des fragilités et des blessures de la vie, les siennes et celles des autres, de s'en servir pour avancer et grandir, mais aussi la grâce d'adopter les manières de Dieu : transformer le mal en bien par amour car tout est grâce pour ceux qui aiment. Nous vivons aussi la grâce de comprendre que nous avons besoin les uns des autres ! La solitude tue plus que le handicap ! Et enfin, la grâce de ne jamais se décourager, de ne jamais s'avouer vaincu [168] ».

Heureux sommes-nous si, par la charité, vertu intrinsèquement liée à ses deux sœurs que sont la foi et l'espérance, nous anoblissons, par grâce reçue de Dieu, l'homme souffrant afin qu'il marche vers la lumière qui ne passe pas. Heureux sommes-nous de cette « foi » en l'homme qui nous habite et que Dieu lui-même veut sanctifier, par son Fils Jésus, le « médecin total » de l'homme. C'est cette « foi » agissante qui nous permet de nous approcher de Dieu en nous approchant de l'homme blessé. Pour autant, aucune bataille de cet *autre combat* que nous menons avec nos frères souffrants n'est gagnée

167. Saint Thomas d'Aquin, *op. cit.*

168. Abbé Olivier Pascal, « Il suffit d'aimer », revue *Hospitaliers*, n° 142, mars 2012, p. 13.

d'avance, même si la foi nous fait *« soulever des montagnes*[169] »
car « la foi n'est pas un état confortable, mais une recherche toujours à reprendre[170] ».

Voilà pourquoi il nous est indispensable, si nous voulons effectivement être porteurs d'un peu de lumière auprès de nos frères enténébrés dans leur désolation physique et psychique et ne pas sombrer sur le chemin ardu de cet accompagnement, de nous « tourner » corps et cœur vers Celui qui, jusqu'au bout, nous a appris le véritable sens de l'amour qui dilate le cœur. Et ce sens est la foi...

---

169. Cf. évangile selon saint Matthieu 17, 20.

170. Christian de Chergé, prieur de Tibhirine, *L'invincible espérance*, Bayard, 1997, p. 47.

Des mots pour grandir

Il se taisait devant ses juges!... Dieu se fait pauvre afin que nous puissions lui faire la charité; il nous tend la main comme un mendiant afin qu'au jour du jugement, il puisse nous faire entendre ces paroles: « Venez, les bénis de mon Père, car j'ai eu faim et vous m'avez donné à manger... » C'est Jésus lui-même qui a prononcé ces mots, c'est lui qui veut notre amour, qui le mendie... Il se met pour ainsi dire à notre merci. Il ne veut rien prendre sans que nous lui donnions, et la plus petite chose est précieuse à ses yeux divins.
Sainte Thérèse de Lisieux (*Manuscrits autobiographiques*)

Viens, furie! Viens Espérance
Apporte la porte immense

Destructrice de la mort
Rugissement dans l'aurore

Viens, lumineuse! Viens, dorée
Vivre maintenant déchaînée

Viens, impossibilité
Toute puissante
Espérance!

Paul Claudel

5

Le Christ, Médecin total

« Toute l'Église, dans tout son être et tout son agir, tend à promouvoir le développement intégral de l'homme quand elle annonce, célèbre et œuvre dans la charité. Elle a un rôle public qui ne se borne pas à ses activités d'assistance ou d'éducation, mais elle déploie toutes ses énergies au service de la promotion de l'homme et de la fraternité universelle quand elle peut jouir d'un régime de liberté. Dans bien des cas, cette liberté est entravée par des interdictions et des persécutions, ou même limitée quand la présence publique de l'Église est réduite à ses seules activités caritatives. »

Benoît XVI,
Caritas in Veritate, 11

Jésus est le combattant de l'Espérance ; par grâce, sa victoire sur les forces de désespérance est pour tous les hommes. Son combat « spirituel » n'a pas de limites ; il rejoint tous les aspects de l'humanité que lui, le Seigneur, maître des temps et de l'Histoire, connaît parfaitement car il s'est incarné en elle, délaissant la gloire qu'il avait auprès du Père pour revêtir la tenue du « serviteur souffrant » de l'homme qu'il appelle « ami ». Les armes, qu'il utilise pour ce combat *total* contre les maux et les larmes de l'âme, sont des armes qui ne détruisent rien d'autre que le Mal, ce Tentateur qui veut faire croire à l'homme qu'il peut se sauver, se guérir, se construire et se reconstruire sans Dieu. Nous avons, hélas, sur nos routes humaines, de profondes traces boueuses laissées par cette conception du salut par soi-même. Mais au-delà de toute fausse sagesse humaine, changeante au fil des siècles, le Christ sait, parce qu'il habite le cœur des hommes, que la racine de *toute* douleur pousse d'abord dans l'âme et que celle-ci, pigmentant tout l'être, augmente considérablement toutes les autres douleurs, qu'elles soient physiques ou psychiques, au point qu'elles peuvent avoir le pouvoir de nier la toute-puissance divine. Mais nous entrons là dans un *autre combat* pour lequel seul le Christ est armé. Je resterai, pour l'instant, dans l'affirmation que les douleurs peuvent s'interpénétrer. Des spécialistes établissent parfois des liens *invisibles* entre certaines douleurs physiques et certaines douleurs morales, notamment chez les personnes introverties qui peuvent « emmagasiner » en leur for interne de profondes souffrances qui rejaillissent par exemple en ulcère à l'estomac.

Puisque le Christ a vaincu le Prince de ce Monde [171], le *Médecin total* qu'il est peut tout. Il ne faudrait pas, pour autant, croire que le Christ, Seigneur des Univers, n'a pas choisi d'avoir *besoin* de la médiation humaine pour *l'aider* dans sa mission divine de *Médecin total.* Ne nous trompons pas de Dieu, en ignorant le sens profond de l'Incarnation qui nous montre que le Christ Jésus a eu *besoin* des hommes pour grandir en leur sein, pour apprendre à marcher au milieu d'eux et pour annoncer la Bonne Nouvelle du Salut en approchant et soignant les plus pauvres. C'est son mystère de descendre si bas mais c'est notre gloire de monter, par Lui, avec Lui et en Lui, si haut.

1. L'aveugle de Jéricho

Alors qu'il est physiquement disparu à nos yeux, mais spirituellement présent à nos cœurs, n'ayons aucune crainte de nous laisser envahir par sa sainte et réconfortante Parole. Plongeant dans le fleuve baptismal de ses mots, nous le verrons tel qu'il est, tel qu'il souhaite se montrer à nous et, de fait, tel que nous devons le chercher, l'approcher et l'aimer, dans notre vie qui est appelée à être, par grâce, une suite et une imitation de la sienne.

Or, comme Jésus s'approchait de Jéricho, un aveugle était assis au bord du chemin, en train de mendier. Ayant entendu passer une foule, il demanda ce que c'était. On lui annonça : « C'est Jésus de Nazareth qui passe. » Il s'écria : « Jésus, fils de David, aie pitié de

171. Cf. évangile selon saint Jean 16, 11.

moi ! » Ceux qui marchaient en tête le rabrouaient pour qu'il se taise ; mais lui criait de plus belle : « Fils de David, aie pitié de moi ! » Jésus s'arrêta et commanda qu'on le lui amène : quand il se fut approché, il l'interrogea : « Que veux-tu que je fasse pour toi ? » Il répondit : « Seigneur, que je voie ! » Jésus lui dit : « Vois. Ta foi t'a sauvé ! » À l'instant même, l'homme se mit à voir et il suivait Jésus en rendant gloire à Dieu. Tout le peuple, voyant cela, fit monter à Dieu sa louange[172]. »

Le cœur ouvert à la grâce, laissons-nous interpeller par ce passage d'Évangile particulièrement éloquent. En prenant la place qui nous revient, que ce soit celle de l'aveugle ou celle du disciple qui fait obstacle au cri du pauvre, nous découvrirons, s'il en est besoin, comment nous laisser envahir par la présence de « Celui qui passe » dans nos vies. Passant par là, il souhaite y demeurer instamment pour effacer en nous toute vaine gloire qui ne vient pas de lui, toute vanité qui nous rend aveugle au frère souffrant et toute inconsistance qui nous éloigne de sa miséricorde salvatrice.

Comme Jésus s'approchait de Jéricho

C'est Jésus qui, le premier, nous devance. Il vient là où nous vivons, dans toutes les *Jéricho* de notre humanité. Lui, le *premier*, vient nous voir et nous visiter. Il s'approche de nos vies pour nous offrir son Royaume qui se fait ainsi tout proche. Aucune crainte à avoir : il sait, parce qu'il est l'Homme parfait, le Verbe par qui l'Homme a été créé par grâce, ce qu'il « manque » à l'homme : lui-même.

---

172. Évangile selon saint Luc 18, 35-43.

Un aveugle était assis au bord du chemin

Combien sont-ils, tous ces frères blessés « assis sur le bord du chemin » ? Combien sont-ils, tous ceux qui sont en attente d'un « relèvement » dont nous pouvons être l'instrument, avec un regard d'amour ? Combien sont-ils, ainsi, à nous renvoyer à notre propre « cécité » fraternelle ?

La cécité : un des plus forts symboles de la « misère » de l'homme dans l'Évangile. Jésus, lumière que les ténèbres ne peuvent empêcher de briller, vient se donner à tous ceux qui sont « au bord du chemin » et que les « voyants » ne voient pas. Ceux qui sont sur le chemin sont parfois plus « au bord » qu'ils ne le croient et ceux qui sont « au bord » sont finalement ceux qui, par grâce encore, se retrouvent « au centre », illuminés de la douce lumière christique. Ainsi, la cécité peut être aussi intérieure...

En ce qui concerne notre aveugle de Jéricho, sa vie était réduite à la mendicité « en dehors » de la ville, au bord du chemin. Certainement que grâce à ceux qui passaient par là, il gagnait suffisamment de menue monnaie pour manger chaque jour à sa faim, mais « Celui qui passe » par là, en cet instant, va lui donner une nourriture qui ne passe pas et qui se donne à ceux qui ont la foi.

En train de mendier

Combien sont-ils, tous ces frères qui tendent leur cœur blessé vers nous ? Combien sont-ils à attendre un rayon de lumière offert gratuitement ? Combien sont-ils à nous renvoyer à notre propre égoïsme lorsque nous laissons, par peur ou par lâcheté, les mains qui se tendent se refermer sur du vide ? La mendicité est le signe de la misère et du malheur.

L'aveugle est particulièrement malheureux. Une double peine l'accable : la cécité et la mendicité. Cependant, nous aussi, nous sommes tous des aveugles du cœur et des mendiants d'amour. Qui n'a jamais demandé quoi que ce soit à un autre que lui me jette la première pierre ! Nous avons tous « besoin » d'autre chose. C'est cela, le désir ; à la différence de l'espoir qui peut aveugler l'instant présent sans combler l'attente, il est réalisable si celui vers qui nous nous tournons est porteur d'espérance.

Le Christ est le Maître de l'Espérance et il est le seul, car il est la Vérité, le Chemin et la Vie. L'aveugle de Jéricho, qui mendie, ne le sait pas encore, lui qui tend sa misérable écuelle aux passants indifférents ; il va « enfin » rencontrer celui qui va le combler au-delà de sa mendicité, il n'aura plus besoin de tendre la main, car son cœur, dorénavant tendu vers la lumière, sera lui-même « donateur » de cette lumière reçue, par la grâce du témoignage qu'il offrira à ceux qui, auparavant, l'ignoraient à cause de leur aveuglement intérieur.

Ayant entendu passer une foule, il demanda ce que c'était

Des foules, ce pauvre aveugle, assis sur le bord du chemin, a dû en « entendre passer ». Mais cette foule-ci a un autre parfum, un parfum « christique » au sujet duquel, dans un premier temps, elle ne fait pas obstacle. Le « bruit » des pas et des mots interpelle d'une manière nouvelle et unique notre pauvre aveugle : il sent qu'il se passe quelque chose d'inhabituel. En effet, le Christ « qui passe » rencontre l'être humain « autrement », il n'est pas comme ceux qui passent et qui se rendent aveugles devant l'aveugle. Le handicapé de Jéricho nous invite à nous interroger : sommes-nous capables de nous laisser « secouer » par la foule conduite par le Christ ? Sommes-nous capables de demander à l'Église de nous montrer « Celui qui passe » ? L'Église annonce « Celui qui vient » dans nos vies handicapées d'amour. Elle l'annonce car il est la Lumière de la vie, qui permet à l'homme de « voir » ; or, l'homme ne peut vivre sans lumière, surtout celui qui connaît la désolation des ténèbres qui le rend aveugle devant sa propre histoire sainte en devenir.

On lui annonça : c'est Jésus de Nazareth qui passe

Ce n'est pas un étranger qui vient vers nous. Il est de « chez nous ». Il est de Nazareth, mais nous sommes tous de Nazareth lorsque nous voulons « voir » Jésus, bien que nous soyons aussi, chacun à notre manière, les aveugles de Jéricho. Jésus passe… Il ne reste plus qu'à l'inviter à s'arrêter pour qu'il nous comble de lui-même. C'est ce qu'il attend de l'aveugle. C'est ce qu'il espère de nous. « Reste avec nous, Seigneur, car le soir tombe sur moi et tu es ma lumière… »

Il s'écria : Jésus, Fils de David, aie pitié de moi !

Jésus est tout près et pourtant, nous sommes tellement loin de lui, comme l'aveugle croit l'être. Comme lui, nous sommes obligés de « crier » vers Jésus, qui est la Parole, qui est aussi l'Oreille. Comme il connaît la supplication et la lamentation du psalmiste, cela fait bien longtemps qu'il entend le cri de désespoir de l'aveugle, perdu dans l'exclusion que ses frères lui font subir par un aveuglement de leur esprit englué dans une fraternité tronquée. Le cri de l'aveugle, masqué par la foule qui lui est indifférente, appelle la pitié du Christ ; c'est cette pitié du Christ qui va guérir *toutes* les cécités de ce pauvre hère. Il va être comblé au-delà de la guérison physique puisqu'il sera appelé à proclamer les merveilles de Celui qui vient et qui passe dans nos vies. Sa guérison va devenir un témoignage *total*. Son cri adressé au « Fils de David » renvoie assurément à l'espérance messianique habitant déjà son cœur. Le pauvre aveugle attend, dans son handicap, que Jésus, Roi et Messie, lui procure la guérison déjà offerte à d'autres. Nos frères blessés attendent de nous que nous soyons le relais de ce Christ-là.

Ceux qui marchaient en tête le rabrouaient pour qu'il se taise

Combien sommes-nous à rejeter notre frère souffrant dans le silence du désamour ? Combien sommes-nous à faire obstacle à la charité, en refusant d'entendre ses cris justifiés ?

Oui, au lieu d'être un relais de l'amour, on peut, hélas, se murer en « obstacle ». Il semble que les bien-pensants ne veulent pas que leur programme soit dérangé. Ils ont tout organisé et la visite de Jésus se passe comme prévu, mais un malade vient perturber le dispositif. On n'en veut pas. On ne veut pas le voir, ni l'entendre d'ailleurs. Cela nous ressemble un peu. On cache à nos yeux les frères malades car ils nous dérangent dans nos certitudes, nos façons d'être et de faire. Parfois, leur handicap fait peur, leur maladie nous rebute, on fait comme si on ne les avait pas vus. Or, ils crient. Et Jésus nous montre l'exemple. Il va surmonter l'obstacle que constitue la foule que nous sommes parfois. Jésus, malgré l'urgence du Royaume à annoncer, sait s'arrêter, prendre du temps, car il sait que cette annonce passe aussi – et peut-être surtout – par sa présence efficiente auprès des malades. Savoir perdre du temps pour gagner la vie, voilà le défi de l'homme fraternel, voilà la route que Jésus choisit de nous montrer…

Mais lui criait de plus belle…

Même si nous faisons obstacle au Christ, nous ne pouvons étouffer le cri justifié du frère blessé. L'aveugle crie vers le Christ, son ultime espoir, parce que les hommes ne font rien pour lui et le laissent sur le bas-côté de leur vie ; de plus, ils veulent le faire taire, alors que lui veut tout simplement rencontrer Celui qui va le libérer de *tout* ce qui l'empêche d'être libre et joyeux. Ne soyons pas nous-mêmes des aveugles en ne voyant pas nos frères blessés et des sourds en ne percevant pas leur cri de désespérance, ou pire, en pensant que ces cris d'appel au secours ne pourraient jamais être entendus. Ne soyons pas des obstacles à leur joie, devenons ce que nous sommes appelés à être : des serviteurs de la Lumière christique.

Jésus s'arrêta et commanda qu'on le lui amène

La foule fait obstacle. Qu'à cela ne tienne, Jésus va passer outre car Jésus est plus fort que nos morts ; comme le souligne le livre de Jonas, rien n'arrête sa Parole de Vie, même si on ne la « voit » pas venir.

Les cris de l'aveugle ont atteint le cœur du Christ et, en ce sens, ils furent nécessaires, mais c'est Jésus qui, maintenant, prend, contre toute attente, l'initiative de la rencontre salvifique. C'est grâce à un « ordre », qu'il assène à ses disciples « aveuglés » par leur « proximité » avec leur Maître, qu'il rend possible le fait que ce pauvre, qui ne fait pas partie du cercle restreint des « suiveurs », s'approche enfin de lui.

Jésus lui demanda : que veux-tu que je fasse pour toi ?

Même si celui qui sait tout de l'homme connaît l'objectif du cri de l'aveugle, il va lui demander de le reformuler dans le calme d'une relation unique et intime. « L'exclu » se retrouve au « centre » et devient le point de référence de la foule. Le plus faible, le souffrant, le blessé, celui qui n'en peut plus de crier sa détresse est mis au cœur de notre vie de foi, de notre confiance en Dieu et de notre Espérance. Jésus l'écoute. Ainsi, cette écoute aimante, respectueuse et relevante devient la référence de toute écoute que nous devons avoir avec notre frère en misère. Et même si nous pensons avoir les « remèdes » à ses blessures, nous devons faire taire notre « ego » pour laisser jaillir la parole de l'autre. Avant d'être des « agissants », nous devons être des « écoutants » à l'image du Christ lui-même.

Seigneur, que je voie !

Toute la confiance de l'aveugle se résume en cette appellation qu'il donne à Jésus : *« Seigneur ! »* L'aveugle sait qui est celui qui lui parle, comme l'apôtre Thomas le saura lui-même lorsque ses yeux « verront » le Christ ressuscité et qu'il s'exclamera tout de go : *« Mon Seigneur et mon Dieu ! »* (Jn 20, 28.)

À la question du Messie, l'aveugle répond sans circonvolution qu'il veut voir, tout simplement. Sa réponse paraît être l'évidence même ; pourtant, elle vaut le coup d'être formulée. Le Christ veut que l'homme mette des mots sur ses maux car la parole libère. À la suite de Jésus, tous ceux qui veulent faire œuvre de charité, envers un frère en souffrance ou en désolation, doivent d'abord « entendre » le cri en donnant, en redonnant la parole à celui qui n'a souvent plus la force de s'exprimer ou qui en est empêché par une douleur trop forte.

Bien souvent aussi, nos frères souffrants s'adressent à Dieu. La « foule » de nos raisonnements humains ne le comprend pas toujours et nous sommes capables d'étouffer ces cris dans le brouhaha de nos certitudes scientifiques qui masquent la profondeur de cet *autre combat* qu'ils mènent. Ne devenons pas des obstacles et ne nous prenons pas pour de vrais messies. La charité que nous mettons en œuvre, et qui est une vertu théologale – en relation avec Dieu et dont il est la source –, nous « transforme » en simple outil dans les mains de l'Artisan suprême de la Vie. C'est le Christ qui agit au cœur de l'homme et dans son cœur, qui plus est lorsque nous sommes démunis devant la trop grande souffrance portée par le frère en désolation. Croire en cela est de l'ordre de la foi et de la confiance [173]. Et c'est lui qui éclaire car il est cette Lumière qui fait voir que la vie vaut le coup, même si elle blesse, « c'est pour voir cette lumière que l'œil intérieur se prépare; pour puiser à cette fontaine que brûle une soif intérieure [174] ».

Jésus lui dit: Vois, ta foi t'a sauvé

Que signifie « avoir la foi »? Le prêtre que je suis dirait instinctivement qu'il s'agit d'abord d'une conviction née d'une confiance qui fait tenir pour certains des faits invérifiables par la science, les preuves matérielles ou même la raison de l'homme. Profitons de cette parole de Jésus, mais également de l'opportunité qui nous a été donnée par Benoît XVI en

---

173. « Foi » et « confiance » ont la même racine. La confiance, c'est la foi en quelqu'un, en l'occurrence le Christ.
174. Saint AUGUSTIN, *Commentaire sur le psaume 41*, 2.

cette « année de la foi » pour nous arrêter, un bref instant, sur le sens de la « foi » et sur la manière d'entrer dans la Vie par « sa porte ».

2. La foi

J'aime ce verset de la Lettre aux Hébreux : *« La foi est une manière de posséder déjà ce qu'on espère, un moyen de connaître des réalités qu'on ne voit pas* [175]. » C'est donc une vertu théologale, c'est-à-dire d'abord un don de Dieu *pour tous*, puis une qualité acquise pour la vie spirituelle, une force contre toute sorte de mal et un défi pour la pensée « cartésienne ». Parce qu'elle est tout cela et bien plus encore, elle rapproche singulièrement l'homme de Dieu et lui permet d'apprécier que seul Dieu sauve l'homme *totalement* et que ce salut n'est pas dû au mérite de l'homme, mais à l'amour infini de Dieu qui ne veut pas qu'un seul se perde.

Oui, à sa manière, la foi sauve car elle nous donne, à nous les hommes, une raison d'espérer en nous rapprochant de l'Essentiel restant *invisible* à nos yeux, et elle le fait d'une manière *particulière* auprès des plus pauvres. Pour autant, elle ne nous « désincarne » pas car elle n'ôte pas l'humanité de son chemin parfois très chaotique, *hic et nunc.*

Par la foi, mais surtout par grâce divine, l'aveugle est guéri de sa cécité extérieure et devient le « porteur de Dieu » pour la foule ; celle-ci va être guérie de sa cécité intérieure, car elle va passer, elle aussi, par « la porte de la foi ». Par la foi, l'aveugle est également guéri d'une autre manière, bien plus intime, au-delà de la guérison purement physique. Il retrouve sa « capacité » totale d'homme en ayant eu confiance en « celui

---

175. Lettre aux Hébreux 11, 1.

qui passe ». À la suite du paralysé de Capharnaüm [176], ou encore de la pécheresse pardonnée [177] et de la femme aux pertes de sang [178] et enfin du lépreux de Samarie [179], notre aveugle nous ouvre les yeux *de la foi* et nous révèle que le Christ est bien ce « médecin total » du corps, du cœur et de l'âme ; nous pouvons avoir en lui une confiance « aveugle », car il est celui qui est *toute* lumière pour cette vie, déjà. Ainsi, comme le Christ qui ne donne pas de richesse matérielle à l'aveugle, « la foi chrétienne ne nous arrache pas à notre condition d'hommes. Elle vient s'inscrire dans nos attitudes fondamentales, quitte à les transfigurer. Elle fait de l'espoir une vertu "théologale", c'est-à-dire, un don de Dieu, qu'elle appelle Espérance, une vertu orientée vers le salut promis en Dieu [180] ».

L'aveugle a encore un message important à nous livrer sur le sens de la foi. Il a posé un acte « libre », malgré la cécité qui l'emprisonnait, pour aller vers le Christ. C'est bien *librement*, et même en luttant contre la foule qui voulait l'en empêcher, qu'il s'est laissé aborder et questionner par Jésus.

> « Librement indique l'absence de contrainte, la reconnaissance d'une autorité légitime à laquelle il convient de se soumettre. Librement ne signifie pas spontanément, ou bien parce que cela plaît, ou encore parce que j'en ai envie sur le moment. Librement signifie raisonnablement et volontairement [181]. »

---

176. Cf. évangile selon saint Luc 5, 17-26.
177. Cf. évangile selon saint Luc 7, 36-50.
178. Cf. évangile selon saint Luc 8, 43-48.
179. Cf. évangile selon saint Luc 17, 11-19.
180. Bernard Sesboüé, « Parler de l'espérance aujourd'hui », revue *Christus*, n° 206, avril 2005, p. 143.
181. Etienne Michelin, *La foi en action*, vol 2, EDB, 1997, p. 13.

Ainsi, l'aveugle accepte de se soumettre à plus grand que lui, le Seigneur Jésus qui passe à proximité et devient son Seigneur qui reste en lui. Sa liberté sera alors totalement épanouie quand il aura apprécié à sa juste mesure sa *parfaite guérison* qui lui donne d'entrer dans la Lumière de Dieu, à jamais. L'aveugle va vivre cette prophétie d'Isaïe que Jésus reprend à son compte : *« L'Esprit du Seigneur est sur moi parce qu'il m'a conféré l'onction pour annoncer la bonne nouvelle aux pauvres. Il m'a envoyé proclamer aux captifs la libération et aux aveugles le retour à la vue* [182]. » Cette foi qui libère, qui rend la vue et qui *sauve*, est donc, pour l'aveugle guéri, l'adhésion de tout son cœur, de toute son âme et de toute sa force à la Révélation de l'Amour de Dieu pour tous les hommes, et en particulier *pour* et *à partir* des plus pauvres. Par la liberté – et l'audace de s'opposer à la foule hostile – dont a fait preuve l'aveugle pour arriver aux pieds du Maître de la Lumière, la *foi qui sauve* n'a plus qu'à laisser agir l'Esprit Saint pour que la sainteté de l'homme guéri soit parfaite, nourrie par la grâce de pouvoir *librement* continuer de cheminer dans la *« claire vision* [183] ».

Benoît XVI a donc eu tout-à-fait raison de proposer aux chrétiens de redécouvrir ce chemin extraordinaire de la foi, pourtant si simple et à la portée de tous puisque, à la base, il est un don de Dieu à l'humanité. Comme l'aveugle nous le suggère dans l'élan mystique de sa guérison totale, nous pouvons découvrir ce qu'est pour chacun d'entre nous cette « porte de la foi » que l'Esprit Saint nous aide à ouvrir au milieu de nos frères les hommes et en particulier les plus pauvres d'entre eux, ceux qui n'ont que la nuit comme lumière.

---

182. Évangile selon saint Luc 4, 18, d'après le livre d'Isaïe 61.
183. Cf. seconde lettre de saint Paul aux Corinthiens 5, 7.

Cette « porte de la foi » s'ouvre d'abord sur la confiance, ou plutôt sur l'adhésion confiante à « Celui qui passe » dans notre vie quotidienne et veut lui donner un sens. Comme l'aveugle, le frère souffrant peut s'accrocher au Christ, ne pas le lâcher pour entrer dans le monde de la lumière, dans le monde de Dieu, puisque *« Dieu est lumière, et de ténèbres, il n'y a pas de trace en lui*[184] ». Cette « porte de la foi » ouvre sur un chemin qui se poursuit avec l'expérience de la puissance de la « guérison » – que la théologie appelle le « salut » – qui opère dans la vie. C'est l'expérimentation de la puissance du Christ et si nous avions la curiosité d'interroger certains de nos frères handicapés dont le bonheur de vivre bouscule avec raison notre conception trop étriquée du bonheur terrestre, nous découvririons cette belle et effective puissance divine. Notre propre foi y gagnerait beaucoup en assurance. Ensuite, ce chemin ouvert par la « porte de la foi » se poursuit par la configuration *amoureuse* de notre intérieur au Sacré Cœur du Christ. Habités par sa grâce *participative* – qui nous fait participer affectivement et effectivement à la vie du Christ –, notre vie « spirituelle » prend toute sa dimension en devenant parfait consentement à la volonté de Dieu, cette volonté qui n'est rien d'autre que l'amour véritable, qui est Dieu lui-même, car *« qui n'aime pas n'a pas découvert Dieu, puisque Dieu est amour*[185] ». C'est là toute l'expérimentation de la force de la foi qui nous ouvre bien des portes en transfigurant notre vie, en lui redonnant son sens plénier et en nous faisant crier : *« Je peux tout en Celui qui me rend fort*[186] ! » Enfin, ce chemin ne peut pas arriver au terme de sa joie

184. Première épître de saint Jean 1, 5.
185. Première épître de saint Jean 4, 8.
186. Lettre de saint Paul aux Philippiens 4, 13.

parfaite s'il ne débouche pas sur la clairière du témoignage, c'est-à-dire sur le désir de faire *connaître* et *aimer* le Christ. La foi ouvre la porte de l'apostolat. La foi appelle à devenir disciple pour susciter chez *tous* les frères le désir de vivre la Parole qui guérit. La foi nous pousse à aller, par amour, vers nos frères souffrants, en l'occurrence, ici, vers nos frères de la rue en totale désolation humaine, vers nos frères des prisons en total manque d'espérance et vers nos frères soldats blessés en totale attente de consolation, sans délaisser pour autant tous nos autres frères dont la proximité charitable nous fait découvrir les nombreux traumatismes. Oui, *« si nous nous aimons les uns les autres, Dieu demeure en nous, et son amour, en nous, est accompli* [187] ». Voilà la foi…

Reprenons, à présent, le fil de notre lecture de cette rencontre essentielle entre Jésus et l'aveugle de Jéricho car cette « guérison » humaine et spirituelle a encore deux choses à nous dire, qui complètent à leur manière ce qui précède…

Il (l'ex-aveugle) suivait Jésus en rendant gloire à Dieu

Quand un pauvre de cœur se laisse envahir par la grâce divine, grâce à sa foi – même infime comme une graine de moutarde –, il ne peut que « suivre » le Christ ; c'est cette suite qui porte des fruits car il s'agit d'un témoignage qui ira droit dans le cœur de la foule. Nous-mêmes, si nous prenions conscience de cette présence miséricordieuse et salvifique du Christ dans nos vies de souffrance – car nous connaissons tous des moments de souffrance qui nous rendent aveugles à la lumière de l'espérance –, nous ne pourrions rien faire d'autre que le suivre dans une pratique chrétienne renouvelée, aimante

---

187. Première épître de saint Jean 4, 12.

et charitable. Et c'est vrai que « lorsque nous ne marchons pas au côté du Christ qui nous guide, nous nous dispersons sur d'autres sentiers, comme celui de nos propres impulsions aveugles et égoïstes… qui laissent le vide et la frustration derrière elles [188] ».

C'est un fait, le souffrant qui s'enferme dans sa souffrance en pensant que rien ni personne ne pourraient l'en sortir se maintiendra dans une frustration qui le détruira encore plus. Celui qui *ose* croire que la souffrance n'est pas figée et qu'elle peut être soulagée est déjà comme cet aveugle de Jéricho qui veut encore espérer, même s'il est bousculé par la foule ennemie.

Celui qui redécouvre la possibilité de la lumière dans sa vie a toujours un sentiment de reconnaissance envers celui qui l'a accompagné sur son chemin de douleur. Tous ceux qui ont connu des moments de ténèbres difficiles se souviennent des personnes qui les ont aidés à franchir le seuil de la reconstruction lumineuse. Ce sont des images et des prénoms qui ne s'oublient pas. Jamais. Ainsi naît parfois l'amitié.

Lorsqu'on est bien portant, par contre, on a tendance à vite oublier ceux qui nous rendent encore plus heureux, nous trouvons cela « normal » et nous ne faisons plus attention aux petits gestes de « bien-être » dont nous sommes gratifiés. L'aveugle de l'Évangile nous rappelle le fondement de notre humanité, que l'on retrouve même chez les animaux : ils « reconnaissent » les personnes qui les aiment. Or, nous sommes bien plus « raisonnables » qu'eux et nous devrions donc savoir que le fondement relationnel est la reconnaissance, l'action de grâce et le remerciement.

Deux actions habitent cette action de grâce de l'ex-aveugle. Il suit celui qui passe dans sa vie pour la transformer ; il rend

---

188. Benoît XVI, discours lors des 26e JMJ de Madrid, 18 août 2011.

grâce à Dieu pour sa guérison et pour « Celui qui passe ». Lorsque, sur son chemin de guérison, un frère remercie celui qui passe dans sa vie pour l'accompagner et que cette « action de grâce » est un simple remerciement fraternel, nous pouvons, à notre tour, rendre grâce à Dieu de nous avoir permis d'être là, simplement, pour cet accompagnement charitable. Peut-être qu'un jour, alors, celui qui a bénéficié de notre « aide » se tournera vers la source de toute lumière. La foi en l'homme passe par cette espérance et « le caractère concret de l'amour constitue l'un des éléments essentiels de la vie des chrétiens, qui sont encouragés par Jésus à être la lumière du monde, afin que les hommes, en voyant leurs "bonnes œuvres", rendent gloire à Dieu [189] ».

Cependant, il est un autre aspect qu'il ne faut pas oublier : celui du pauvre qui nous libère. Le frère en désolation nous libère de nos égoïsmes, de notre aveuglement, de notre suffisance et de nos certitudes stériles, au milieu desquels nous sommes des captifs en attente de libération [190]. Par lui que nous accompagnons sans nous rendre supérieurs et sans l'humilier, nous découvrons la profondeur et la faiblesse de notre propre individualité et nous apprenons à mieux nous connaître. Nous devons alors, envers lui, notre *« Seigneur et notre Maître* [191] », avoir cette humilité de l'action de grâce et du remerciement pour ce qu'il fait en nous, sans le savoir. C'est aussi cela la foi, l'espérance et l'amour.

---

189. Benoît XVI, célébration pénitentielle du Mercredi des Cendres, 1er mars 2006.
190. Cf. évangile selon saint Luc 4, 18.
191. Expression chère à l'Ordre de Malte, reprise par saint Camille de Lellis, puis par saint Vincent de Paul.

Tout le peuple, voyant cela, fit monter à Dieu sa louange

La joie est communicative, la gloire de Dieu aussi. La souffrance, d'une certaine manière, devrait l'être tout autant. Nous devrions nous sentir concernés *directement* lorsqu'un frère de sang est dans la douleur. Or, comme cette foule indifférente, voire hostile, à l'aveugle, nous nous masquons les yeux et le cœur devant une telle souffrance. Pourtant, êtres humains faits d'*émotions* et de *sentiments*, nous sommes capables de porter la peine des autres et de vouloir que d'autres portent la nôtre. Nous préférons, et de loin, nous réjouir avec ceux qui rient plutôt que de pleurer avec ceux qui pleurent. Nous préférons laisser les compagnons d'infortune entre eux, comme si leur monde n'était pas ou plus le nôtre. Cette aliénation de l'esprit, détruisant en nous l'amour, fait que nous ne sommes pas « dignes » de la confiance que le Christ met en nous. Par son commandement qui consiste à nous aimer les uns les autres comme lui nous a aimés, il nous demande d'avoir la *volonté* de le faire connaître et aimer car il est le *médecin total qui passe dans nos vies*, pour les combler de sa joie parfaite, que ces vies soient « normales » ou handicapées. Pour autant, heureux sommes-nous si notre joie humaine, consécutive de la consolation reçue par le frère blessé, ne s'arrête pas aux portes étroites de notre cœur en oubliant de chanter les louanges de Celui qui est le Maître de toute joie et qui nous invite à entrer dans sa joie offerte sans retenue.

3. La joie

Saint Augustin rappelait que « la joie est une chose dont personne ne peut se dire sans expérience. Nous la retrouvons dans notre mémoire et nous la reconnaissons ». L'aveugle de l'Évangile, comme ses frères de misère qui ont reçu la visite de « Celui qui passe », avait sans doute déjà eu des flashes de joie lorsque les « passants ordinaires » s'arrêtaient pour lui donner une piécette, mais cette joie qu'il connaissait était incomplète, parce que la « relation » restait trop externe. Avec « Celui qui passe » et qui n'est pas un de ces « passants ordinaires », cette joie a été totale parce qu'il a d'abord « communié » à la douleur du pauvre d'une manière intérieure, prenant ainsi sur lui et en lui cette misère. Et Jésus fait ainsi avec tous ceux qui crient humblement vers lui, que ce cri soit exprimé ou profondément enfoui dans le cœur blessé. Jésus entend le cri des pauvres et y répond toujours d'une manière particulière. Ainsi, Jésus s'adresse personnellement à chaque pauvre qui l'implore. Ce qu'il souhaite donner, c'est « une joie parfaite » vécue dans la lumière, sa Lumière, déjà pour ce monde. Voilà pourquoi ces « pauvres de Dieu » ont tous reçu de la part du Christ, en plus de leur « guérison » – qui n'est peut-être pas celle qu'ils attendaient, mais qui va certainement encore plus loin –, cette joie du cœur qui exulte et explose à la face de ceux qui, souvent médusés, l'ont reçue comme une claque pour leur propre joie trop timide et parfois enfouie dans une tiédeur indigne d'un croyant.

Ainsi, la joie de ceux qui « rencontrent », sur leur chemin humain de désolation, « Celui qui passe » dépasse, on l'imagine aisément, le seul aspect « extérieur » de la personne ; en ce sens-là, elle est la « joie parfaite ». Ce n'est pas pour rien que le Christ, qui « passe » dans nos vies, nous affirme : *« Je vous ai dit ces paroles pour que ma joie soit en vous et que votre joie soit parfaite*[192]. »

---

192. Évangile selon saint Jean 11, 11.

On le devine, la joie est bien plus que le simple bonheur humain fait de petites choses, parfois futiles, ou la naïve gaieté consécutive à l'absence de malheur. On le perçoit facilement dans ce passage d'Évangile et dans ses parallèles, la joie ne dépend pas de nous-mêmes, de nos succès ou de nos richesses. Elle vient « d'un autre » et elle envahit tout l'être, son intérieur comme son extérieur, son aspect physique comme son psychisme et, bien entendu, son âme. Même s'il y a plus de bonheur dans la joie qui se donne que dans celle qui se reçoit, la joie acceptée et reçue éclaire la vie et lui permet de retrouver sa vocation au bonheur.

Quant à la « joie parfaite » venue du Christ, serviteur et Joie incarnée du Père des Cieux, elle ne se conquiert pas comme un trophée de guerre, mais elle se reçoit à la mesure de notre volonté et de notre disponibilité. Cette joie incomparable vient comme un don spécial et gratuit, et lui seul peut nous combler ainsi. Si on est attaché au Christ, on ne peut le refuser car ce don est intrinsèquement lié à sa divine personne, mais on doit le faire fructifier en abondance. Sitôt entré dans l'intériorité la plus secrète et la plus profonde de notre intimité, ce don doit rejaillir pour inonder le cœur de ceux qui nous entourent. La joie est fondamentalement communicative ou n'est pas. Elle se donne parce qu'elle est nécessaire pour que nous puissions vivre. Et elle est vraiment joie donnée si celui qui en est le « communicateur », par grâce, plonge d'abord dans les souffrances du frère en désolation. Il ne s'agit pas de « fusion » ni de « confusion », mais de communion compatissante au malheur et à la souffrance de celui qui aspire, comme nous tous, à la lumière joyeuse. Chacun sait que la souffrance, le handicap, les blessures somatiques et psychiques et toutes les formes de douleurs sont des épreuves qui peuvent annihiler la joie humaine en enfermant le blessé sur lui-même. Ces épreuves, parce qu'elles sont des obstacles à la vie, exigent donc de l'accompagnant un surcroît de joie pour pouvoir en donner, surcroît qui sera lié intrinsèquement à sa capacité de communion compatissante et même compassionnelle, enracinée dans le modèle unique qui nous en a montré le difficile chemin : le Christ.

Si la joie parfaite est un don de Jésus, il n'en est pas de même pour le bonheur simplement humain. Effectivement, si le Christ donne la joie, sa joie, il exige aussi de l'homme qu'il soit heureux par son agissement fraternel ; pour ce faire, il va lui proposer un chemin sur lequel il sera lui-même présent. N'est-il pas Celui qui, à la vue des foules qu'il rencontre pour la première fois tout en les connaissant déjà parfaitement, va oser cette première parole publique en forme d'ordre :

> « *Heureux les pauvres de cœur, le Royaume des cieux est à eux. Heureux les doux, ils auront la terre en partage. Heureux ceux qui pleurent, ils seront consolés. Heureux ceux qui ont faim et soif de la justice, ils seront rassasiés. Heureux les miséricordieux, il leur sera fait miséricorde. Heureux les cœurs purs, ils verront Dieu. Heureux ceux qui font œuvre de paix, ils seront appelés fils de Dieu. Heureux ceux qui sont persécutés pour la justice, le royaume des cieux est à eux. Heureux êtes-vous lorsque l'on vous insulte, que l'on vous persécute et que l'on dit faussement contre vous toute sorte de mal à cause de moi. Soyez dans la joie et l'allégresse car votre récompense est grande dans les cieux*[193]. »

Pour le Christ, le bonheur véritable est bien à la portée de l'homme tout en étant la porte vers Dieu et sa joie parfaite. Pour lui, homme physique, psychique et spirituel, ce bonheur ne se tourne pas vers les acquisitions matérielles, mais vers le

193. Évangile selon saint Matthieu 5, 3-12.

don du Royaume des cieux. Les choses visibles paraissent ainsi bien éphémères face au Ciel, invisible et pourtant autrement plus enrichissant. Ainsi, « les béatitudes découvrent le but de l'existence humaine, la fin ultime des actes humains : Dieu nous appelle à sa propre béatitude. Cette vocation s'adresse à chacun personnellement, mais aussi à l'ensemble de l'Église, peuple nouveau de ceux qui ont accueilli la promesse et vivent dans la foi [194] ».

Parce qu'il nous aime au-delà de tout amour et qu'il chemine avec nous pour nous aider à croire et à vivre cela, Jésus ne peut pas nous donner, à nous qui sommes bien faibles, des choses impossibles à faire. Parce qu'il connaît notre faiblesse, nos limites et les refroidissements de nos cœurs, Lui, *« le chemin, la vérité et la vie* [195] » se fait « exemple » pour nous, modèle à suivre, l'archétype comme le disait saint Vincent de Paul. Parce qu'il sait que « la joie parfaite » dont il souhaite nous combler est nécessaire pour que nous soyons vraiment au cœur de notre vocation humaine, il se fait le serviteur des pauvres de cœur, de ceux qui ont perdu toute espérance et toute paix, de ceux à qui on ne fait pas miséricorde, de ceux qui souffrent d'injustice, de famine et de persécution. Il nous demande d'en faire autant, en étant nous-mêmes pauvres de cœur, miséricordieux, artisans de paix, de justice et de partage auprès de tous nos frères souffrants. Ce combat, qui participe pleinement de l'*autre combat* que le frère en désolation est appelé à mener, consiste donc à éradiquer tout ce qui empêche l'homme d'être *hic et nunc* pleinement homme, notamment cette violence destructrice intérieure qui atrophie l'âme, souvent consécutive à la violence extérieure qu'il faut aussi combattre.

---

194. *Catéchisme de l'Église catholique*, § 1719.
195. Évangile selon saint Jean 14, 6.

Pour autant, il n'a jamais été dit que ce chemin serait facile. C'est pourquoi, même si le Christ nous comble de sa grâce agissante pour y parvenir, il veut que cette recherche du bonheur soit de l'ordre de notre volonté. Quand il nous dit *« Heureux! »*, il nous intime de tout faire pour rechercher ce bonheur qui est à notre portée. Mais il nous demande de dépasser nos émotions frivoles et notre mièvre sentimentalisme pour « prendre sur nous » et avancer dans la vérité et dans la seule liberté qui vaille, celle de la vertu de charité qui pousse notre cœur loin de son égocentrisme stérile en lui ouvrant la porte du vrai bonheur qui ne passe pas.

Ainsi, chacun peut faire œuvre de charité. Nous n'avons, dans ce monde, que le triste choix des larmes pour l'exercer. Les frères en désolation, qu'ils soient dans la rue, en prison, sur un lit d'hôpital, sur un fauteuil roulant ou enfermés dans une profonde déprime, ont aussi droit au bonheur puisque telle est la vocation profonde de l'homme ; notre responsabilité de « frère », si nous l'apprécions à sa juste valeur, exige donc de notre part d'aller vers eux, car notre bonheur ne pourra pas être vrai si nous ne le partageons pas. Lorsque Jésus donne ces paroles des béatitudes, il ne s'adresse pas à une élite, mais à une foule, c'est-à-dire à tout un chacun sans exclusive, que nous soyons riches ou pauvres, bien-portants ou malades, valides ou handicapés, jeunes ou vieux… à tous, car le Seigneur veut se faire Tout en tous.

4. Le Christ et la souffrance de l'homme

Si l'on parle de Jésus comme Fils de Dieu qui se fait proche des souffrants de la terre, il nous faut évoquer, certes fort succinctement, ce Père qui est Dieu et qui se donne en son Fils. Il n'est en effet pas concevable que si le Fils est proche des hommes qui ploient sous la misère, l'injustice, le handicap ou la maladie, le Père ne l'est pas tout autant.

L'Ancien Testament, qui nous présente cet amour de dilection du Père pour son peuple, un amour fidèle au-delà de l'infidélité humaine, nous affirme aussi que Dieu le Père est père, d'une manière toute spéciale, des faibles et des pauvres [196], ainsi que de tous ceux qui croulent sous les coups de butoir de l'injustice mise en place par les hommes. De tout temps, Dieu a envoyé ses prophètes pour dénoncer vigoureusement, auprès des rois et des nantis, ces souffrances injustes et injustifiables qui oppriment le pauvre. Dieu rappelle ainsi que le roi et le riche doivent, non pas spolier le misérable, mais le défendre.

Si tel est le Père, le Fils ne peut pas être autrement, puisqu'il vient faire la volonté du Père : « *Le Fils ne peut rien faire de lui-même, qu'il ne le voie faire au Père ; ce que fait celui-ci, le Fils le fait pareillement* [197]. »

Parce qu'il a fait ce que le Père « a fait », ne réduisons pas la participation du Fils à la souffrance des hommes à sa Passion et à sa mort, bien que ce soit à partir de ces faits « historiques », et du fait « transhistorique » qu'est sa Résurrection, que nous comprenons tout le reste de sa vie humaine. Avant d'évoquer cela plus loin, arrêtons-nous sur le cheminement humain de Jésus au milieu de ses frères souffrants. La première affirmation de foi est d'abord celle-ci : « La compassion du Christ envers les malades et ses nombreuses guérisons d'infirmes de toute sorte sont un signe éclatant de ce que *"Dieu a visité son peuple"* [198]. »

---

196. Cf. Jean-Yves Ducourneau, *Jésus, l'Église et les pauvres*, EDB, 2010, p. 29-41.
197. Évangile selon saint Jean 5, 19.
198. *Catéchisme de l'Église catholique*, n° 1503.

On l'a vu plus haut, notamment par le récit de la guérison de l'aveugle de Jéricho, Jésus se fait proche des malades, des handicapés et infirmes, des laissés-pour-compte et, bien entendu, de tous ceux qui ont un handicap peccamineux dans le cœur, qu'il est venu sauver d'une manière particulière. Non seulement l'Envoyé du Père s'est fait proche de cette cohorte de souffrants, mais il s'est « identifié » à eux. Nous avons cette certitude dans cette parole restée célèbre :

> « *J'ai eu faim et vous m'avez donné à manger, j'ai eu soif et vous m'avez donné à boire, j'étais un étranger et vous m'avez accueilli, nu et vous m'avez vêtu, malade et vous m'avez visité, prisonnier et vous êtes venus me voir [...]. En vérité, je vous le dis, dans la mesure où vous l'avez fait à l'un de ces plus petits qui sont mes frères, c'est à moi que vous l'avez fait* [199]. »

Jésus n'est pas un médecin « spécialiste » ni même un généraliste qui, contre monnaie sonnante, ne soignerait que le corps, il est le Médecin total qui pénètre *gratuitement* tout l'homme.

> « Il vient vivre avec les hommes, avec les plus abandonnés. Et quand il rencontre un homme qui souffre, quand en particulier cette souffrance est celle de la maladie, quand elle défigure et qu'elle paralyse, quand elle détruit le corps ou la personnalité, quand elle enferme dans la misère ou la solitude, alors, à ce contact qui a pour lui quelque chose d'intolérable, Jésus réagit : il parle et il guérit [200]. »

Si bien qu'il n'a pas besoin d'étudier les symptômes à la manière de la médecine, ni de prescrire un traitement, puisqu'il

---

199. Évangile selon saint Matthieu 25, 34-40.
200. Jacques Guillet, « Le Christ médecin », revue *Christus*, n° 210, HS, mai 2006, p. 148.

est lui-même la guérison. Mais il a besoin de la « rencontre », il pousse même le malade à venir vers lui, par tous les moyens dont il dispose, y compris en se faisant aider [201], et si ce n'est pas le malade lui-même, celui qui est proche de lui fera cette rencontre pour lui. Cette extraordinaire et relevante rencontre, que le Christ provoque jusqu'à l'exiger [202], initie chez le malade ou le handicapé une émotion tellement profonde qu'elle est participante de la guérison totale ; en effet, elle débouche sur une louange expressive adressée à Dieu, louange qui est la vraie caractéristique de l'homme debout. C'est pourquoi « la maladie, cette image défigurée de l'homme, cette ombre sinistre de la mort, n'a rien pour Jésus d'une obsession pathologique, mais elle est pour lui une des formes les plus expressives de toutes les menaces qui pèsent sur l'homme, de toutes les forces qui sont en jeu pour le perdre. Or, l'affaire de Jésus est de sauver tout ce qui se perd, de retrouver ce qui est perdu [203] ».

Jésus, le vainqueur du mal et du Mal, lutte contre *toutes* les souffrances physiques, même s'il ne rencontre pas *tous* les malades, soin qu'il confiera à ses disciples. Mais là où il passe, il se penche sur l'homme blessé, guérissant les malades et les infirmes, mais aussi agissant contre les souffrances de l'esprit et de l'âme, en redonnant la paix au cœur et en pardonnant les péchés – principale action qu'il est venu accomplir – pour que le salut offert rayonne dans toute la personne humaine et que sa joie soit parfaite et totale.

Tout cela, il ne peut le faire que lorsque le pauvre, dans sa rencontre avec lui, se reconnaît pauvre, lui permettant ainsi de faire de son handicap, de sa souffrance et de sa misère un lieu

---

201. Cf. évangile selon saint Marc 2, 1-12.
202. Cf. évangile selon saint Marc 5, 25-34.
203. Jacques Guillet, *op. cit.*, p. 153.

d'expérience spirituelle, un moment de foi et une démarche de vérité. Ainsi, Jésus ne vient pas expliquer notre souffrance humaine, ni en dévoiler le mystère, mais la prendre sur lui et remplir le cœur blessé de sa sainte et douce présence de réconfort.

Quant à sa propre souffrance, elle n'est pas effacée par sa puissance de guérison. Jésus « n'utilise » pas pour lui ses forces divines, car il sait qu'il « faut » qu'il aille jusqu'au bout de l'amour et donc jusqu'à l'infamie de la croix.

Ainsi, Jésus ne rencontre pas simplement des frères souffrants pour lesquels il se donne et en qui sa souffrance devient une communion à la leur, mais il prend sur lui leur misère en acceptant de souffrir pour eux et à leur place, c'est pourquoi *« il ne rougit pas de les appeler frères* [204] ».

Lui, dont l'humilité fut radicale et sans retour, est devenu ainsi le Serviteur souffrant dans lequel beaucoup de pauvres se reconnaissent [205]. Sa souffrance, consécutive au combat contre les forces des ténèbres, fut certaine lors de la Passion et de la mise à mort, beaucoup l'ont vue. Cependant, Jésus a connu une autre souffrance consécutive, quant à elle, à un *autre combat* profondément intérieur, contre « l'auteur du Mal » lui-même. Cette douleur du cœur est la conséquence directe du rejet de son message et de sa personne par des hommes qui, au nom même de la religion, ont préféré rester dans la nuée ténébreuse plutôt que de se laisser éclairer par la divine Lumière. Cet *autre combat* a même été mené contre ses propres disciples qui l'ont trahi et abandonné au moment où la solitude subie était la plus difficile à supporter.

Pourtant, c'est au cœur de cet *autre combat*, que lui seul peut mener à son terme dans une victoire éclatante, que Jésus

---

204. Lettre aux Hébreux 2, 11.
205. Cf. livre d'Isaïe 50, 4-7.

affûte ses véritables armes de lumière, celles qui vont vaincre à jamais les armes de fer des ténèbres. Ces armes sont les trois vertus théologales qu'il nous donne en héritage et que saint Paul a si bien expliquées : la foi, l'espérance et la charité.

Jésus n'a jamais cessé d'avoir *foi* en son Père qui l'avait envoyé pour faire sa volonté : « *Que ce ne soit pas ma volonté, mais ta volonté qui se fasse*[206]. »

Jésus n'a jamais succombé à la tentation de la désespérance, il a toujours été *espérance* : « *Père, entre tes mains, je remets mon esprit*[207]. »

Enfin, sa *charité* s'est exercée jusqu'au bout de sa misère et rien ne fut un obstacle pour cet ultime don du pardon qui relève l'humanité soudainement abaissée par le plus vil des péchés de son histoire : « *Père, pardonne-leur, ils ne savent pas ce qu'ils font*[208]. »

Voilà donc la réponse de Jésus à la souffrance humaine. Parce qu'il nous envoie à sa suite, nous devons, nous aussi, lorsque nous rencontrons des personnes en désolation, être porteurs de foi, d'espérance et de charité. Le Christ l'a fait, il veut le faire encore par nos mains, nos cœurs, nos regards et nos paroles. Même dans les moments qui semblaient noyés de détresse et de ténèbres, même dans ces instants où sa solitude devenait un poids, même dans les épreuves qui ont jalonné sa montée au calvaire, il a été présent auprès de ses frères humiliés ou malades. Aucun moment de sa vie ne fut stérile car il s'est donné entièrement et ne s'est jamais repris. Nous aussi, sans être handicapés, malades, prisonniers ou à la rue, nous pouvons être, pour nos frères qui souffrent

---

206. Évangile selon saint Luc 22, 42.
207. Évangile selon saint Luc 23, 46.
208. Évangile selon saint Luc 23, 34.

encore plus que nous, des signes féconds si nous sommes étroitement unis au Christ en Croix, rivés à lui qui a pris la « dernière place » et arrimés à son amour, son espérance et sa charité. Parce que, justement, la Croix du Christ couvre de son ombre celui qui fait œuvre de charité, « le fait de pouvoir aider n'est ni son mérite ni un titre d'orgueil. Cette tâche est une grâce. Plus une personne œuvre pour les autres, plus elle comprendra et fera sienne la Parole du Christ : "Nous sommes des serviteurs quelconques." En effet, elle reconnaît qu'elle agit non pas en fonction d'une supériorité ou d'une plus grande efficacité personnelle, mais parce que le Seigneur lui en fait le don [209] ». Aider nos frères ne sera donc jamais un titre de gloire, mais une mission reçue en toute humilité. C'est seulement ainsi que toute notre vie peut être, à l'image de celle de Jésus, un chemin de lumière pour tous ces *autres combats* que mènent nos frères de souffrance. N'attendons pas d'être parfaits et de ne plus avoir d'épreuve en nos vies pour répondre à l'appel du Christ, qui passe par l'écoute du cri de nos frères. Vidons-nous de nous-mêmes pour laisser agir le Christ *médecin total* en nous aussi. Ainsi, « cette part énorme de notre existence qui est faite d'épreuves, de souffrances physiques et morales, tout ce qui semble négatif et stérile devient, par le signe du Christ en Croix, ressuscité, un fécond élément de vie, un moyen de tout convertir en vie, de ne rien laisser perdre de tout ce qui est humain, d'utiliser ce qui paraît inutilisable [210] ».

---

209. Benoît XVI, encyclique *Deus caritas est*, n° 35.
210. Victor Sion, *Pour un réalisme spirituel*, vol. 1, « L'instant présent », EDB, 1989, p. 45.

5. Guérissez les malades [211] !

Nous savons pertinemment que « la maladie et la souffrance ont toujours été parmi les problèmes les plus graves qui éprouvent la vie humaine. Dans la maladie, l'homme fait l'expérience de son impuissance, de ses limites et de sa finitude. Toute maladie peut nous faire entrevoir la mort [212] ». Devant cette gravité, qui peut se prévaloir d'être capable d'accompagner une telle misère ? Nous ne sommes pas capables d'accompagner nos frères souffrants comme Jésus l'a fait. Lui seul l'est car il connaît les trois dimensions humaines de notre être : physique, psychologique et spirituelle. Pour autant, il nous donne quand même cet ordre d'aller guérir nos frères. Ce qui signifie une chose évidente : sans lui, nous ne pouvons pas « guérir » les frères en désolation. Il faut donc au disciple, si faible soit-il, qu'il acquière les « armes de lumière » capables de le protéger et de lui donner la force suffisante. Il faut donc qu'il soit intimement lié à son Maître et Seigneur qui peut tout en tous. Et c'est possible… Comment ne pas voir une trace évidente de cette union mystique efficiente dans la vie de Mère Teresa de Calcutta, pour ne parler que de la personne la plus emblématique de notre temps. Cette union avec le Christ est indispensable, mais il est aussi intimement nécessaire que le disciple du Christ, envoyé sur les routes des hommes, soit en communion avec les plus pauvres et ne se mette pas à part, comme s'il devait se protéger des autres afin de ne pas perdre sa foi. C'est pourquoi « les joies et les espoirs, les tristesses et les angoisses des hommes de ce temps, des pauvres surtout et de tous ceux qui souffrent, sont aussi les joies et les espoirs, les tristesses et les angoisses des disciples du Christ, et il n'est rien

---

211. Évangile selon saint Matthieu 10, 8.
212. *Catéchisme de l'Église catholique*, § 1500.

de vraiment humain qui ne trouve écho dans leur cœur. Leur communauté, en effet, s'édifie avec des hommes, rassemblés dans le Christ, conduits par l'Esprit Saint dans leur marche vers le Royaume du Père, et porteur d'un message de salut qu'il faut proposer à tous. La communauté des chrétiens se reconnaît donc réellement et intimement solidaire du genre humain et de son histoire [213] ».

Le compagnonnage humble est déjà la mise en œuvre de la charité exigée par le Christ pour ses disciples. C'est aussi et surtout la mission « visible » de l'Église qui, depuis des siècles, a compris la nécessité évangélique de porter la Parole du Christ dans l'exercice vertueux et exigeant de la charité. « L'Église a pour vocation de faire croître la charité entre ses membres, charité dont la source est la Trinité [214]. » Ainsi, par grâce, les disciples du Christ, unis par lui au Père dans l'Esprit Saint, qui forment l'Église née de la Croix, participent à son divin ministère de compassion et de guérison, soutenus par la grâce sanctifiante et efficiente qui leur a été donnée pour ça. Cette mission, car c'en est une, est basée sur la foi en la parole sanctifiante, vivifiante et relevante du Christ que chaque chrétien doit entretenir, d'abord pour lui-même en retournant sans cesse à la « source », puis pour ses frères, en particulier pour les plus pauvres, les plus faibles, les malades, les handicapés et, d'une manière générale, tous ceux que le malheur frappe. De plus, cette mission ne peut être vécue et faire croître le Corps du Christ que si elle s'enracine au pied du saint autel eucharistique d'où tout doit jaillir. Pour ce faire, bien sûr, l'Église possède un don particulier du Christ dans le sacrement de l'onction des malades, un des sept sacrements nés

---

213. Concile Vatican II, *Gaudium et spes*, n° 1.
214. Christian Poirier, *Le combat spirituel*, Salvator, 2008, p. 286.

de l'Eucharistie, qu'elle administre par grâce, pour réconforter ceux qui sont éprouvés par la maladie ; mais elle ne dispose pas que de cela.

Je parlerai volontiers d'un « acte sacramentaire de la compassion » par lequel un disciple se fait proche d'une personne en désolation pour lui apporter la consolation qui est, n'en doutons pas, une fonction éminemment et fondamentalement religieuse, comme aimait à le souligner Levinas [215]. Le sacrement « religieux » étant un « signe direct » de la présence miséricordieuse du Christ dans la vie du monde, donné par l'Église, l'acte sacramentaire peut être, quant à lui, compris comme un signe profondément fraternel qui renvoie à cette présence et qui marque, par les actes de charité posés, que le Christ est proche des frères souffrants. Benoît XVI a expliqué cela d'une manière très claire :

> « Accepter l'autre qui souffre signifie, en effet, assumer en quelque manière sa souffrance, de façon qu'elle devienne aussi la mienne. Mais parce que maintenant, elle est devenue souffrance partagée, dans laquelle il y a la présence d'un autre, cette souffrance est pénétrée par la lumière de l'amour. La parole latine *con-solatio*, "consolation", l'exprime de manière très belle, suggérant un "être-avec" dans la solitude, qui alors n'est plus solitude [216]. »

Ne rêvons pas de l'impossible, même si, avec le Seigneur, tout semble possible. Nous ne sommes pas des surhommes et encore moins Dieu. Il y a des blessures physiques qui ne peuvent guérir. Certaines mènent à la mort. Notre accompagnement est donc un compagnonnage humble et limité qui tire sa raison d'être de la charité bienveillante venant du cœur.

---

215. Cf. Emmanuel Levinas, *De Dieu qui vient à l'idée*, II, Vrin, rééd. 1992.
216. Benoît XVI, encyclique *Spe salvi*, n° 38.

Ainsi, si nous ne pouvons pas tout « apporter », il nous faut savoir « donner » autre chose; il ne peut donc y avoir d'accompagnement humain sans une profonde humilité. L'humilité est ainsi la vertu nécessaire, c'est-à-dire la qualité à acquérir, pour guérir par la charité notre propre cœur atrophié par l'égoïsme. Ainsi libérés de notre prison intérieure, nous serons capables de donner largement plus que le superflu, en nous donnant nous-mêmes au frère souffrant, comme le Christ en a montré le chemin. Sans cela, il n'est pas de serviteur digne. Ainsi, « pour que le don n'humilie pas l'autre, je dois lui donner non seulement quelque chose de moi, mais moi-même, je dois être présent dans le don en tant que personne [217] ».

Si nous ne pouvons apporter la guérison physique, nous pouvons peut-être aider le frère blessé à trouver le repos de l'esprit. Pour autant, là encore, ne soyons pas orgueilleux et ne désirons pas, insidieusement ou inconsciemment, posséder l'esprit de celui qui ne connaît que le vide et la désolation. Nous n'en avons pas le droit. Ne tentons pas de devenir, pour celui qui souffre, « la référence » dont il ne pourrait se passer et qui ferait de nous ce que nous ne sommes pas appelés à être puisque nous sommes avant tout et peut-être uniquement un frère.

Là encore, il ne peut y avoir d'accompagnement fécond sans la vertu d'humilité, la seule qui puisse nous faire comprendre notre rôle issu de la fraternité nécessaire à toute vraie relation humaine. Comment ne pas évoquer ici la figure emblématique d'un des maîtres de la charité, Vincent de Paul, humble parmi les humbles, qui peut nous aider, malgré un langage qui nous semble quelque peu extrême, à comprendre ce que Jésus, doux et humble de cœur, veut nous dire lorsqu'il nous demande d'avoir une âme compatissante :

---

217. Benoît XVI, encyclique *Deus caritas est*, n° 34.

> « L'humilité consiste à s'anéantir devant Dieu et à se détruire soi-même pour placer Dieu dans son cœur, à ne chercher l'estime et la bonne opinion des hommes, et à combattre sans cesse tous les mouvements de la vanité [218]. »

Sans doute n'y a-t-il que la vertu bien comprise de l'humilité qui puisse nous permettre d'aborder en toute vérité le frère en désolation psychologique.

La guérison offerte par le Christ, *totalement* effective, sera donc une libération du cœur permettant à notre frère blessé de mettre des mots sur ses maux. Parce qu'il aura entendu que l'on comprend sa souffrance, que l'on se gardera bien de donner des conseils hasardeux, qu'on lui permettra de comprendre que sa vie spirituelle peut grandir, qu'on le guidera vers une personne beaucoup plus compétente que nous en matière de « guérison psy », qu'on pourra évoquer l'accompagnement « spi », qu'on lui permettra de mieux se connaître avec ce qu'il vit dorénavant, qu'on sera là, tout simplement, comme un frère aimant, restant à notre place, on aura déjà fait beaucoup, même si les fruits ne sont encore qu'en germe.

6. L'accompagnement spirituel

Nous l'avons esquissé sans en approfondir le sens. Pour autant, je laisse à d'autres le soin de cet approfondissement. Il existe bien des livres sur le sujet. Je ne fais qu'évoquer ici sa nécessité pour un compagnonnage d'un frère en souffrance qui se voudrait complet.

Si j'osais une définition lapidaire, je dirais que l'accompagnement spirituel a pour but de faire prendre conscience à l'être humain qu'il est fondamentalement spirituel et qu'à

218. Saint Vincent de Paul, *Conférences et entretiens*, tome xii, p. 304.

partir de ce constat, il est totalement homme, capable de tout, y compris de Dieu.

Il n'est pas seulement homme *physique* et homme *psychique*, c'est-à-dire homme « animal » tourné vers les réalités d'en bas, mais homme *divin* orienté vers les réalités d'en haut. C'est ce que nous dit saint Paul :

> *« L'homme laissé à sa seule nature n'accepte pas ce qui vient de l'Esprit de Dieu. C'est une folie pour lui, il ne peut le comprendre, car c'est spirituellement qu'on en juge. L'homme spirituel, au contraire, juge de tout et n'est lui-même jugé par personne*[219]. »

Bien que l'accompagnement spirituel doive tenir compte de la dimension psychologique de l'existence, il est appelé à « tirer » la personne vers le haut. L'accompagnement *spirituel* est donc un suivi qui va beaucoup plus loin que l'accompagnement *physique*, c'est-à-dire le compagnonnage amical et fraternel. Il est plus exigeant que l'accompagnement *psychique* qui permet au frère en souffrance de se retrouver libéré d'une désolation déprimante. Il dépasse aussi l'accompagnement *psychiatrique* dont le but consiste en une acceptation des failles humaines pour *re*construire un équilibre de vie. S'il va plus loin que tout cela, l'accompagnement *spirituel* – ou dans la foi – ne peut se vivre sans tenir compte des autres dimensions citées ci-dessus, car une foi incarnée ne se vit pas dans le rejet de tout le reste ou dans une évanescence fumeuse qui masquerait toutes les difficultés humaines dans un mysticisme détaché de la vie quotidienne.

Il n'est pas d'accompagnement total et complet de l'homme si on ne prend pas en compte la troisième dimension de sa personnalité, la dimension spirituelle, celle qui aide à prendre

---

219. Première lettre aux Corinthiens 1, 14-15.

en considération la recherche du bonheur vrai, ce « bien non apparent, mais solide, et de plus en plus beau à mesure qu'on le pénètre [220] » et qui, bien entendu, n'est pas déconnectée de la vie quotidienne et surtout de ses souffrances.

Cela fait très longtemps que l'Église a compris la nécessité de cet accompagnement. Même si, effectivement, Jésus est le premier « accompagnateur spirituel », l'institution de ce service particulier d'Église, ce « ministère », a commencé avec les Pères du désert des premiers siècles. Par la suite, les Ordres mendiants, les Jésuites et le concile de Trente, avec l'École française de spiritualité, ont réaffirmé son importance, liant davantage cet accompagnement avec le sacrement de réconciliation, au vu du contexte chrétien de l'époque où le baptême était reçu quasiment par tous. Aujourd'hui, l'Église semble préférer la séparation de l'un et de l'autre, mettant l'accent sur la différence fondamentale qu'il existe entre l'accompagnement humain et la démarche sacramentelle. L'accompagnement humain n'est pas tributaire du baptême – beaucoup moins administré aujourd'hui –, à la différence du sacrement de réconciliation qui se reçoit pour le renouvellement de la vie baptismale. Ainsi, on peut accompagner un frère sur la voie spirituelle même s'il n'est pas baptisé et chercher *avec* lui le chemin de la volonté de Dieu, qui pourra déboucher sur l'entrée en Église par le baptême. Pour un frère baptisé, il est toutefois souhaitable que l'accompagnement spirituel débouche sur le sacrement de réconciliation, puisque la communion pleine et entière avec Dieu importe plus que tout le reste.

On l'a compris, l'Église, « experte en humanité » comme le disait si bien le pape Paul VI, ne sépare pas le corps, l'âme et

---

220. Sénèque, *De la vie heureuse*, Librio, 2005, p. 16.

l'esprit, car l'homme est un tout. Il est donc dommageable de constater que, parfois, la thérapie d'accompagnement menée d'un point de vue purement psychologique, et qui en soi a pour but le bonheur de l'homme, s'arrête – par ignorance ou refus – aux portes de l'âme ; or, une âme qui est mise en contact d'une manière permanente avec le corps et l'esprit peut expliquer, purifier et relativiser certaines choses, en apportant beaucoup à la personne qui, ainsi, est à même de se connaître *intégralement*.

Ainsi, ce que la psychologie et la psychanalyse ne peuvent donner d'une manière complète, l'accompagnement spirituel le peut car là est son objet premier : la question du *sens*. Lorsqu'il y a une souffrance, quelle qu'elle soit, il y a *toujours* la question du sens. La science de l'écoute se heurte au néant de la souffrance car, indéniablement, « la souffrance, le deuil, sont des temps où surgit la question spirituelle [221] ». Et là, le « psy » désirant réellement la guérison et le bonheur de son patient, se sentant démuni pour cela, doit avoir l'honnêteté de laisser sa place au « spi ». Toutefois, le « spi » doit lui aussi savoir s'effacer si le traumatisme psychique empêche le développement de la foi. Il possède néanmoins une « arme » dont ne dispose pas le « psy » : la prière qui peut *tout* en Celui qui dépasse tout.

Indéniablement, l'accompagnement spirituel prend sa source dans la prière. Comme la médecine psychiatrique a besoin de son assise de connaissance scientifique, la médecine spirituelle, puisque c'en est une, a besoin de son assise constituée par le roc de la relation *personnelle* entretenue avec Dieu. Ainsi, toute personne qui désire *accompagner spirituellement*

---

221. Jacques Arènes, « Accompagner l'*homo viator* », revue *Christus*, 210, HS, 2006, p. 21.

un frère en désolation ne peut prétendre à cette mission sans attache solide, permanente et féconde au Christ qui, par grâce et par révélation, est le médecin *total*, et pour celui qui souffre, et pour celui qui accompagne. De plus, *in fine*, il s'agira bien pour l'accompagnant d'amener son « dirigé » vers l'apprentissage de la prière, véritable clé des cœurs qui *cherchent* Dieu. On imagine donc aisément que pour quelqu'un qui est profondément blessé intérieurement, ayant vu sa vie basculer dans le handicap ou la maladie, ou connaissant de grandes difficultés sociales et familiales, la consolation ne se fait pas sans la médiation du temps. Ce dernier crée un climat de confiance indispensable à la retenue, empêchant toute fusion.

Au début de l'accompagnement, le frère en désolation éprouve souvent un rejet de Dieu devant la souffrance inexpliquée. Il faut savoir en tenir compte et ne pas effacer d'un revers de la main ce cri du cœur. L'accompagnateur doit respecter la conscience et la liberté de l'accompagné et ne pas avoir d'ambition dominatrice ; pour cela, il doit entrer dans son histoire à la mesure des portes qui s'ouvrent, sans forcer les serrures. Abuser de l'âme d'un frère dans la tourmente est un égarement sans nom indigne de celui qui accompagne, car un accompagnement réussi exige une humilité sans faille. C'est pourquoi on ne s'improvise pas « accompagnateur spirituel » ; il s'agit donc bien d'un « ministère » qui mise avant tout sur la grâce, avant l'effort humain.

Ainsi, il s'agit *fondamentalement* d'une mission d'Église se recevant dans l'humilité et s'effectuant avec amour. Il s'agit d'un travail de discernement, d'acceptation de situation, de relecture, de perception de soi et du lien avec les autres. Ce travail est fait sur la personne en attente d'un tel accompagnement, en vue du combat spirituel qui est l'ultime bataille de l'*autre combat.*

Des mots pour grandir

Feu et croix, troupes de bêtes, dislocation des os, mutilation des membres, broiement de tout le corps : que tous ces supplices du démon tombent sur moi, pourvu que j'accède à la joie de Jésus-Christ.
Saint Ignace d'Antioche aux Romains

Le Christ est tout pour nous ! Si tu veux guérir une blessure, il est le médecin ; si tu es brûlant de fièvre, il est la fontaine ; si tu es opprimé par l'iniquité, il est la justice ; si tu as besoin de secours, il est la force ; si tu as peur de la mort, il est la vie ; si tu désires le ciel, il est la voie ; si tu es dans les ténèbres, il est la lumière. Goûtez et voyez comme le Seigneur est bon : bienheureux l'homme qui met son espérance en Lui.
Saint Ambroise de Milan, *De Virginitate*

La connaissance de l'amour est le fondement sur lequel nous avons établi notre vie : plus rien ne peut nous atteindre car l'amour peut tout transformer, transfigurer, même la mort et la souffrance… Nous croyons que tout ce que Dieu a fait est pour le bien de l'homme et que tout peut sans cesse contribuer à ce bien car l'Amour peut tout transfigurer. Et si la souffrance vient défigurer cette création, Dieu vient se placer au cœur de la souffrance pour en faire une source d'amour. Et si la mort semble mettre un terme à cette création continuée, Dieu vient entrer au cœur de la mort pour y placer le germe de la résurrection, de sa propre vie. Nous rendons grâce pour ce Dieu qui n'écrase pas, ne s'impose pas, ne juge pas, ne rejette jamais : il est l'Amour et sa toute-puissance est celle de l'amour, à la fois humble, patiente, attentive à ne rien briser… Nous rendons grâce à ce Dieu parce qu'il est un Dieu de relation et de communion : il est dans sa nature même accueil et don et partage et communion… allant au-devant de ceux qui sont repliés pour les ouvrir à nouveau à la joie du partage.
Mgr Pierre Claverie, *Retraite sur l'Eucharistie*, 1981

Conclusion

L'espace d'une vie…

« L'amour du prochain consiste précisément dans le fait que j'aime aussi, en Dieu et avec Dieu, la personne que je n'apprécie pas ou que je ne connais même pas. Cela ne peut se réaliser qu'à partir de la rencontre intime avec Dieu, une rencontre qui est devenue communion de volonté pour aller jusqu'à toucher le sentiment. J'apprends alors à regarder cette autre personne non plus seulement avec mes yeux et mes sentiments, mais selon la perspective de Jésus-Christ. Son ami est mon ami. Au-delà de l'apparence extérieure de l'autre, jaillit son attente intérieure d'un geste d'amour, d'un geste d'attention, que je ne lui donne pas seulement à travers des organisations créées à cet effet… Je vois avec les yeux du Christ et je peux donner à l'autre bien plus que les choses qui lui sont extérieurement nécessaires : je peux lui donner le regard d'amour dont il a besoin. »

BENOÎT XVI,
Encyclique *Dieu est Amour*, n° 18, 2006

Handicapés du cœur, handicapés du corps, cabossés de la vie et autres frères et sœurs de misère pris dans le tourbillon des échecs, enfants abandonnés dans le désert de notre monde, blessés de l'âme et tous les rescapés que nous sommes d'un radeau de la Méduse dont le Christ seul a pu éviter le naufrage, tous, nous avons besoin d'amour, les plus pauvres d'entre nous étant *prioritaires.*

Si nous avons montré, dans ces pages, qu'il ne servait à rien de « pleurer avec ceux qui pleurent » sans avoir l'amour suffisant, parfois inventif à l'infini, pour les amener à la joie parfaite qui vient de Dieu, c'est pour mieux affirmer que sans cet amour *agapé* – si bien décrit par Benoît XVI dans son encyclique *Dieu est Amour* –, nous ne pouvons pas « nous réjouir avec eux » car notre propre joie sera amputée, à la fois de leur bonheur humain, de leur capacité d'espérer en un bien plus grand et de notre manque d'humilité qui empêche la charité de sortir de notre cœur trop étroit. Notre *fraternité d'âme* exige donc une communion humaine agissant dans la charité et une communion spirituelle priante. Rien de cela ne peut se faire sans la vertu d'espérance, qualité acquise qui écrase de sa force les armes des ténèbres.

Pour autant, il ne faut pas que l'espérance reste seulement espérance. Elle doit devenir un accomplissement dans la durée et la fidélité. C'est tout le défi de notre charité. C'est tout le défi de notre foi, en l'homme et en Dieu. Tout ce que nous avons pu percevoir de l'espérance dans ce livre n'a de sens que s'il y a l'accomplissement, dans l'homme et en tout homme, de la joie parfaite, une joie qui ne passe pas et qui transcende de sa lumière les plus grandes douleurs. Certes, nous savons que nous ne sommes pas la source de cette Joie lumineuse. Mais si elle n'est pas de notre ressort, elle induit que nous soyons capables d'apporter la joie humaine, joie fraternelle et réconfortante, absolument nécessaire à la consolation. Limitée et fragile, se sachant insuffisante, elle est celle qui appelle de tous ses vœux la joie parfaite que seul le Christ peut offrir.

Par notre *fraternité d'âme*, nous connaissons bien les difficultés inhérentes au chemin terrestre de chaque homme puisque nous-même, à des degrés divers, nous en avons arpenté quelques-unes. Ombre donnée par le mal, lueur offerte par l'espoir, lumière apportée par l'espérance et joie parfaite répandue par le Christ constituent le chemin de l'homme dans sa vérité terrestre et pour sa vie ici-bas.

Nos frères tombés dans la désolation, qu'elle soit consécutive à un handicap physique ou à une blessure intérieure, qu'elle ait entraîné le sentiment d'abandon, la misère de la rue ou celle de l'emprisonnement, ont connu bien plus de « misères » que nous. Par grâce divine, et parce que le Christ lui-même nous en a montré le chemin, nous devenons participants de leur vie humaine en tant que frères de sang et de cœur. La douleur de l'un est la douleur de l'autre. C'est pourquoi, *préférentiellement* à tout autre chose que nous sommes appelés à faire sur cette terre, nous devons aider nos frères en douleur à connaître cet accomplissement de la joie parfaite, dès cette vie, *hic et nunc*. Jésus ne nous donne pas la Charte des béatitudes pour un monde futur, mais déjà pour ce monde-ci. La lutte pour la vie ne supporte pas de délai. La lutte pour l'amour exige de nous que nous revêtions la cuirasse de la charité. C'est ainsi que se gagne l'*autre combat.* N'oublions jamais que « le Christ a apporté un Royaume qui n'est pas de ce monde, mais c'est un Royaume capable de changer ce monde [222] ».

Tout combat suppose un chef qui donne des ordres clairs, limpides et constructifs. Le Christ est le chef du combat pour la vie, il est le maître et le guide de l'*autre combat* dont les armes ne font pas couler le sang à terre, mais permettent à ce sang de continuer à irriguer la vie, *toute* vie.

Étant arrimés au Christ et à personne d'autre, nous pourrons être forts devant l'adversité du mal. Ce dernier, portant les armes de la mort, aura pour objectif de nous faire reculer, laissant penser que nous ne pourrons *de toute manière* rien changer à la situation de désolation de nos frères souffrants. Attachés au Christ, maître et médecin *total*, nous serons libérés de toute crainte ; ainsi parés, nous pourrons apporter la paix, la justice et la réconciliation à tous ceux que nous connaissons et qui peinent sous le poids des jours, suite à des événements douloureux qui les ont entraînés dans une désolation de souffrance, de désespérance et du déni de vivre.

Pour eux, mais surtout avec eux, nous menons cet *autre combat* contre un adversaire toujours à l'affût de la moindre chute. Avec eux, nous sommes là pour gagner cet *autre combat*, qui n'a de sens et de vérité que parce qu'il est mené pour relever le frère en désolation et non pour l'abaisser. Avec eux, nous sommes là, fidèles et charitables, pour qu'il n'y ait plus d'adversaire, plus d'ennemi, mais uniquement des amis, le premier d'entre eux étant le Christ. Lui qui s'est fait serviteur de tous les frères souffrants en donnant sa vie par amour *total*, comme un ami véritable est seul capable de le faire, il nous montre, ainsi et à jamais, ce qu'est l'amitié dont la plus belle

---

222. Benoît XVI, homélie à Bethléem du 13 mai 2009.

mission est de détruire l'ennemi intérieur qui ronge la possibilité de l'espérance. Pour autant, si seul le Christ a donné sa vie pour ses amis afin de les racheter de la mort éternelle [223], nous sommes appelés à donner de notre vie pour que notre frère blessé vive pleinement la sienne qui est, je le rappelle, toujours digne d'être vécue et belle aux yeux de Dieu. C'est là le cœur et l'objectif de cet *autre combat* mené par l'homme, combat qui ne peut être mené que dans et par l'amour car

Amor omnia vincit (saint Augustin).

223. Cf. évangile selon saint Jean 15, 13.

Annexes

« Une société qui ne réussit pas à accepter les souffrants et qui n'est pas capable de contribuer, par la compassion, à faire en sorte que la souffrance soit partagée et portée aussi intérieurement est une société cruelle et inhumaine. »

Benoît XVI,
Encyclique *Spe Salvi*,
n° 38

Lettre ouverte à mes frères blessés

Handicapé à l'âge de trois ans suite à un accident vasculaire cérébral, je suis aujourd'hui paralysé du côté droit.

Contrairement à un blessé de guerre ou un accidenté de la route, j'ai l'impression d'avoir toujours vécu avec mon handicap, même si le combat reste le même pour nous tous. Pour moi, le combat est passé par la rééducation et le sport. Je me suis toujours dit que j'étais comme les autres, les « gens normaux », même si la réalité est tout autre. En effet, le regard des autres et la mise à l'écart me rappellent chaque jour mon handicap. J'avais décidé de me battre pour changer cela et je n'avais pas le choix: mon handicap était là et je devais vivre avec. Je me suis alors réfugié dans le sport. Pour moi, le choix fut la course à pied. Je me suis retrouvé dans un club entouré de gens sans handicap. J'étais dans le monde des valides et je me battais contre eux. Les titres se sont même enchaînés. J'étais tellement heureux parce que je voyais que les gens ne me percevaient plus comme une personne « différente » alors que, c'est vrai, j'aurais pu pratiquer du handisport. Mais je ne voulais pas car je n'acceptais toujours pas mon handicap.

En 1992, je suis appelé sous les drapeaux. Contre toute attente, on me déclare « apte ». Fort de cela, je décidai de me battre pour montrer à tous que j'étais comme tout le monde, capable de réussir. Et même si, parfois, mon handicap me rattrapait, j'avais réussi. Je souffrais en silence, mais je continuais. Je suis même parti deux fois en opération extérieure, au Kosovo.

Aujourd'hui, vingt ans après mon incorporation, je suis toujours militaire avec le grade de sergent-chef. L'armée m'a fait découvrir tellement de choses comme le dépassement de soi, la camaraderie et la cohésion.

En 2005, maîtrisant davantage mon handicap, je me lance enfin dans le handisport. Un autre défi s'est ouvert. On me donne la chance de représenter la France par le biais du sport. Comme beaucoup d'athlètes, j'ai toujours rêvé de faire les Jeux Olympiques. En 2008, mon rêve se réalise : je suis sélectionné aux jeux paralympiques. Certes, ces jeux sont réservés aux personnes handicapées, mais pour moi, dans ma tête, c'est la même chose, je suis un sportif et je défends les couleurs de notre pays, la France.

À Pékin, je décroche une belle médaille de bronze à l'épreuve du 800 mètres. Je me suis dit que j'étais fier de représenter le mouvement handisport. J'ai pris conscience que le sport est universel, que l'on soit valide ou handicapé. Nous sommes tous des sportifs de haut niveau, à part entière.

Ma fierté, c'est d'avoir réussi mon engagement pour la France en tant que soldat et sportif de haut niveau.

Le conseil que je donnerai, mûri de ma petite expérience, c'est qu'il faut toujours croire que c'est possible. Malgré nos blessures, on se relève toujours.

Sergent-Chef Djamel MASTOURI,
Institut National des Invalides

Des mots pour soigner les maux…

Jésus dit au paralysé : « Je te le dis, lève-toi, prends ton brancard et va dans ta maison ». L'homme se leva, il prit aussitôt son brancard et il sortit devant tout le monde, si bien que tous étaient bouleversés et rendaient gloire à Dieu en disant : « Nous n'avons jamais rien vu de pareil ».

Évangile selon saint Marc 2, 10-12

Pour commencer, on pourra être surpris de trouver ci-après un texte de Diderot, qui n'est pas, et loin s'en faut, une référence chrétienne, même s'il fut élevé par les Jésuites. Pour autant, certains prédicateurs usèrent de son talent pour qu'il leur écrive des sermons. Publiant les *Pensées philosophiques*, il se met à dos l'Église qui le qualifie « d'homme très dangereux qui parle des saints mystères de notre religion avec mépris ». Professant ouvertement l'athéisme dans sa *Lettre aux aveugles à l'usage de ceux qui voient*, il est emprisonné ; à sa sortie du donjon de Vincennes, il se met à rédiger la fameuse *Encyclopédie* avec le mathématicien d'Alembert. Ayant rencontré Sophie Volland, il entretient avec elle une « correspondance » dans laquelle il se livre. Ainsi, au travers d'une de ces lettres, il nous explique son « spleen » et cela rejoint, d'une certaine manière, la douleur de tous ceux qui vivent ces moments terribles où s'engagent les premiers gestes de l'*autre combat*.

> Vous ne savez pas ce que c'est que le spleen, ou les vapeurs anglaises… Je sens depuis vingt ans un malaise général, plus ou moins fâcheux, je n'ai jamais la tête libre. Elle est quelquefois si lourde que c'est comme un poids qui vous tire en devant, et qui vous entraînerait d'une fenêtre dans la rue, ou au fond d'une rivière, si on était sur le bord. J'ai des idées noires, de la

tristesse et de l'ennui ; je me trouve mal partout, je ne veux rien, je ne saurais vouloir… La gaieté des autres m'afflige, je souffre à les entendre rire ou parler. Connaissez-vous cette espèce de stupidité ou de mauvaise humeur qu'on éprouve en se réveillant après avoir trop dormi ? Voilà mon état ordinaire, **la vie m'est un dégoût** ; les moindres variations dans l'atmosphère me sont comme des secousses violentes ; je ne saurais rester en place, il faut que j'aille sans savoir où… Je dors mal, je manque d'appétit… Je suis tout au rebours des autres ; je me déplais à ce qu'ils aiment, j'aime ce qui leur déplaît ; il y a des jours où je hais la lumière…

Lettres à Sophie Volland

Diderot n'a pas suffisamment assimilé le fait que l'adversité fait partie de notre condition humaine. Elle peut briser le corps, le cœur et l'âme lorsque ceux-ci n'y sont pas « préparés » en éludant la possibilité orgueilleuse de la connaître. Les leçons de la vie quotidienne sont pourtant bien claires pour qui veut les entendre dans la vérité, et il ne sert à rien d'avoir du dégoût pour la vie. Il faut vivre cette vie reçue comme un don, c'est pourquoi l'important est de vivre la vie la meilleure possible au détriment de la vie la plus agréable. L'adversité nous rend humbles, nous rend fragiles, mais, surtout, nous rend profondément humains. Les philosophes qui ne voient pas Dieu comme possible ne peuvent percevoir dans la souffrance le fragile et ténu rayon d'espérance car ils s'enferment dans un non-sens de la vie, celle-ci étant, pour eux, réduite à l'adage qu'il n'y a rien d'autre à vivre que l'instant présent et qu'il est indispensable d'en profiter, comme Épicure semblait le suggérer par exemple. L'ouverture au spirituel change la donne. Même si ce spirituel n'est pas chrétien, la notion de l'existence de l'âme apporte beaucoup à l'homme en souffrance.

Même si la vertu d'espérance n'est pas complètement révélée, puisqu'elle le sera avec le Christ, la notion de l'espoir peut germer de la douleur et éclairer un nouveau chemin qui n'a rien d'utopique. En ce sens, Sénèque apporte beaucoup à ses contemporains. Il s'adresse à l'un d'entre eux, son ami Sérénus :

> Vous vous êtes trouvé jeté dans un genre de vie pénible, et sans qu'il y ait de votre faute ; des malheurs publics ou personnels vous ont imposé un joug que vous ne pouvez délier ni briser. Songez alors que ceux qui sont enchaînés ont d'abord de la peine à supporter la pesanteur et la gêne de leurs fers ; mais dès qu'une fois, renonçant à une fureur impuissante, ils ont pris le parti de souffrir patiemment ces entraves, **la nécessité leur apprend à les porter avec courage**, et l'habitude légèrement. On peut, dans toutes les situations de la vie, trouver des agréments, des compensations et des plaisirs, **à moins que vous ne préfériez vous complaire dans une vie misérable**, au lieu de la rendre digne d'envie… Renonçons donc à l'impossible, à ce qui ne peut qu'à grand peine s'obtenir ; ne cherchons que ce qui, se trouvant à notre portée, doit encourager nos espérances.
>
> *De la tranquillité de l'âme*

Comme en écho à ce qui précède, et surtout comme une réponse encore plus « positive », puisque chrétienne, on peut entendre ce texte d'un Jésuite du XVIIe siècle, Vincent Huby. Ces mots, qui veulent ouvrir sur le chemin qui conduit au bonheur de cette vie et qui s'adressent prioritairement à ceux que les mots ci-dessus de Diderot atteignent, pourront nous paraître naïfs, à nous qui n'avons pas encore eu l'occasion d'entrer dans l'*autre combat.* Laissons-les, malgré tout, nous rejoindre et nous éclairer car ils peuvent aider d'une manière certaine ceux qui ont commencé les éminentes batailles de cet *autre combat…*

Chacun veut être heureux et content, même dès cette vie. C'est là le but de tous nos désirs. Pour y parvenir, on prend deux chemins tout opposés : les uns tiennent celui de la multiplicité, en amassant le plus qu'ils peuvent ; les autres celui de la simplicité, en retranchant tout. Ainsi, les uns désirent des biens, des honneurs, des plaisirs, et les recherchent autant qu'il est en leur pouvoir, espérant de rendre par là leur cœur content. Les autres au contraire ne désirent rien, et quittent tout comme faisaient ces anciens philosophes : un Cratès qui jeta tout son argent, un Diogène qui n'avait pour logis qu'un tonneau.
De ces deux chemins, le dernier est le plus facile et le plus court, parce qu'il dépend de nous, étant en notre pouvoir de tout quitter. Le premier est non seulement plus long, mais très difficile, et il s'y rencontre mille obstacles à nos desseins. Car ou l'on nous dispute les biens que nous voulons avoir, ou ceux de qui nous les attendons nous les refusent, ou **quelque accident nous les enlève,** ou le temps, le lieu, l'occasion nous manquent : si bien qu'on ne voit quasi personne qui arrive par cette voie à un bonheur net, entier et confiant. La jouissance même d'un bien, loin de rassasier l'appétit, ne fait que l'aiguiser et qu'exciter le désir d'un nouveau bien. Or, qui a le désir d'un bien, a la crainte de ne pas l'obtenir ; qui a la crainte et le désir a deux bourreaux qui le tourmentent, et deux vers qui lui rongent incessamment le cœur ; qui n'a point de désir n'a point de crainte, et qui n'a ni désir ni crainte, il est content : et bien que son contentement et son bonheur ne paraissent peut-être pas tant que celui des heureux du siècle, il est pourtant en effet, et plus pur, et plus entier, et plus constant.

Écrits spirituels

Celui que l'on a qualifié de « Bouche d'or » en raison de son éloquence, saint Jean Chrysostome, père de l'Église du IVe siècle, semble vouloir nous donner des pistes pour trouver les armes adéquates pour mener cet *autre combat.* La première de ces armes qu'il nous conseille est la prière, c'est-à-dire cet humble cheminement qui nous tourne vers Dieu, quels que soient nos difficultés, nos souffrances et nos handicaps. Pour gagner un combat, il faut en prendre les moyens. Ceux qui n'ont plus la force d'en trouver doivent être aidés par ceux qui le peuvent.

> Ne sommes-nous pas des athlètes, des soldats ? Si vous êtes des athlètes, il vous faut descendre nus dans l'arène, si vous êtes des soldats, vous devez vous tenir tout armés pour le combat. Et comment pouvez-vous être l'un et l'autre en même temps ? **Dépouillez-vous des choses du siècle** et vous serez un athlète ; **revêtez-vous des armes spirituelles** et vous serez un soldat : rejetez loin de vous les sollicitudes de la vie, car c'est le temps du combat ; revêtez les armes de l'esprit, car il nous faut soutenir contre les démons une guerre terrible. Soyons nus pour ne donner dans cette lutte aucune prise à Satan, notre ennemi, soyons armés de toute pièce pour ne recevoir par aucun point le coup mortel.
>
> Troisième homélie sur les statues

L'Espérance ne déçoit jamais si on la laisse habiter le cœur des souffrants de la terre. Cette Espérance, vertu parmi les vertus, se rend ainsi visible d'une manière particulière dans la vie de ceux qui, malgré leur handicap ou leur maladie, se sont laissés façonner par elle avec le temps, qui est le vecteur indispensable pour la laisser bourgeonner, éclore et fleurir. Certes, elle peut laisser entrevoir sur elle quelques épines nonchalantes qui font saigner encore le cœur. Celui qui a connu la désespérance, puis l'espérance sait ce que cela signifie… La Bible, véritable trésor de l'espérance toujours possible, même en milieu hostile, nous montre, par le biais du psalmiste – qui se souvient avec une certaine nostalgie de ce qu'il était « avant » –, le vrai sens humain de ce long chemin ouvert par l'*autre combat*, dont Dieu est le terme suprême en tant que victoire ultime et intime.

Comme un cerf altéré cherche l'eau vive, ainsi mon âme te cherche, toi, mon Dieu.
Mon âme a soif de Dieu, le Dieu vivant ; quand pourrai-je m'avancer, paraître face à Dieu ?
Je n'ai d'autre pain que mes larmes, le jour, la nuit, moi qui chaque jour entends dire : « Où est-il, ton Dieu ? »
Je me souviens et mon âme déborde : en ce temps-là, je franchissais les portails.
Je conduisais vers la maison de mon Dieu la multitude en fête, parmi les cris de joie et les actions de grâce.
Pourquoi te désoler, ô mon âme, et gémir sur moi ? Espère en Dieu !
De nouveau je rendrai grâce : il est mon sauveur et mon Dieu !
Si mon âme se désole, je me souviens de toi, depuis les terres du Jourdain et de l'Hermon, depuis mon humble montagne.
L'abîme appelant l'abîme à la voix de tes cataractes, la masse de tes flots et de tes vagues a passé sur moi.
Au long des jours, le Seigneur m'envoie son amour ; et la nuit, son chant est avec moi, prière au Dieu de ma vie.
Je dirai à Dieu, mon rocher : « Pourquoi m'oublies-tu ? Pourquoi vais-je assombri, pressé par l'ennemi ? »
Outragé par mes adversaires, je suis meurtri jusqu'aux os, moi qui chaque jour entends dire : « Où est-il, ton Dieu ? »
Pourquoi te désoler, ô mon âme, et gémir sur moi ? Espère en Dieu !
De nouveau je rendrai grâce : il est mon sauveur et mon Dieu !

Psaume 41/42

La détresse, la dépression et toute forme de souffrance peuvent enfermer celui qui en est la victime, dans une solitude destructrice qui va à l'encontre de toute forme de guérison, qu'elle soit du corps ou de l'esprit. La Parole de Dieu, à travers la Bible, nous montre cela, notamment dans les psaumes. Cependant, nous l'avons vu, il n'existe pas d'autre remède « humain » à la solitude que la charité qui nous affirme que nous ne pouvons pas exister les uns sans les autres. Cette charité, vertu théologique, se décline, humainement parlant, dans la valeur de solidarité. C'est ce que le pape Jean-Paul II expliquait :

> Il est une autre loi de la création : celle de la solidarité. Les hommes ont été créés solidaires en Adam, liés les uns aux autres, dans le bien comme dans le mal. Cette solidarité a un côté merveilleux : nous héritons de la sagesse et du progrès des générations précédentes, mais aussi de leurs fautes. On ne peut pas vouloir l'un en évitant l'autre. La terre appartient à Dieu, mais elle a été donnée à l'ensemble des hommes. Dieu ne veut pas le gaspillage des uns parce que leur sol est généreux, et le dénuement des autres parce qu'ils n'ont pas cette chance. Il ne doit pas y avoir de privilèges pour les riches et les forts, et l'injustice pour les pauvres et les handicapés. Tous sont égaux en dignité. **Nous ne pouvons exister les uns sans les autres, et nous avons tout à recevoir des autres**…
>
> Dieu a voulu un monde de partage, de solidarité, d'entraide. L'Église le dit-elle assez fort ? Peut-être pas… Nous sommes l'Église, vous et moi. Et l'Église n'est pas la seule à façonner ce monde. Elle voudrait amener à la conversion ceux qui abusent de l'homme, mais pas par la haine ou la violence.

Discours pour les jeunes à Strasbourg, 1988

L'espérance est une vertu que les chrétiens doivent cultiver afin qu'elle soit la semence d'une vie meilleure pour tous ceux qui ploient sous le poids de la misère, de la guerre et de la bêtise humaine. On a vu, tout au long de l'Histoire des hommes, des peuples meurtris laisser éclater à la face du monde, qui en demeura ébahi et surpris, ce chant de l'espérance qu'aucune chaîne d'esclavage ne put emprisonner ni faire taire. Souvenons-nous du séisme en Haïti où de nombreux chrétiens, debout sur les ruines de leurs églises et ayant perdu tout ce qu'ils avaient, famille et biens, rendaient grâce à Dieu par des chants de louange qui semblaient venir de nulle part. Souvenons-nous aussi de ce « génocide » au Rwanda, où une communauté fut presque décimée sous les yeux désabusés du monde abasourdi. L'ancien chef de l'opération menée par la France pour éviter ou du moins atténuer ce bain de sang, le général Didier Tauzin, se souvient d'un moment qui lui a semblé, sur le coup, complètement décalé, mais qui, pourtant, dans cette misère de sang, évoquait l'espérance qui est et demeure la source de toute reconstruction humaine digne de ce nom :

> Une douzaine d'Anciens sont assis dans l'herbe autour de moi… je demande bien sûr à ces gens ce qui leur manque le plus. Ils sont dans un tel état de dénuement, de malnutrition, de saleté, de maladies, que je m'attends à une longue liste… Ils se regardent un instant et la réponse vient : une messe ! « Vous voulez une messe ?! » « Oui, nous n'en avons pas eu depuis trois mois ! » Je n'en reviens pas ! Ils n'ont rien que de la souffrance et des larmes depuis des mois ; ils viennent tout juste, par notre arrivée, de sortir de l'enfer auquel ils ont survécu ; **ils ont besoin de tout pour leur corps… et ils demandent une messe !**
> Quelle leçon le « catholique pratiquant » que je suis prend ce jour-là, à l'orée de ce camp de miséreux, pouilleux, affamés et puants, par ces squelettes ambulants et voués, ce matin encore, à une mort quasi certaine, découpés en rondelles à coups de machettes… Je leur réponds : « Vous aurez une messe. »

Le dimanche, peu avant dix heures, arrivent le prêtre et le pasteur, tous les deux Hutus pour célébrer, l'un la Sainte Messe, l'autre la Sainte Cène, pour ces réfugiés tutsis… Autour du prêtre se rassemble une foule impressionnante… Je participe à cette messe comme à nulle autre, fasciné par cet instant hors du temps, par ce petit prêtre hutu si calme, appliqué, fervent, ce petit prêtre hutu qui célèbre la messe pour les Tutsis, ses frères en Jésus-Christ… Restent gravés dans ma mémoire les milliers de visages décharnés aux yeux encavés qui se lèvent vers l'hostie consacrée, élevée à bout de bras par le petit prêtre hutu pour ses frères tutsis.
Je considère comme l'une des plus grandes grâces de ma vie d'avoir vécu une telle messe, sur cette colline où tant de pauvres hères avaient été massacrés, sur ce Golgotha !

Rwanda, je demande justice pour la France et ses soldats,
p. 124-127, 2011

La Croix du Christ est ce qui relie entre eux les frères souffrants. De tous temps, des hommes et des femmes, principalement des personnes qui ont connu toute espèce de misère, n'ont eu aucune difficulté à se tourner vers l'arbre de la mort qui est devenu, par grâce, l'Arbre de la Vie : la Croix du Christ Sauveur. Celui qui a souffert pour le salut du monde est Celui qui peut comprendre toute souffrance humaine, au nom même de son Incarnation qui culmine sur cette Croix de l'infamie. Ainsi, quels que soient notre souffrance, notre handicap (surtout au niveau du cœur), la Croix devient notre recours, notre secours et notre amour.

Invocation à la sainte Croix

Dieu tout-puissant qui avez souffert la mort à l'arbre particulier pour tous nos péchés, soyez avec moi !
Sainte Croix de Jésus-Christ, ayez pitié de nous,

Sainte Croix de Jésus-Christ, soyez mon espoir,
Sainte Croix de Jésus-Christ, repoussez de moi les armes tranchantes,
Sainte Croix de Jésus-Christ, versez en moi tous les biens,
Sainte Croix de Jésus-Christ, détournez de moi tout mal,
Sainte Croix de Jésus-Christ, faites que je parvienne au chemin du Salut,
Sainte Croix de Jésus-Christ, repoussez de moi toute atteinte de mort,
Sainte Croix de Jésus-Christ, préservez-moi des accidents corporels et temporels.
Cieux, que j'adore la Sainte Croix de Jésus-Christ à jamais !
Jésus de Nazareth, ayez pitié de moi dans tous les siècles des siècles.
Faites que l'Esprit Malin et Invisible fuie de moi. Ainsi soit-il !

Cette prière a été trouvée, en 1505,
sous le Sépulcre de Jésus-Christ

La croix de souffrance, souvent bien lourde, que portent nos frères de misère, est principalement due à un manque de charité de la part de chacun d'entre nous. La timidité de notre foi ou, si nous n'en avons pas, l'insuffisance du désir de mettre en œuvre la fraternité humaine par la solidarité, détruit notre capacité à aimer gratuitement. Nous avons donc besoin d'être « secoués » dans nos monotonies quotidiennes qui nous aveuglent petit à petit et nous enferment dans nos tours de marbre aux pieds d'argile. De tout temps, par l'Église principalement, nous avons entendu des femmes et des hommes, servant les plus pauvres de leurs frères, nous rappeler notre entière identité d'homme dès lors que nous sommes capables d'aimer celui qui ploie sous les souffrances, physiques ou psychiques, visibles ou invisibles, provoquées ou « naturelles ». Un de ces personnages fut Vincent de Paul.

Celui que la société de son temps appelait avec vénération et respect « Monsieur Vincent » a su interpeller ses contemporains, riches ou pauvres, sur la nécessité de se pencher avec charité, abnégation, désintéressement et amour, sur le *plus* pauvre. Voici, par exemple, ce qu'il disait à ses Filles de la Charité, cette communauté de simples filles des champs envoyées vers les malades, les forçats, les blessés de guerre et tous ceux qui criaient famine :

> Elles traiteront les pauvres avec **respect et humilité**, se ressouvenant que la rudesse et le mépris qu'on en fait, aussi bien que le service et l'honneur qu'on leur rend, s'adressent à Notre Seigneur. Cela, mes Sœurs, parle de soi-même, c'est-à-dire que vous devez traiter les pauvres avec grande douceur et respect : avec douceur, pensant qu'ils vous doivent ouvrir le ciel ; car les pauvres ont cet avantage d'ouvrir le ciel ; et c'est ce que Notre Seigneur dit : *« Faites-vous des amis de vos richesses, afin qu'ils vous reçoivent dans les tabernacles éternels. »* (Lc 16, 9) Il faut donc les traiter avec douceur et respect, vous souvenant que **c'est à Notre Seigneur que vous rendez ce service**, puisqu'il le tient fait à lui-même… S'il est malade, je le suis aussi, s'il est en prison, j'y suis ; s'il a des fers aux pieds, je les ai avec lui. Et une autre raison, c'est que vous devez regarder les pauvres comme vos maîtres.

Écrits spirituels, volume X, p. 179-180

L'amour de Dieu et l'amour du prochain, en particulier du plus pauvre, du blessé, du frère souffrant, prend sa source dans la Parole même de Dieu qui ne cesse de rappeler le lien étroit qui unit ces deux amours que saint François de Sales et saint Vincent à sa suite ont appelés « l'amour affectif et l'amour effectif ». De leur temps, la spiritualité du « service » fut aussi enseignée par celle en qui Vincent voyait déjà une sainte, la grande Thérèse d'Avila. La « Madre », réformatrice de l'ordre du Carmel, prônait le fait d'accomplir les œuvres *de* Dieu et non de faire les œuvres *pour* Dieu, et cela dans l'exercice vertueux de la charité, vertu qui ne doit jamais s'étioler, même au nom de l'union mystique avec Dieu.

> La marque la plus sûre, à mon avis, pour savoir si nous avons ce double amour, consiste à aimer véritablement le prochain ; car nous ne pouvons avoir la certitude que nous aimons Dieu, bien que nous en ayons des indices très sérieux ; mais **nous pouvons savoir sûrement si nous aimons le prochain**. Soyez certain(es) que plus vous découvrirez en vous de progrès dans l'amour du prochain, plus vous serez avancé(es) dans l'amour de Dieu.
>
> L'amour que Dieu nous porte est tellement profond qu'en retour de celui que nous avons pour le prochain, il perfectionne de mille manières celui que nous portons à Lui-même ; je ne puis avoir aucun doute sur ce point. Voilà pourquoi il est très important de bien considérer comment nous aimons le prochain ; dès lors que cet amour est parfait, on a réalisé tout ce qui fallait. Car, à mon avis, notre nature est tellement dépravée que si notre amour pour le prochain ne prenait ses racines dans l'amour même de Dieu, il ne pourrait s'élever à la perfection.
>
> *Livre des Demeures*

Que ce soit saint Vincent de Paul ou sainte Thérèse d'Avila, et bien d'autres, chacun a médité, en son âme burinée par l'Esprit Saint, les mots et les actes posés par Jésus auprès de ses contemporains, auprès surtout des plus pauvres d'entre eux, ses frères de souffrance pour qui il est venu révéler l'Amour infini du Père, mettant en œuvre la vertu parfaite de charité.

Ces hommes et ces femmes de notre Histoire moderne ont pu également puiser leur force dans les écrits restés mémorables de ce génie indépassable de l'Église qu'est saint Thomas d'Aquin. Ses nombreuses réflexions philosophiques et théologiques ont été, et sont toujours, une lumière pour la pensée de l'Église. Cet érudit a longuement réfléchi sur la vertu de charité qui est la porte ouverte vers la béatitude éternelle promise à ceux qui la mettent en œuvre. À nous qui voulons aider et soutenir nos frères en désolation, il adresse encore ces mots qui, nonobstant les siècles passés, et parce qu'ils sont d'une brûlante actualité, résonnent *immédiatement* dans nos cœurs.

> Plus nous aimons quelqu'un, plus nous avons de la douleur si nous l'offensons. Et c'est là un des effets de la charité. La charité cause également l'illumination du cœur. Il nous arrive fréquemment d'ignorer ce que nous devons faire et ce que nous devons désirer. Or, c'est la charité qui nous enseigne ce qui est nécessaire au salut… **La charité produit aussi en nous une joie parfaite**. Pas de vraie joie pour l'homme sans la charité. Qu'il nous reste quelque chose à désirer, la joie s'éteint… Ainsi en va-t-il des choses d'ici-bas… Rien de tel pour les biens spirituels, et voici que celui qui aime Dieu le possède… En outre, la charité produit en nous la paix parfaite… Qui aime Dieu jouit d'une paix parfaite… De plus, la charité confère à l'homme une grande dignité… La charité fait du serviteur un affranchi et un ami…
>
> Ce que nous venons de dire montre avec clarté les avantages de la charité. Puisque donc elle présente de si grands avantages, **il faut travailler avec ardeur à l'acquérir et à la conserver**. Il faut le savoir, cependant, personne par soi-même ne peut posséder la charité ; et même c'est un don de Dieu seul… Il est hors de doute que Dieu nous aime non parce que nous l'avons aimé les premiers ; mais c'est son amour qui cause en nous l'amour que nous lui portons… ce don de la charité surpasse tous les autres. On peut posséder en effet tous les autres dons sans la charité de l'Esprit Saint ; par contre avec la charité on possède nécessairement l'Esprit Saint. *« La charité de Dieu*, dit en effet l'Apôtre (Rm 5, 5), a *été répandue dans nos cœurs par l'Esprit Saint, qui nous a été donné. »*

La première disposition pour acquérir la charité est l'audition attentive de la parole divine... La deuxième disposition pour acquérir la charité est la méditation continuelle du bien... Un des moyens pour augmenter la charité, c'est de garder une patience inaltérable dans les adversités. Si en effet nous souffrons des choses pénibles pour une personne aimée, notre amour pour elle n'est pas détruit – c'est une chose manifeste – mais bien plutôt il s'accroît... Les hommes saints qui supportent pour Dieu des adversités s'affermissent davantage dans son amour ; de même un artisan se complaît davantage dans l'œuvre pour laquelle il a le plus peiné. De là vient aussi que plus les fidèles souffrent d'afflictions pour Dieu, plus ils grandissent dans son amour.
En vérité, de tous les commandements, celui de la charité est manifestement le plus grand, le plus noble et le plus utile. Dans ce commandement, en effet, sont renfermés tous les autres.

Conférences sur les deux préceptes de la charité
et les dix commandements

Les saints se suivent... et ne se ressemblent pas, et c'est tant mieux. Lorsqu'on évoque le bienheureux Charles de Foucauld, on n'a pas, de prime abord, le réflexe de penser à la charité, mais plutôt celui de penser à l'ermite qu'il fut et à sa fin tragique comme martyr. Nous sommes bien dans l'ignorance de la vie de celui qui aimait se considérer comme le « frère universel ». Sa charité fut exemplaire car il vécut une vie de frère pauvre parmi les autres pauvres, en cherchant « la dernière place ». Il a découvert, petit à petit, que suivre Jésus et l'aimer passionnément, c'était se faire, comme lui, proche de ceux qui sont les plus abandonnés, parmi lesquels se trouvaient ses frères militaires légionnaires blessés à mort à l'issue d'un combat sanglant dans le sable du désert en 1903. Ainsi, lorsqu'il parle de charité, c'est parce que, d'abord, il l'a vécue intensément.

> La charité qui est le fond de la religion (le premier devoir est d'aimer Dieu, le deuxième, semblable au premier, est d'aimer le prochain comme soi-même) oblige tout chrétien à aimer le prochain, c'est-à-dire tout humain, comme soi-même, et par conséquent à faire du salut du prochain comme de son propre salut, la grande affaire de sa vie. Tout chrétien doit donc être apôtre: ce n'est pas un conseil, **c'est un commandement, le commandement de la charité**. Se faire tout à tous pour les donner tous à Jésus, en ayant avec tous bonté et affection fraternelles, en rendant tous les services possibles, en prenant un contact affectueux, en étant un frère tendre pour tous, pour amener petit à petit les âmes à Jésus en pratiquant la douceur de Jésus.
>
> Lettre à J. Hours, 3 mai 1912

Maurice Genevoix écrivait dans *La boue*: « Pitié pour nous, forçats de guerre, qui n'avions pas voulu cela, pour nous tous qui étions des hommes, et qui désespérions de jamais le redevenir. » Au cœur des tranchées boueuses, creusées telles des tombes ouvertes, il semble que la désespérance ait définitivement scellé le sort des soldats qui s'y trouvent cloîtrés. Pourtant, l'espérance est la vertu théologale qui, paradoxalement, peut habiter le cœur de l'homme lorsque celui-ci se trouve en situation de danger. Le stress émanant des situations délicates et périlleuses peut être source, à la fois, de désolation devant ce que l'œil voit et d'espérance devant la pensée de l'esprit qui, à ce moment-là, sait ce qui est utile et ce qui est futile, même si la peur peut sembler être la source de la « réflexion ».

La lettre ci-dessous, adressée à son épouse, a été rédigée par un « poilu » de la Première Guerre mondiale, qui, au regard de l'adversité environnante, a su se tourner vers l'Essentiel.

Joseph Gilles était un ouvrier agricole landais qui a été tué par un éclat d'obus le 20 août 1916, à trente-six ans.

Le 6 août 1916

Ma Mie,

Aujourd'hui, dimanche, repos complet ; messe militaire à 9 heures dans l'église de Cérisy, j'y suis allé. Tu dois penser, ma chère Corinne : moi qui n'allais pas souvent à la messe avant la guerre, maintenant j'y vais toutes les fois que j'ai l'occasion. Tu vas être obligée de croire que **je suis redevenu chrétien**. Eh bien, entre les deux, je veux qu'il n'y ait rien de caché, je veux te faire savoir tout ce que je pense et tout ce que je fais. Je vais à la messe **parce que le danger m'a effrayé**, et **m'a fait réfléchir** à des choses auxquelles je ne voulais guère penser avant la guerre. Lorsque j'étais avec toi, j'étais pris par mon travail, et je ne réfléchissais guère à ce qui devait m'attendre ici. Je ne pensais qu'au présent. Mais lorsque je me suis vu privé de tous les plaisirs, quand les obus et les balles m'ont mis devant la mort, et c'est aussi en prenant les longues heures de garde au créneau que j'ai eu le temps de réfléchir, et maintenant j'ai pris au sérieux ces croyances avec lesquelles j'ai discuté si souvent avec les camarades. Voilà comment ça se passe et que l'on dise ce que l'on voudra, je sais que tu seras de mon avis.

Paroles de Poilus, éd. Biblio, 1998

Se tourner vers l'Essentiel en temps de guerre suppose souvent l'aide précieuse d'une personne qui y est déjà accrochée. Bien sûr, des événements dramatiques peuvent être une étincelle de grâce pour allumer, ou rallumer, la flamme de la foi, mais au regard de ce qu'a fait le Christ lui-même, c'est-à-dire choisir des Apôtres pour porter sa Parole de vie, nous pouvons penser que notre cœur a besoin d'une Parole donnée par un autre pour grandir. Cela se vérifie d'une manière particulière lorsque la mort semble envahir toute vie et déstructurer l'humanité. En temps de guerre, ou de grave conflit, cela ne fait aucun doute. La parole d'un autre, en l'occurrence de l'aumônier, ce prêtre qui accompagne jour et nuit les soldats dans les moments délicats du front, est appelée à rejoindre les cœurs blessés et encore en larmes des frères qui viennent de perdre un ou plusieurs camarades. Durant le premier conflit mondial, il y eut, entre autres, l'abbé Paul Doncoeur, qui créa la petite revue *Frères d'Armes* pour réconforter, soutenir et épauler ces soldats qu'il n'avait de cesse de vouloir servir jusqu'au péril de sa vie. Il rend ainsi un hommage appuyé à tous ceux qui sont tombés au Champ d'Honneur, espérant de la sorte réconforter les blessés et autres survivants de ce terrible carnage.

> Ils sont tombés pour assurer la paix du monde ; nos ambitions ne sont point autres. Mais, comme ils n'ont obtenu la première victoire sur les violences déchaînées qu'en triomphant de leurs propres égoïsmes, nous n'achèverons leur œuvre que dans la mesure où nous saurons commander aux instincts, ou de paresse ou d'ambition, ou de vengeance ou de lâcheté. Nous savons que cette œuvre pacifique n'est point faite encore, **nous voyons quelles menaces pèsent toujours sur ce pauvre univers** et de quelles angoisses les cœurs des mères sont travaillés. Ne désarmerons-nous donc jamais les haines et ne connaîtrons-nous pas enfin la Paix ?
>
> Discours recueilli par Pierre Mayoux

Être lucide sur le pouvoir et la puissance de l'homme qui peuvent être autodestructrices participe aussi d'une certaine manière à cet *autre combat* dont nous avons parlé tout au long de ce livre. Notre espérance en l'amour de l'homme ne doit pas nous faire douter de cela et doit colorer notre foi en Dieu qui donne cet amour. Ainsi, si notre foi se construit dans l'espérance, elle se nourrit aussi de la méditation et du raisonnement qui poussent à l'exercice vertueux de la charité attisant la grande Espérance, celle qui dépasse de haut toutes les tours de désespérance que la souffrance, le handicap et la misère peuvent ériger sur nos routes humaines fragiles. Parfois, c'est vrai, et c'est souvent inexplicable, c'est dans la souffrance que l'on se découvre, que l'on apprend à se connaître, que l'on s'apprend mutuellement et que l'on découvre *in fine* le véritable amour lumineux de Dieu, qui ne veut pas qu'un seul de ses enfants soit perdu dans la nuit.

En ces temps où nous célébrons le cinquantième anniversaire du concile Vatican II, peut-être est-il opportun de nous remémorer ce que les Pères Conciliaires ont dit sur cette élévation spirituelle et sanctifiante qu'est la vertu de charité que *chacun* doit faire sienne.

> Tous les fidèles se sanctifieront davantage chaque jour dans leur condition, dans les devoirs de leur état ou les circonstances de leur vie… en manifestant à tous, dans l'accomplissement de leur tâche temporelle, la charité dont Dieu a aimé le monde.
> Dieu a répandu son amour dans nos cœurs par l'Esprit Saint qui nous a été donné; voilà pourquoi **le don primordial et souverainement nécessaire est la charité**, par laquelle nous aimons Dieu par-dessus toute chose et le prochain par amour pour lui… La charité, en effet, en tant que **lien de la perfection** et accomplissement de la loi, règle, informe et conduit à leur fin tous les moyens de sanctification. Ainsi la charité envers Dieu et envers le prochain est-elle la marque distinctive qui caractérise le vrai disciple du Christ.

Constitution dogmatique *Lumen Gentium*,
n° 41 et 42, 1964

Celui qui, en tant que Messie, est Charité et aussi Lumière, veut faire de nous la même chose que Lui, car il ne veut pas que nous soyons sur un chemin de ténèbres. Jésus est la lumière pour chacun d'entre nous, blessé de la vie ou non, fils de rien ou fils de roi, pauvre ou riche. Nous avons à exercer notre intelligence pour recevoir, au creux de notre cœur qui a toujours besoin d'apprendre à aimer, son enseignement lumineux. Notre vie, parce qu'elle accompagne nos frères en désolation, est d'abord une suite du Fils de Dieu qui passe parmi nous, mettant nos pas dans les siens dans une imitation qui n'a pas de limites. À partir de là, nous serons vraiment « éclairés » par la *véritable* et indestructible lumière, nous serons vraiment ce que Dieu attend de nous. Ne cherchons pas ailleurs ce que nous avons déjà reçu en Lui.

> Vanité des vanités, tout est vanité hormis aimer Dieu et le servir, lui seul ; et la plus haute sagesse est de tendre au royaume céleste par le mépris du monde. Oui, vanité que de chercher les richesses périssables et d'y mettre ses espoirs ; vanité que de viser les honneurs et de se faire valoir ; vanité que de suivre les désirs de la chair, et de désirer ce qui sera ensuite motif de grave punition ; **vanité que de souhaiter vivre longtemps et de se préoccuper bien peu de vivre bien** ; vanité que de ne s'inquiéter que de la vie présente, et de ne pas prévoir ce qui suivra ; vanité que d'aimer ce qui se passe à toute vitesse, sans se dépêcher d'aller là où la joie sera éternelle. Oui, applique-toi à retirer ton cœur de l'amour des réalités visibles, et porte-toi aux réalités invisibles.
>
> *Imitation de Jésus-Christ*, 1, 1

Des prières pour soulager les maux

Ode spirituelle de l'estropié du corps

Quand je me regarde, je ne me vois plus
Mon corps n'est qu'un lambeau perdu
Mes chairs ouvertes ne sont que sang versé
Et tous mes os meurtris sont décharnés
Je rêve d'un autre et je ne suis que moi
Voguant de cri stridents en pauvre désarroi
Hurlant douleur épaisse et folle dépression
Quêtant le vide abstrait qui fait ma déraison.
Je ne suis rien qu'une larmoyante plainte
Noyant de sa folie ses larmes dans la crainte
De n'être plus jamais sur cette terre un homme
De n'être plus aimé, et désiré, en somme.
Toi qui du Ciel lointain sur moi te penches
Soutiens mes pas qui, sans toi, vacillent et flanchent
Empêche-moi de gémir et puis de tomber là
Dans le violent grand saut de mon triste trépas
Fais que je puisse encore sourire et vivre
Que j'écrive encore sur mon chemin « à suivre »
Avec comme plume une roue dans chaque main
Et mon fauteuil d'humilité pour tout nouveau refrain.
Assis je serai puisque debout je ne serai plus
Et puisque mon élan de gazelle a hélas disparu
Qu'en Toi, je marche dans la tête en tout spirituel
Et que s'approche de mon corps blessé le Ciel.

Ode spirituelle de l'estropié du cœur

Mon esprit est froid à mourir
Le non-sens de ma vie conspire
Attisant le feu de ma détresse
Loin des miens et de leur tendresse.
Je ne suis rien qu'un vase creux
Qu'aucune rose des vents ne veut.
La mort est ma compagne glacée
Qui rôde à me faire hurler,
Mais nul n'entend le cri du silence
Car je suis seul dans ma souffrance.
Je m'en suis fait presque une amie
Puisque tous les autres sont partis
Je ne respire que par mes maux
Puisque le reste a fait rideau.
Si tu m'entends dans ton Royaume
Où seront rassemblés les hommes
Emplis mon cœur de ta lumière
Que brille en lui tout son mystère
Éloigne la ténèbre et ses armées
Farouches griffes au cran d'acier.
Entends le souffle de ma misère
Plus fort encor aujourd'hui qu'hier.
Toi seul peux être source d'espoir
Car en Toi, mon cœur se met à croire.

Ode spirituelle de l'estropié de l'âme

Pauvre et vidé de toute espérance
À plus rien, ni à Toi, je ne pense
Un stérile désert habite ma demeure
Comme une épreuve de dernière heure
Je n'ai plus rien en moi qu'un vide
Creusant en profondeur des sentiers arides
Triste à mourir, je pleure tous mes maux
Et ma foi s'étiole en sinistres lambeaux.
Qui suis-je donc, moi qui ne suis rien
Que du vent inutile fuyant son lendemain
Trouverai-je la paix alors que tout est guerre
Saurai-je sourire au rayon de lumière ?
Seigneur de toute grâce et de toute bonté
Vois en ce jour mon âme désœuvrée
Même tombée à terre, elle est tienne
Essayant d'avancer, hélas, elle se traîne
Se cachant ça et là comme autrefois Adam
Honteuse d'avoir perdu sa joie d'antan
Elle espère encore un souffle de ta vie
Pour qu'en elle, jaillisse le cœur de ton Esprit.
Je n'ai plus que toi, mon tout, mon Roi
Illumine mon âme de tes rayons d'émoi
Et que ta grâce, source de mon bonheur,
Mette à jamais, heureuse, mon âme en ton cœur.

Amen.

mai 2019

Bibliographie

BELLET Maurice : *L'épreuve*. DDB. 1988.
BENOÎT XVI : Encyclique *Spe salvi*. Téqui.
BENOÎT XVI : Encyclique *Caritas in veritate*. Téqui 2009.
CATÉCHISME DE L'ÉGLISE CATHOLIQUE. Mame-Plon. 1992.
CHERVILLE Jean : *Être là où ça fait mal*. CLD. 2003.
CONCILE VATICAN II.
CROCQ Louis : *Les traumatismes psychiques de guerre*. Odile Jacob. 1999.
DUCOURNEAU Jean-Yves : *Jésus, l'Église et les pauvres*. EDB. 2010.
GUILLEBAUD Jean-Claude : *La refondation du monde*. Seuil. 1999.
JEAN-PAUL II : *Le sens chrétien de la souffrance*. Téqui. 1984.
JEAN-PAUL II : *Entrer dans l'espérance*. Mame-Plon. 1994.
JOLLIEN Alexandre : *Petit traité sur l'abandon*. Seuil. 2012.
NAVARRE Christian : *Psy des catastrophes*. Imago. 2007.
NIERES Claude : *Faire la guerre*. Privat. 2001.
POIRIER Christian : *Le combat spirituel*. Salvator. 2008.

RICHER Etienne : *La force de l'espérance*. Béatitudes. 1997.

TEILHARD DE CHARDIN Pierre : *Sur la souffrance*. Seuil. 1974.

VASSEUR Véronique : *Médecin-chef à la prison de la Santé*. Le Cherche Midi. 2000.

COLLECTIF :

Revue CHRISTUS, 176 : *L'écoute*. 1997.

Revue CHRISTUS, 194HS : *L'épreuve du mal*. 2002.

Revue CHRISTUS, 195 : *Le respect*. 2002.

Revue CHRISTUS, 206 : *Espérer*. 2005.

Revue CHRISTUS, 210HS : *Psychologie et vie spirituelle*. 2006.

Revue COMMUNIO, XIX.6, n° 116 : *La charité*. 1994.

Revue INFLEXIONS, n° 10 : *Fait religieux et métier des armes*. 2009.

Table des matières

Ce livre vous a plu, vous pouvez,
sur notre site internet :
donner votre avis vous inscrire
pour recevoir notre lettre mensuelle d'information
consulter notre catalogue complet,
la présentation des auteurs, la revue de presse,
le programme des conférences et événements à venir
ou encore feuilleter des extraits de livres :

www.editions-beatitudes.fr

Composition et mise en pages réalisées par
Compo 66 – Perpignan
064/2013
Imprimé en Slovaquie par Novoprint